中学さきどり情報誌

中学生活 Q&A

Z会の通信教育

さあ、中学入学へ！

保護者が気になる「6つの質問」に、小学生と中学生の教育に長年関わってきた2人がお答えします！

私たちが解説します！

Z会の教室 代表
高畠《たかばたけ》 尚弘《なおひろ》

元小学校教師
教育評論家
親野《おやの》 智可等《ちから》

Q&A 形式でわかる!

今 知っておきたい6つのコト

「Z会の教室」での
経験から
お話します!

Z会の教室 代表
高畠《たかばたけ》 尚弘《なおひろ》

保護者のお悩みに
お答えします!

元小学校教師・
教育評論家
親野《おやの》 智可等《ちから》さん

長年の教師経験をもとにメールマガジンを発行。Instagram・Threads・X(旧Twitter)を毎日更新。著書多数。最新刊は「反抗期まるごと解決BOOK」。人気マンガ「ドラゴン桜」の指南役としても著名。全国各地の小・中・高等学校、幼稚園・保育園のPTA、市町村の教育講演会、先生や保育士の研修会でも大人気。オンライン講演も経験豊富。詳細は「親力」で検索してWebサイトから。

小学校から中学校への進級は、子どもにとっては大きな変化。それだけに、お子さまを見守る保護者にも、気になることや心配ゴトは少なくありません。そんな保護者の6つの質問に丁寧にお答えします!

中学生活編

Q.1

中学校に入学して、子どもにとって大きな変化はどのような点でしょうか？

A Q.1

事実として忙しく、疲れるようになりますが、精神的にも忙しいと感じやすい状態になります。

学習面の変化も大きいですが、学校で過ごしている時間の流れ方が、中学に入ると小学校のときよりも忙しく「感じられるようになる」はずです。

私は小学校の教師だったのですが、小学校では一人の担任の先生と1日中いますよね。すると、教師というのは子どもたちの様子を見て、「今日は疲れているようだから、この時間は少しゆったりと進めようかな」など1日の中でも緩急をつけられるわけです。ところが、中学校だと教科担任制になるので、そういった視点を持ちづらい。すると、子どもたちも毎時間集中することが必要になります。だから「疲れる」わけです。また、「1時間ごとに先生が変わる」ことも、1日中同じ先生であることと比べると、子どもにとっては少し緊張が必要なことでもあるでしょう。放課後には部活動もあり、1日の中での変化が多くなるため、「忙しい」と感じられる原因にもなるのです。

もちろん、事実としても忙しくなっていますし部活動は肉体的にも疲れますが、特に中学生活に慣れるまでは、この「精神的にも忙しく感じやすくなる点」がポイントなのです。だからこそ、子どもにとって家が居心地がいい場所であることが大切になります。

A Q.1

小学校で培ってきた「自分なりのやり方やペース」がリセットされるので、それを作り直すことになります。

親野さんがおっしゃるのと同じようなことを、私は「中学では、1日で使うエネルギー量が大きい」と表現しています。特に入学直後は子どもにとっては新しいことだらけです。むしろ、同じところを探す方が大変なくらいなのでは(笑)。まして、子どもにも、小学校6年間で培ってきた「自分なりのやり方やペース」があったはず。

それに加えて、一番上の学年から一番下の学年になる緊張感もあります。ですので、新たなやり方やペースをつかむには、多少時間がかかるのも当然といえば当然です。そのため、時にはお子さまが疲れている様子を見ることもあるかもしれません。保護者としてはあまり動じず、「そういうものだ」と構えていた方がいいかもしれません。

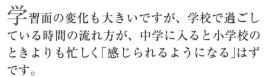

親子関係編

Q.2

中学生になった子どもに接する際に、注意したほうがよいポイントは？

A Q.2

中学からは、親子関係を対等な人間関係として捉え始めていく時期だと思います。

子どもに干渉をしすぎないことが大切だと思います。特に中学受験で親子での成功体験がある保護者は、つい、その頃と同じように「あれをしたらどう？」「これはやった？」と言いたくなってしまうもの。ただ、このやりとりというのは、「小学校までこうだったから」と同じことをしているという意味で「過去志向」なんです。でも、「これからどうすべきか」を考える「未来志向」でないといけないわけで、子ども自身に次にどのようにすべきかを考えさせるようにしないといけないですよね。

ただ、子ども自身で考えるといっても、「なぜそうすべきか」がわからないと、どうすればいいかわからないもの。多少の失敗にも一度や二度は目をつぶってみる。その上で、子どものミスや欠点を指摘するのではなく（これが大切です）、「どうしたらよかったか」を一緒に考える。このように、中学からは、親子関係を対等な人間関係として捉え始めていく時期だと思います。

A Q.2

気にかけていることを伝え続けること。そして、共感的な姿勢で聞くことが大切です。

保護者としては、「まだ子ども」。でも、子どもにとっては「もう中学生」です。親としては意識がすぐに変わりづらいものですが、子どもの頭は切り替わっています。少なくとも、頭ごなしに何かを言っても効果はありません。また、細々とした生活習慣のことで注意を繰り返すのは、関係を悪くするだけでいいことは一つもありません。

反抗期でもあり、必ずしもいつも良好な関係でい続けられるとも限らないのが中学生の時期だと思います。ただ、それでも、親は子どもに対していつも声をかけ続け、「気にかけている」ことを伝え続けることが大切です。

Q.1とも関わりますが、子どもにとって、家の「外」は疲れやすくなるようなことばかり。家の中では安らげることが大切なのです。子どもが気持ちを吐き出したくなったときに、吐き出せるような関係であり続け、聞くときはアドバイスをするという姿勢よりも共感的に聴いてあげる姿勢が大切です。

Q.3

子どもがスマートフォンを持ちたがるのですが、トラブルなども心配です。親はどのように見守っていけばよいでしょうか。

A Q.3

お互いに納得のいくルールを決めて、必要があれば変えていく。当たり前のようですが、こうしたことの第一歩として捉えていきましょう。

スマートフォンをいつから持たせるかは家庭の方針などにもよるのですが、おそらく中学のどこかのタイミング、遅くとも高校の早い段階では、子どもにスマートフォンを「持たせざるを得ない状況」にはなるでしょう。子どもは「あって当たり前」の時代に生まれているので、保護者が「自分たちの頃はなくてもやってきたんだ」というのは通用しないのです(笑)。

他方で、スマートフォンは親にとっては心配の種であり、子どもとのいさかいの原因になりやすいもの。ただこれは、スマートフォンだけの問題というより、親子の約束をどのように決めてどのように守っていくかという問題でもあります。

例えば、ある時間になったらスマートフォンは充電器につなげてそれ以降触らない、個人情報は書き込まない、知らない人とは連絡をとらない、陰口やいじめにつながることはしないなど、話し合ってお互いが納得できるルールを決めるようにしましょう。うまくいかないことは話し合って変えていくなどして、もしも中学入学を機にスマートフォンを持たせるのであれば、これを子どもと対等に話し合って物事を決めていくことの第一歩と考えるといいかもしれません。

Q.4

部活動と勉強の両立のコツやアドバイスなどあれば教えてください。

A Q.4

時間を「見える化」すること。そして、勉強に取り掛かる際のハードルを下げること。

何かと何かを「両立する」こと自体、一つのトレーニングなんですよね。大人になると、仕事と家庭を両立させたり、仕事の中でもいくつかのプロジェクトを並行させたりするわけで、本当に一つのことだけをやればいいというケースは、そんなにないわけです。だから、部活との両立は、なるべく実現してほしいと思います。時間の使い方がうまくなることは、勉強ができるようになるために、大切なことの一つでもあります。だから、勉強ができると部活との両立もきっとできるし、部活との両立ができると、きっと勉強もできるようになる。そういうものだと思うんです。

具体的には、時間という目に見えないものを、きちんと「見える化」することが大切です。その日にやるべきことを、ホワイトボードに書き出して見えるところに貼っておくとか、家庭での時間割をつくっておくなど。小さなことのようですが、目に付くところにやるべきことが書かれているだけでも、何もないのとでは大きく違います。

あるいは、両立が難しいというのは、多くの場合「(部活動で疲れてしまって)勉強に取り掛かるのにエネルギーが必要」ということだったりしますよね。こうした場合に効果があるのは、家に帰ってきたら、とにかくやるべきものをかばんから出して、ページを開いて机の上に置いておくこと。取り掛からなくてもいいので「あとは机に向かうだけ」という状態をつくっておくと、不思議なもので、「何もしていない」のと比べると、勉強に向かうハードルが格段に低くなります。ちょっとした工夫なのですが、効果は大きいですよ。お子さまに是非、薦めてみてください。

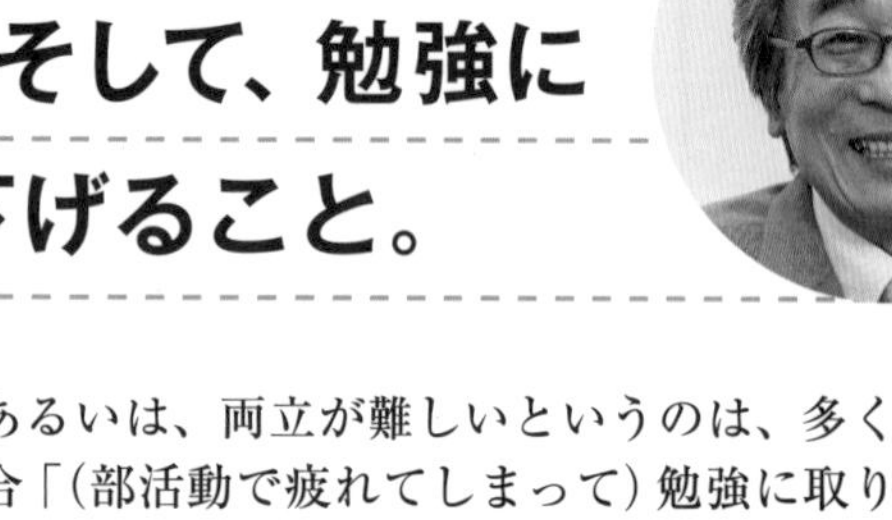

Q.5

小学校と比べて、中学校の勉強ってやっぱり大変になるの？

A Q.5

大変なのは間違いありません。でも、嫌いだった教科が好きになる可能性だってありますよ。

学ぶ内容の抽象度が上がるという意味で、間違いなく「大変」になるとは言えると思います。教科書が厚くなることからもわかるように、学ぶ量自体も増え、授業が進むスピードが速くなったと感じられるのも確かです。

ただ、大変なことばかりではありません。教科担任制になることで、いいこともあります。それは、複数の教師の授業を受けられるので、その中で「馬が合う」と感じる先生ができて、その教科が好きになる可能性もあること。もっとも、その逆もあるのですが…(笑)。いずれにしても、小学校まで苦手だったり嫌いだったりした教科が好きになる可能性があるわけで、こういう「いいところ」にも目を向けて欲しいと思います。

A Q.5

「大変さ」の背景には、テストで順位が出ることのプレッシャーも。

何が「大変」かというと、中学受験をしていない子どもからすると、「定期テストの結果で順位が出る」ということへのプレッシャーやショック。これが大きいですよね。小学校でも、テストもあれば成績だってありますが、集団の中で明確に順位が示されるような経験はほとんどないわけです。だから、できれば最初のテストでは、成功体験を経験させてあげたいところ。

そのために必要になるのは、宿題がなくても、自分でやることを決めて学習するという自学自習の習慣や、「定期テスト」という目標に向かって、5教科、時には9教科分を学習していく計画性。ところが、これは一朝一夕には身につかないもの。ですから、中学入学後をにらんで、まずは学習の内容よりも「習慣を身につけること」に主眼を置いて、今のうちから徐々に身につけるようにしておきたいですね。

Q.6

小学校と中学校で学ぶ内容は具体的に どのように違うのでしょうか？

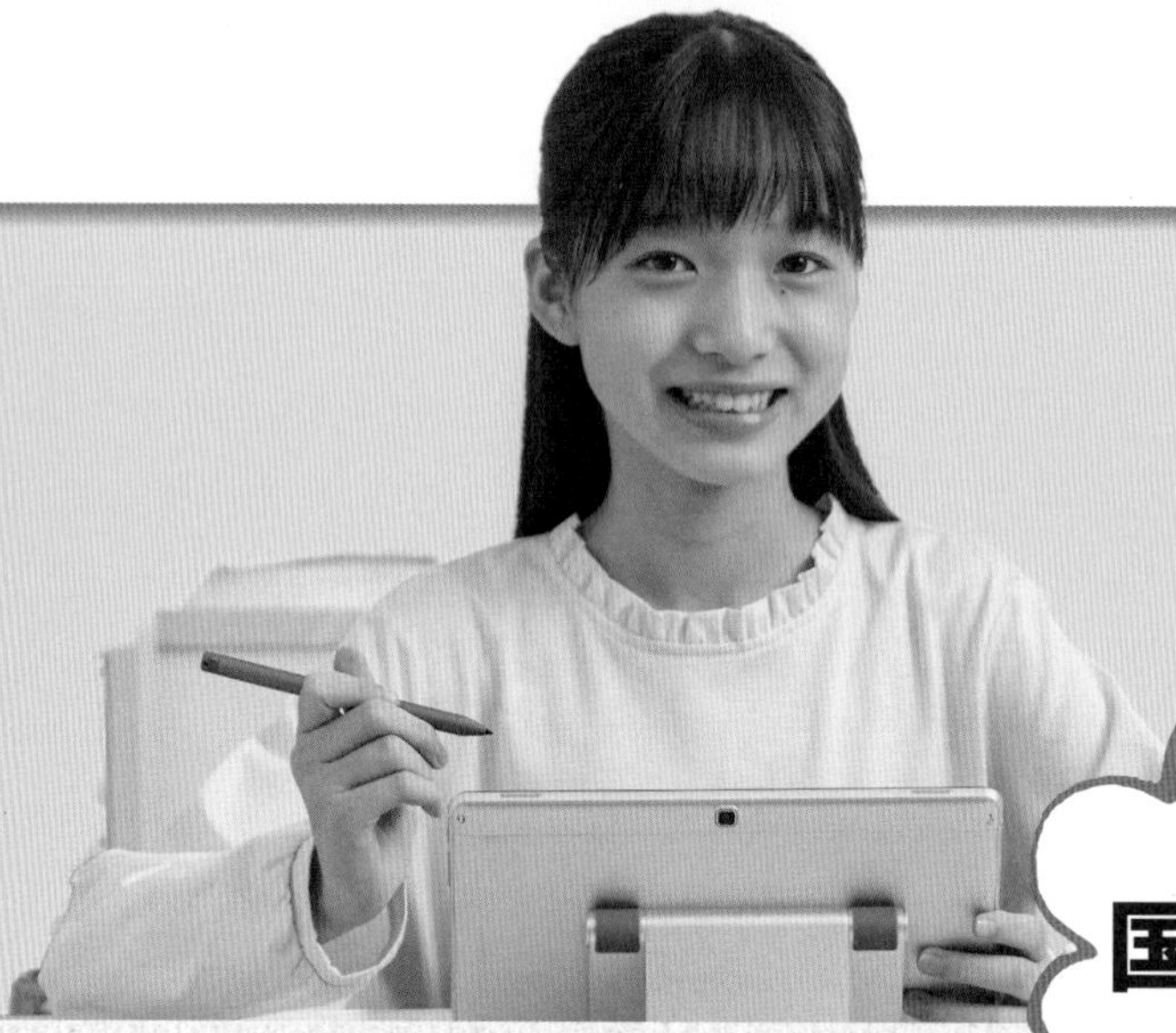

例えば
国語だと

小学校では…

■次の文章を読んで、後の問いに答えなさい。

大好きな姉の結婚式が終わって、しんせきのおばさんから、「お姉さん、きれいだったね」と声をかけられた。わたしは、こくんとうなずいた。姉をほめられてうれしかったのが半分、残り半分は、姉が今日からもう家にはいないことが現実となって、こみあげてきたさびしさだった。

問　しんせきのおばさんのことばを聞いて、「わたし」はどんな気持ちになりましたか。

［　　］気持ちと［　　］気持ち

ここがPOINT!

解答：［うれしい］気持ちと［さみしい］気持ち

こちらでは、「うれしかった」「こみあげてきたさびしさ」というように、本文中に「わたし」の心情について直接描かれた箇所があります。

A Q.6

どの教科でも言えるのは、内容の抽象度が高くなること。でも、それだけではないんです。

中学になると、単純に答えを出す問題は減り、国語の記述問題や数学の証明問題など、なぜそうなるのかを考えて書かせる問題が増えていきます。論理的に考えられるかどうかで大きな差がつきます。学ぶこと自体も難しくなるのですが、実は、教科ごとに求められる考え方自体も、小学校と中学校とでは異なっており、これがつまずきの原因になりやすいのです。

実際に「小学校では国語が得意だったのに、中学になってからはテストの点が良くない」といった場合、中学で必要な考え方が身につけられていない、ということは少なくありません。これについては、以下に国語で例を示しますね。

ですので、お子さまの学習について「小学校で得意だったから中学でも大丈夫」と安心しきることはできませんし、中学入学への準備として、小学校の総復習だけで十分とは言い切れないのです。少なくとも英語・数学・国語で中学ならではの考え方を知っておくと、本当の意味での中学入学への準備ができたと言えると思います。

中学校では…

■次の文章を読んで、後の問いに答えなさい。

「昨日は、ひどいことを言ってごめん。」

ぼくは、思いきって切り出した。でも、アキは泣くのをがまんしているような表情で、口をきっと結んだまま、教室から出ていってしまった。

（あの一言で、こんなにアキを傷つけてしまったなんて……。）

ぼくはそこからしばらく動けなかった。

ふとまどの外を見ると、空はどんよりくもっていて、今にも雨が降り出しそうだった。

問　「ぼく」はアキが教室から出て行ってしまったあと、どんな気持ちになりましたか。

［　　　　］気持ち

ここがPOINT！

解答：［後悔し、悲しい］気持ち

こちらは、気持ちを直接描いた言葉があるわけではありません。「どんよりくもって」「今にも雨が降り出しそうだ」という情景から、「ぼく」の心情を読み取ることが求められます。

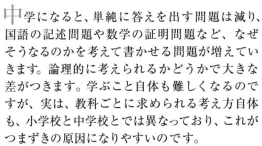

中学での学習がスムーズになる！

NEW

中学生タブレットコース

中学準備ステージ

2カ月間だけの特別カリキュラム

中学での学習をスムーズに始めるための「先取り学習」から「小学校の総復習」まで効率的に取り組みます。中学校で学ぶ単元を、スムーズに深く理解できるようになります。

初めて学ぶ内容も「よくわかる」！

映像解説もあるので、初めて学ぶ内容でもしっかり理解できます。その後、問題に取り組みながら中学ならではの「考え方」を身につけます。

添削問題はデジタル上で完結。いつでも復習できる！

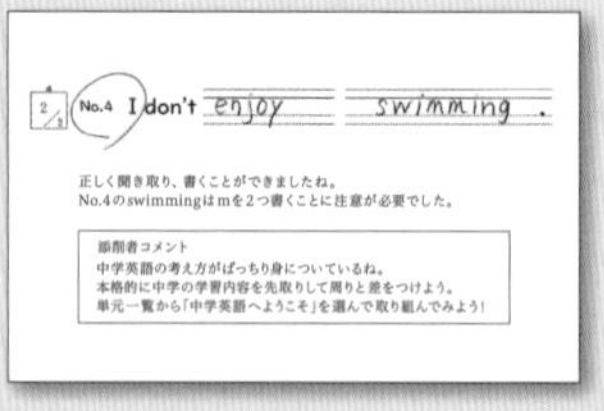

学習の最後には、添削問題に取り組み、理解を定着させます。
※添削問題：英語・数学・国語

ひとりでも安心して学習を続けることができる！

最初に使い方ガイドやホームルーム映像を見て学習を開始。学習の進め方や学習スケジュールの立て方などを学ぶので、中学になってからのスケジューリングに役立ちます。

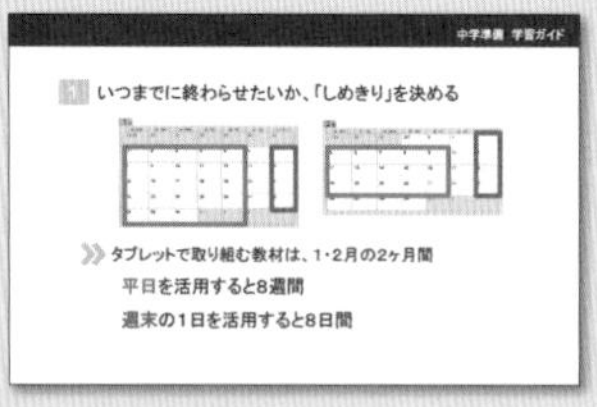

効率的に小学校の総復習と中学の先取り学習ができる！

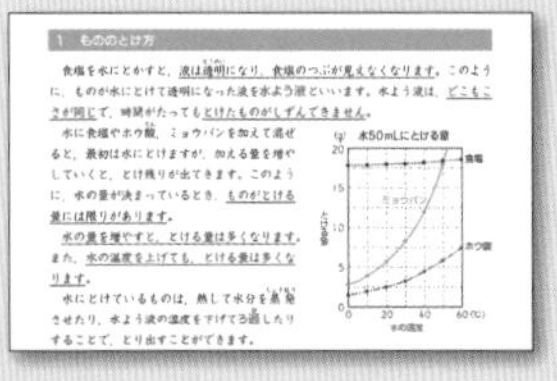

テスト形式でチェックできる『小学校総まとめ復習テスト』と学習アプリ上の復習単元で、効率よく小学校の復習をし、さらに、中学式の「考え方」を先取りすることで、中学での学習をスムーズに進めることができます。

『小学校総まとめ復習テスト』で5教科チェック！

入会特典

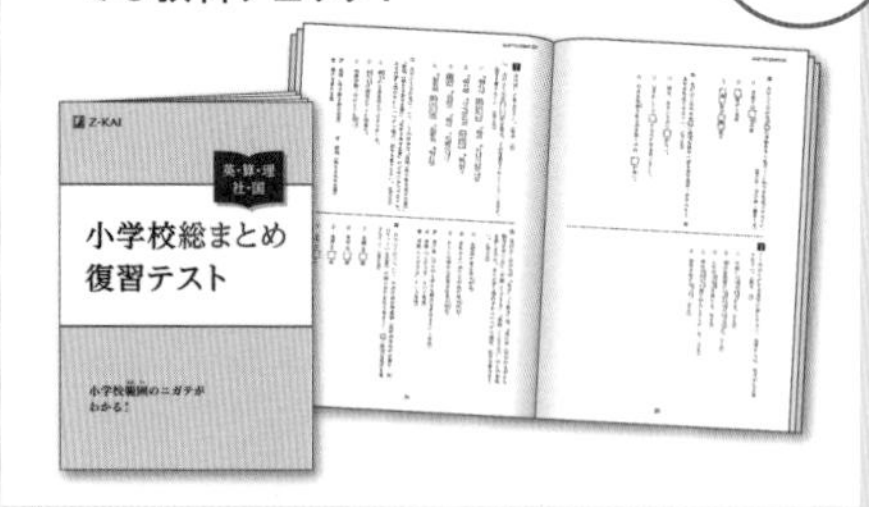

※学習アプリの受講環境については、中学生向けコースのWebサイトでご確認ください。
※教材および画像はイメージです。教材・サービスのデザイン、仕様は変更する場合があります。

5講座セット　英語　数学　国語　理科　社会

中学生タブレットコース
中学準備ステージは、5教科すべての基礎固めもしっかりできて、この料金！

5講座セット
1カ月あたり
2,250円〜（税込）

（12カ月一括払いで申し込みした場合）
※中学準備ステージ1月・2月の料金です。
3月以降、中学生タブレットコース1カ月あたり10,240円〜（税込・12カ月一括払い）5講座セットとなります。

中学準備ステージの詳細は

校外学習をお考えの方へ！

Z会の通信教育なら、
中学生活の好スタートが切れる。

中1
3月から

AI学習も加わり、
無理なく学び
続けられる!

中学生タブレットコース／中高一貫コース

中学ステージ

Z会のタブレット学習は、「深く考える」&「記述する」を大切にしながら、
一人ひとりに最適な学習を最短ルートで効率よく、着実に力を伸ばしていきます。

特長

1. 学校の授業やテストにぴったり合う学びで完全習得。

中学3年分のカリキュラムをすべて公開。学校の進度に合わせて、先取りも復習も思いのままに学習できます。

2. AIが理解と学習の効率化を徹底サポート。

毎日の学習データをAIが分析。お子さまの学習に応じて、最適な問題を出題するので、効率的に学力を向上できます。定期テスト対策では「AI速効トレーニング」で、限られた時間の中で最大限得点を上げる学習ができます。

3. 実践的な英語力を身につける英語4技能学習も万全。

「読む」「書く」だけではなく、「聞く」「話す」も含めた英語学習にふだんから取り組めます。
AIによる最適な問題選定と、外国人講師とのオンラインレッスン、AIとの対話型レッスンで、英語力を養成します。

4. 「良問」&「添削」で理解を深める。

各単元のポイントを押さえ、じっくりと考えさせる問題を出題。一人ひとりの答案に寄り添い、ていねいにアドバイスする添削指導で得点力を高め、合格へ導きます。

紙と同じように
"書いて"考え、
"添削指導"も
受けられる。

中学生タブレットコースの詳細はこちら≫
Z会 中学生タブレットコース 検索
https://www.zkai.co.jp/jr/

中高一貫コースの詳細はこちら≫
Z会 中高一貫コース 検索
https://www.zkai.co.jp/ikkan/

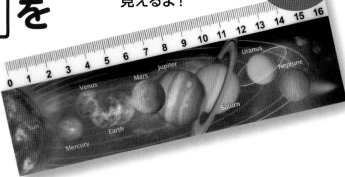

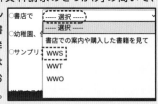

この本の特長と使い方

おうちの方へ　これ１冊で６年生の復習ができます！

1 ポイントを押さえて取り組める４教科

６年生で学習したことが効率よく復習できます。マークがついた問題は，発展的な内容を含んでいますので，できたら自信をもってよい問題です。

＊算数はお使いの教科書によって，習う順番が異なります。本冊子にある「教科書内容対照表」を参考に取り組んでください。

2 中学の学習内容をさきどり

国語・算数・理科・社会それぞれの教科で，中学校１年生で学ぶ部分をさきどり学習できます。中学校での学習の準備として，ご活用ください。

3 最後の仕上げ「まとめテスト」付

４教科の「まとめテスト」が付いています。最後の仕上げにぜひ取り組んでください。

4 自分ひとりで答え合わせができる，別冊『答えと考え方』付

お子さまがひとりで答え合わせができるように，『答えと考え方』は別冊になっています。Ｚ会ならではの詳しい解説で，お子さまの学習もスムーズに進みます。

5 算数には「授業動画」付。苦手を中学生に持ち越さない。

算数はそれぞれの回に対応した「授業動画」を無料で視聴することができます。

＊お子さまが苦手としている単元は，問題に取り組む前に右の二次元コードからアクセスして，動画を見せてあげてください。（問題ページにも同じ二次元コードを印字しています。）
https://www.zkai.co.jp/books/wkwksofukusyu/dougakaisetsu6/

6 英語の学習もできる

アルファベットの文字や身近な単語，小学生が日常的によく使う表現を学習します。音声付きなので，英語のリズムやイントネーションに触れることができます。

＊音声はダウンロードまたはストリーミングでの再生が必要です。詳しくは英語の目次をご確認ください。

使い方

『わくわくワーク６年生総復習＆中学さきどり編』では６年生で学習した内容を復習していくよ。中学生になる前や，学校でのテストの前に取り組んでみよう！

① 問題に取り組む（取り組んだ日を記入しよう）。
② １回分取り組んだら，別冊《べっさつ》『答えと考え方』を見て，丸つけをしよう。まちがえた問題はじっくり「考え方」を読んで理解しようね。
③ 得点を記入しよう。

目次

算数

理科

社会

国語

英語

＊英語には『まとめテスト』はありません。
＊算数・理科・社会・英語は後ろから始まります。

きみに伝えたい名文

（あるとき、一匹《いっぴき》のでんでんむしは、自分の背中《せなか》のからの中には悲しみがいっぱいにつまっていることに気づきます。そこで、でんでんむしは、友だちのところへ行ってその話をしました。）

「あなたばかりじゃありません。わたしの背中にも悲しみはいっぱいです」

そこで、はじめのでんでんむしは、また別のお友だちのところへ行きました。こうして、お友だちを順々にたずねていきましたが、どの友だちも同じことをいうのでありました。

とうとうはじめのでんでんむしは気がつきました。

「悲しみはだれでももっているのだ。わたしばかりではないのだ。わたしはわたしの悲しみをこらえていかなきゃならない」

そして、このでんでんむしはもう、なげくのをやめたのであります。

新美南吉《にいみなんきち》『デンデンムシノ　カナシミ』より

※原文はすべてカタカナで表記されています。

これは、新美南吉・作の『デンデンムシノ　カナシミ』という作品の一場面だよ。みんなも、きつねの「ごん」が登場する新美南吉の作品『ごんぎつね』を読んだことがあるかもしれないね。

「でんでんむし」とはかたつむりのこと。かたつむりのからの中に「悲しみがいっぱいつまっている」なんて不思議な話だね。でも、これは人間にもあてはまるのではないかな?

かたつむりのからのようには目に見えないけれど、わたしたちはだれもがそれぞれの悲しみを背負って生きている。自分だけが不幸だったり、悲しかったりするのではない。

「だれもがみんな、人知れず悲しみをかかえているんだ」と思うと、目の前のだれかにもなんだか優《やさ》しくできそうだね。

新美南吉（一九一三〜一九四三）

愛知県《あいちけん》出身の児童文学作家。童話の他に童謡《どうよう》、詩、短歌なども残している。代表作として、小学校の国語の教科書に掲載《けいさい》されている『ごんぎつね』がある。

国語

★ 算数は 69 ページから始まります。
★ 理科は 43 ページから始まります。
★ 社会は 35 ページから始まります。
★ 英語は 91 ページから始まります。

全部終わったら，「まとめテスト」に挑戦《ちょうせん》しよう。

左のマークは難《むずか》しい内容についています。解くことができれば自信をもってよい問題です。
まちがえた場合は，『答えと考え方』を読んで理解しておきましょう。

第1回

漢字・言葉の学習 ①

学習日　　月　　日

得点　　／100点

国語

問一 次の(1)・(2)の文の主語と述語はどれですか。文中からあてはまる言葉を書きぬきなさい。（両方できて各5点）

(1) となり町の　公園は　県で　いちばん　大きい。

主語（　　　）　述語（　　　）

(2) 庭に　いた　弟が、ボールを　勢いよく　投げた。

主語（　　　）　述語（　　　）

問二 次の(1)・(2)の――の言葉は、文の何にあたりますか。適切なものをあとの**ア**～**ウ**の中から一つずつ選び、記号を書きなさい。（各4点）

(1) 長い休みを姉は海外で過ごした。（　　　）

(2) 兄は、展覧会《てんらんかい》に複数の作品を出品した。（　　　）

ア　主語　**イ**　述語　**ウ**　修飾語《しゅうしょくご》

問三 次の文を読んで、あとの(1)・(2)の問いに答えなさい。（(1)は4点・(2)は各5点）

> Aさんと Bさんは、仕事の成功のために（　X　）を結ぶことにした。しかし、Bさんはなまけてばかりで、Aさんは困《こま》りはててしまった。①心をおにしにして何度もしかってみたものの、Bさんは態度を改めず、Aさんはとうとう②さじを投げてしまった。

(1) 「（　X　）を結ぶ」が「協力する」という意味の慣用句になるように、□に体の一部を表す漢字一字を書きなさい。

□を結ぶ

(2) ――①・②の慣用句の意味をあとの**ア**～**エ**の中から一つずつ選び、記号を書きなさい。

①（　　　）　②（　　　）

ア　待ちくたびれてがまんできなくなること。
イ　関心を向けさせようと、それとなくさそいをかけること。
ウ　救済《きゅうさい》や解決の見こみがないので、あきらめること。
エ　相手のためを思って厳《きび》しい態度をとること。

問四 次の(1)・(2)の意味を表すことわざとして適切なものをあとの**ア**〜**エ**の中から一つずつ選び、記号を書きなさい。(各4点)

(1) わずかの労力や品物で大きな利益を得ること。(　　)

(2) 実力や才能のある人は、やたらにそれをみせびらかすようなことはしないということ。(　　)

ア あぶはちとらず　**イ** えびでたいをつる

ウ 弘法《こうぼう》は筆をえらばず　**エ** 能あるたかはつめをかくす

問五 次の(1)・(2)の言葉を使って、文を作りなさい。(各10点)

(1) 高をくくる

【意味】たいしたことはないと軽く見る。

(2) 水のあわになる

【意味】努力や苦労などがむだになる。

問六 次の(1)〜(4)の――のカタカナを漢字に直しなさい(同じ漢字は二回使わないこと)。(各5点)

(1)
①秋は食《しょく》ヨクが高まる。
②台風のヨク日《じつ》はよく晴れた。

(2)
①大会でのユウ勝《しょう》を目ざす。
②祖母からのユウ便《びん》が届《とど》く。

(3)
①筆者の意見をヒ判《はん》する。
②ヒ密《みつ》の場所に行く。

(4)
①話の内容をカン単《たん》に説明する。
②物語の上《じょう》カンを読む。

音読みが同じ漢字はたくさんあるから、熟語《じゅくご》の単位で覚えるといいね。

答えは『答えと考え方』

第2回 説明文の読み取り①

国語

次の文章を読んで、あとの問いに答えなさい。

人間は、はじめて聞いた音声でも、まねして発音することができます。耳から聞いた音声をまねて発音する行動のことを「発声学習」といいます。発声学習の能力がなければ、ことばを学ぶことはできません。

一方、動物はどうでしょう？ 多くの動物は、生まれつき出せる鳴き声が決まっており、新たな鳴き声の出し方を学ぶことはできません。たとえば犬に「おすわり」というとおすわりしますが、「おすわり」と言い返すことはできません。犬には発声学習はできないのです。

（　A　）、オウムや九官鳥《きゅうかんちょう》は人間のことばをまねする能力があります。たとえばオウムや九官鳥に「おすわり」と言ってもおすわりしないかもしれませんが、「おすわり」と言い返すことはできます。オウムや九官鳥は「おすわり」という鳴き声の出し方を学習できるのです。

（　B　）、オウムや九官鳥は「発声学習する能力」をもっているということになります。

①発声学習の能力をもつことがはっきりしている動物は、オウムなどの鳥類、イルカやシャチなどの鯨類《げいるい》、そしてヒトです。鳥類は約一万種類のうち約五千種が発声学習の能力をもちます。私た

問一 （　A　）・（　B　）に適切な言葉の組み合わせを次の中から一つ選び、記号を○で囲みなさい。（15点）

ア　A＝そこで　B＝けれども

イ　A＝しかし　B＝けれども

ウ　A＝しかし　B＝つまり

エ　A＝そこで　B＝つまり

問二 ――①について、次の(1)・(2)の問いに答えなさい。

(1) 発声学習の能力をもつことがはっきりしている動物は、何をすることができるのですか。文中の言葉を用いて書きなさい。（25点）

(2) 発声学習の能力をもつ動物が、(1)のようなことができるのはなぜですか。それを説明した次の文の（　）に適切な言葉を文中から五字で書きぬきなさい。（20点）

学習日　　月　　日

得点　　／100点

ちが研究対象としているジュウシマツも、発声学習します。鯨類も、ほとんどが発声学習できます。

しかし、サルの仲間である霊長類《れいちょうるい》のなかでは、ヒトだけしか発声学習ができません。これは不思議なことです。

発声学習できる動物とできない動物とでは、どこがどうちがうのでしょう？

じつは、発声学習できる動物には「息を止めることができる」という共通点があります。「そんなの、犬やネコだってできるだろう？」と思うかもしれませんが、イヌもネコも息を止めることはできません。あるいはサルもウマもシカも、発声学習しない動物はみな、自分の意思で息を止めることができないのです。一方、発声学習できるオウムや九官鳥、イルカ、クジラ、ヒトなどは、自分の意思で自由に息を止めたり吸《す》ったりできます。

なぜ発声学習できる動物だけが自由に呼吸《こきゅう》を制御《せいぎょ》できるのでしょう？　その理由として、「息を止める機能をもつことで、生《せい》存《ぞん》に有利になった」からだと考えられます。

鳥は上空を飛行するとき、強い風にあおられたりして、思うように空気を吸えなくなることがあるでしょう。クジラは水中では息を止めなければなりませんから、潜水《せんすい》するとき、空気を一気にたくさん吸いこみます。そのため、呼吸をコントロールする機能が発達したのだと考えられます。

自分の意思で自由に息を吸ったりはいたりできる能力があれば、（　C　）を自由にコントロールすることができます。だからこそ、発声学習も可能になるのです。

上空を飛行する鳥や、潜水をするクジラは、(1)のようなことができなければ生き残ることができず、(1)がうまくできるほど（　　　）になるから。

問三　（　C　）に適切な言葉を文中から三字で書きぬきなさい。（20点）

問四　問題文の内容として適切なものを次の中から一つ選び、記号を○で囲みなさい。（20点）

ア　発声学習の能力は、鳴き声の小さな動物よりも鳴き声の大きな動物のほうが高い。

イ　発声学習ができるかどうかは、それぞれの動物の知能の高さと深くかかわっている。

ウ　イルカやオウム、サルは、耳から聞いた音声をまねて発音することができる。

エ　ほとんどの動物は生まれつき出せる鳴き声が決まっており、その他の鳴き声を出すことはできない。

岡《おか》ノ《の》谷《や》一夫《かずお》『言葉はなぜ生まれたのか』（文藝春秋《ぶんげいしゅんじゅう》刊）

答えは『答えと考え方』

第3回 漢字・言葉の学習 ②

学習日　　月　　日

得点　　／100点

問一

次の(1)〜(10)の熟語《じゅくご》の組み立てとして適切なものをあとの**ア**〜**カ**の中から一つずつ選び、記号を書きなさい。（各2点）

(1) 新緑（　　）
(2) 開閉《かいへい》（　　）
(3) 道路（　　）
(4) 乗車（　　）
(5) 無限（　　）
(6) 人造（　　）
(7) 曲線（　　）
(8) 着席（　　）
(9) 豊富（　　）
(10) 不便（　　）

ア 反対や対《つい》の意味の漢字を組み合わせてできている。
イ 似通った意味の漢字を組み合わせてできている。
ウ 上の漢字が下の漢字を修飾《しゅうしょく》（説明）する関係にある。
エ 下の漢字が上の漢字の目的などを表している。
オ 上の漢字と下の漢字が主語・述語の関係になっている。
カ 上に「不・非・未・無」などの語がつくことによって、下の漢字の意味を打ち消す関係になっている。

問二

次の(1)〜(4)の三字熟語の組み立てがわかるように、**例**にならって「／」を書きなさい。（各2点）

例 近代／化 → 「二字＋一字」の組み立て

(1) 経《けい》済《ざい》的《てき》
(2) 入《にゅう》場《じょう》券《けん》
(3) 新発売
(4) 不注意

問三

次の(1)〜(3)の意味の四字熟語になるように、□に適切な漢字を書きなさい。（両方できて各4点）

(1) 【意味】混乱《こんらん》してあっちへ行ったりこっちへ行ったりすること。　□往□往
(2) 【意味】一つのことをして、二つの利益を得ること。　□石□鳥
(3) 【意味】前置きをせず、すぐに本題に入ること。　□□直入

問四 次の(1)～(3)の「とる」の意味として適切なものをあとの**ア**～**ウ**の中から一つずつ選び、記号を書きなさい。（各5点）

(1) 計画が失敗した責任をとる。（　　）

(2) たなの上にある本をとる。（　　）

(3) 頭にかぶっていたぼうしをとる。（　　）

ア はなれたものを手でつかむ。
イ 必要のないものをそこから除《のぞ》く。
ウ 自分のものとして引き受ける。

問五 次の――①～③の「手」の意味として適切なものをあとの**ア**～**エ**の中から一つずつ選び、記号を書きなさい。（各5点）

> ある日、私はふとしたことからこわれたラジオを①手に入れた。このラジオを直す②手はないかと考えて分解してみたところ、うっかり③手にけがをしてしまった。手が治ったら、今度は気をつけながら、もう一度組み立ててみようと思う。

①（　　）　②（　　）　③（　　）

ア かたから指先までをふくむ体の部分。
イ 手段《しゅだん》。方法。
ウ 労働力。働く人。
エ 所有すること。

問六 次の(1)～(5)の――のカタカナを漢字に直しなさい（同じ漢字は二回使わないこと）。（各3点）

(1) ①シオの流れが速い。
②なべにシオを加える。
①□　②□

(2) ①部屋の中はアタタかい。
②アタタかいスープを飲む。
①□　②□

(3) ①進むべき道をアヤマる。
②時間におくれたことをアヤマる。
①□　②□

(4) ①父は図書館にツトめている。
②会議の司会をツトめる。
①□　②□

(5) ①歌手になるという夢がヤブれる。
②大会の三回戦でヤブれる。
①□　②□

答えは『答えと考え方』

第4回

物語の読み取り①

国語

次の文章を読んで、あとの問いに答えなさい。

> 六年生の正信《まさのぶ》は、翔《しょう》や俊一《しゅんいち》たちとともに駅伝に出場した。なお、征《せい》さんは、正信たちのチームのコーチである。

①征さんは正信のことを、まるで精密機械《せいみつきかい》のように走れると言った。それはまちがいではない。だが、正信は、自分のことをもうすこしちがう見方をしていた。ほんとうはおくびょうで、ちょっとしたことでもびくびくして、きもちが動《どう》ようする。それをなんとかしたいから、一生懸命《いっしょうけんめい》おちついて、ものごとに対応しているだけだ。一生懸命おちつくなんて、それはほんとのおちつきではない。

俊一からたすきを受けとるときも、②心臓《しんぞう》は破裂《はれつ》しそうなほどどきどきしていた。はき気がして、うずくまりそうになっていた。ちゃんと走れるだろうか。とちゅうで腹痛《ふくつう》でもおこして、ぶざまなことになりはしないだろうか。そんなことばかりを、きのうからかんがえていた。そんな自分がいやで、おちついたふりをしていただけだ。

でも、あの俊一が、あんなに真剣《しんけん》な顔でたすきをわたしてくれた。ちょっと感動していた。ちっくんも陽太《ようた》も、ほんとうによくがんばった。六年生の自分ががんばらないでどうする。ちゃんと

問一 ――①、征さんは正信のことをこのように評価していますが、正信自身は自分のことをどのような性格だと考えているのですか。次の文の（　　）に適切な言葉を文中から三十五字以内で探《さが》し、最初と最後の五字を書きぬきなさい。

（両方できて20点）

一生懸命おちついたふりをしているが、ほんとうは（　　　）ような性格。

最初 □□□□□

最後 □□□□□

問二 ――②とありますが、正信がこのような様子だったのはなぜですか。正信の心情をふまえて書きなさい。

（25点）

学習日

月　日

得点

/100点

責任をはたして、アンカーの翔にたすきをわたすんだ。

そんなことをかんがえているうちに、天神橋《てんじんばし》通りから京町《きょうまち》通りに入った。よけいなことをかんがえていたせいか、自分のペースをわすれていた。予定よりスピードをあげていたのだ。あわててペースをもどそうとしたとき、観客からひときわ甲高《かんだか》い声援《せいえん》が飛んできた。クラスの女子が五、六人いた。その中に、クラス委員の山本《やまもと》美智乃《みちの》がいた。

あかるくて、やさしくて、めんどう見がいい。勉強もできて、セミロングのかみがよくにあっていて、……ようするに、大好きだった。もちろん、だれにも言ったことがない。

③正信は、おとしかけていたスピードを、またもとにもどした。京町通りの四百メートルの直進で、いっきにふたりを追いぬき、二位へとあがった。きっと美智乃たちは、大喜びしているはずだ。

（ A ）、正信は新町《しんまち》通りに入った。とたんに、両足に力が入らなくなった。呼吸《こきゅう》も苦しい。さっきのむりがたたってきたのだ。

④なんておれはばかなやつなのだろう。女子の声援に、心をみだすなんて。こんないやらしい心をもっているなんて。はずかしいことだ。

スピードがおちたとたん、さっき追いぬいたやつに、追いぬかれた。その瞬間《しゅんかん》、まわりの観客がびびるほどの大声がした。

「喝《かあつ》！」

二、三十メートル先に、お父さんとお母さんがいた。声はお父さんのものだった。

「まあくん、がんばれ！」

お母さんは、いつもの笑顔《えがお》でやさしい声援を送ってくれた。正信はうなずきながら、ふたりの前を走り去った。

問三 ――③、正信が「おとしかけていたスピードを、またもとにもどした」のはなぜですか。書きなさい。（25点）

問四 （ A ）に適切な言葉を次の中から一つ選び、記号を○で囲みなさい。（15点）

ア やきもきしながら
イ うずうずしながら
ウ にんまりしながら
エ びっくりしながら

問五 ――④、ここでの「……なんて」という言葉のくり返しには、どのような効果があると考えられますか。適切なものを次の中から一つ選び、記号を○で囲みなさい。（15点）

ア 正信の、美智乃に対する思いの強さを印象づける効果。
イ 自分をはずかしく思う正信の心情をより強調する効果。
ウ 文章にリズム感をあたえ、場面の小気味よさを強める効果。
エ 正信の気持ちをあえてかくすことにより、余韻《よいん》を残す効果。

横山充男《よこやまみつお》『ラスト・スパート！』（あかね書房《しょぼう》刊）

答えは『答えと考え方』

国語

第5回

漢字・言葉の学習③

学習日　　月　　日

得点　　／100点

問一 次の(1)～(3)の――の敬語《けいご》の種類をあとの**ア**～**ウ**の中から一つずつ選び、記号を書きなさい。（各3点）

(1) 明日、私は先生のお宅《たく》にうかがう。（　　）

(2) お客様は五時におもどりになる。（　　）

(3) 学校の屋上からは富士山《ふじさん》が見えます。（　　）

ア 尊敬語《そんけいご》　**イ** けんじょう語　**ウ** ていねい語

問二 次の(1)・(2)の――の言葉を、文にあうように尊敬語またはけんじょう語で書き直しなさい。（各3点）

(1) 母は、近所の人におみやげをやりました。（　　）

(2) 校長先生が手紙を読む。（　　）

問三 次の文章には、敬語のまちがいが二つあります。その敬語を文中から書きぬき、正しく書き直しなさい。（両方できて各10点）

ある晩《ばん》、私の家にお客様がいらっしゃった。母がうでによりをかけて作った夕食をお出しすると、それをいただいたお客様は、

「このソースはたいへんおいしいですね。ソースの中の黒いつぶは何ですか。」

と興味深そうにおっしゃった。母はうれしそうに、

「その黒いつぶは、かくし味のコショウなんですよ。」

とお客様にお答えになった。

・×（　　）→○（　　）

・×（　　）→○（　　）

問四 次の文章を読んで、あとの(1)〜(3)の問いに答えなさい。（(1)・(2)は各5点・(3)は両方できて10点）

ぼくの学校のマラソン大会は地元でも有名で、とても盛《も》りあがる。だが、マラソンが苦手なぼくにはゆううつな行事だった。

ある日、そのことを後藤《ごとう》くんに相談すると、なんと彼《かれ》がいっしょに練習してくれるというのだ。（ X ）、毎朝ぼくの家までむかえにきてくれるという。そこでぼくは、翌朝《よくあさ》から後藤くんとともに土手を走るようになった。すると、［Y］。

そしてマラソン大会当日。ぼくの順位は去年よりずっと上がり、何より走ることを楽しむことができた。ところで、ぼくは後藤くんにとても感謝している。

(1) （ X ）にあてはまる接続語として適切なものを次の**ア**〜**エ**の中から一つ選び、記号を○で囲みなさい。

ア ただし　**イ** しかも　**ウ** すなわち　**エ** ところが

(2) ――に注意して、［Y］にあてはまる文として適切なものを次の**ア**〜**ウ**の中から一つ選び、記号を○で囲みなさい。

ア いつのまにか走ることが好きになっていた。
イ ぼくは走ることがさらに苦手になった。
ウ ぼくは毎朝、後藤くんをむかえに行った。

(3) 文中には、接続語のまちがいが一つあります。その接続語を文中から書きぬき、正しく書き直しなさい。

×（　　）→○（　　）

問五 次の(1)〜(9)の――の言葉を、漢字と送りがなで書きなさい。（各5点）

(1) 左右のくつ下の色がことなる。（　　）
(2) 犯人ではないかとうたがう。（　　）
(3) 北国は寒さがきびしい。（　　）
(4) 夕日で空が赤くそまる。（　　）
(5) 先頭の選手との差がちぢまる。（　　）
(6) 家に大きな荷物がとどく。（　　）
(7) 不足している栄養をおぎなう。（　　）
(8) 地面に打ったひざがいたい。（　　）
(9) 授業に必要なものをわすれる。（　　）

まちがえずに書けたかな。まちがえたものは、送りがなとあわせてしっかり覚えようね。

答えは『答えと考え方』

第6回

説明文の読み取り②

学習日

月　日

得点

／100点

次の文章を読んで、あとの問いに答えなさい。

①植物のうち、種子を食用とするためにさいばいされるものを穀《こく》物《もつ》（穀類）と呼《よ》んでいます。ただし、その＊定義はそれほど厳密《げんみつ》ではありません。一般的《いっぱんてき》にはイネ科やマメ科の植物の種子をさしますが、タデ科に属するソバも穀物にふくめることがしばしばあります。はっきりしていることは次の二つです。

一つは、いま述べたように、穀物と呼ばれる植物たちは、どれもさいばい植物、つまり人間が作った植物だということです。さいばい植物は、自力では生きてはゆけません。人間が種子をまき、そして収穫《しゅうかく》してまたそれをまくというじゅんかんができてはじめて、世代をこえて生きてゆくことができるのです。その意味で、②人間と作物とは共存《きょうそん》関係にあります。つまり、穀物をふくめたさいばい植物は、人類が農業を始めたときに選びだした植物たちなのです。そして人類はその後も、一万年という長い時間をかけて、自分たちの好みに合うよう改良を加えてきました。

③さいばい植物でない植物は野生植物と言われます。種類の数で言えば、圧倒的《あっとうてき》多数の植物は野生植物です。彼《かれ》らは、その生存《せいぞん》に、人間の手助けを必要としません。とはいえ、まったくの未開地などなくなってしまった現代では、どんな野生植物も多少なりとも人間とのかかわりの中で生きています。人間とまったく無関係に

問一 ——①、「穀物（穀類）」と呼ばれる植物に共通することは何ですか。文中の言葉を用いて二つ書きなさい。（各15点）

・

・

問二 ——②とありますが、これはどういうことですか。適切なものを次の中から一つ選び、記号を〇で囲みなさい。（15点）

ア 人間が作物の生長を妨害《ぼうがい》してきたために、作物が自力で生きていくことが難《むずか》しくなったということ。

イ 世代をこえて種子が生き残ることによって、作物は人間との生存競争を勝ちぬいてきたということ。

ウ 人間が土地を開拓《かいたく》してきたために未開地がなくなり、作物が生きていける場所が広がったということ。

エ 作物は人間が手を貸すことで生きており、人間も収穫した作物を食べることで生きているということ。

生きている完全な野生植物は、今はもうほとんど存在しません。

さて、穀物と呼ばれる植物に共通なもう一つの性質は、彼らがどれも*一年生植物（一年草）だということです。種子にデンプンをたくわえる植物は、一年草に限りません。数十年、数百年の寿命《じゅみょう》をもつ植物にも、種子にデンプンをたくわえるものがあります。どんぐりができるカシやシイなどはその代表的なものです。（　A　）、コムギなどは年をまたいでさいばいされるので、越年生《えつねんせい》あるいは二年生などといわれることもありますが、種まきから収穫までの時間が一年に満たないので、ここではこれらも一年生にふくめて考えることにしましょう。

では、なぜ穀物は一年生なのでしょうか。その理由の一つが、一年生の植物は年一回必ず種子をつけるぶん、品種改良のスピードが速いことにあります。樹木《じゅもく》をふくむ多年草の植物では、芽が出てから最初に花をさかせるまでの時間が一年よりもずっと長く、そのぶん品種改良のスピードも上がりません。「モモ・クリ三年カキ八年」というように、例えばカキでは、交配して雑種第二代の実がなるまでに十六年もの時間がかかります。それに、樹木は身体《からだ》が大きく、ある面積にたくさんの個体をさいばいすることができません。いっぽう、一年生の植物は世代の交代が一年以内に確実に行われるうえ、同じ面積の土地にたくさん植えられます。人間が改良しやすく、より多くの株《かぶ》をさいばいできるのが、一年草だったということです。④結局、穀物が一年草であるのは結果にすぎないということになります。

*定義＝ある事柄《ことがら》の意味を明らかに決めること。
*一年生植物＝発芽して一年以内に開花・結実してかれる植物。

佐藤《さとう》洋一郎《よういちろう》『知ろう　食べよう　世界の米』（岩波書店《いわなみしょてん》刊）

問三　――③、「野生植物」について説明した次の文の（　X　）・（　Y　）に適切な言葉を文中からそれぞれ書きぬきなさい（Xは十字・Yは八字）。（各10点）

本来ならば（　X　）に生きることができる植物だが、現代では何かしら（　Y　）をもちつつ生きている。

X

Y

問四　（　A　）に適切な言葉を次の中から一つ選び、記号を○で囲みなさい。（15点）

ア　すると　イ　また　ウ　それとも　エ　そのうえ

問五　――④とありますが、これはどういうことですか。それを説明した次の文の（　　）に適切な内容を文中の言葉を用いて書きなさい。（20点）

人間は、一年生だからという理由でそれらの植物を穀物として選んだのではなく、（　　）という穀物に適した性質をもつものを選んだ結果、それが一年生植物だったということ。

答えは『答えと考え方』

第7回

漢字・言葉の学習④

学習日
月　日

得点
／100点

国語

問一 次の文章を読んで、あとの(1)・(2)の問いに答えなさい。（(1)は各5点・(2)は両方できて6点）

次の三連休に、私は祖母の家へ一人で行くことになった。私の家は東京、祖母の家は北海道だ。これだけの長い距離《きょり》を一人で移動したことはない。しかし、私（　X　）三つも年下のいとこが、夏休みに一人で祖母の家まで行ったそうだ。彼《かれ》（　Y　）行けたのだから、きっと私にも行けるだろう。
当日は早朝の電車に乗る予定でいるが、時間どおりに起きれるかどうかが少し心配だ。前日は早めに寝《ね》て翌日《よくじつ》に備えたい。

(1) （　X　）・（　Y　）に適切な言葉をあとの**ア**～**エ**の中から一つずつ選び、記号を書きなさい。

ア　ばかり　**イ**　こそ　**ウ**　より　**エ**　でも

X（　　）　Y（　　）

(2) 文中には、表現のまちがいが一つあります。その表現を文中から書きぬき、正しく書き直しなさい。

×（　　）→○（　　）

問二 次の(1)・(2)の――に注意して、【　】の言葉を適切な形に書き直しなさい。（各3点）

(1) 地図が古くて、ちっとも道が【わかる】。
（　　）

(2) もし明日【晴れるので】、遊園地に行こう。
（　　）

問三 次の(1)・(2)の文は、主語と述語が正しく対応していません。正しい文になるように、――を書き直しなさい。（各4点）

(1) ぼくが得意なスポーツは、野球をすることです。
（　　）

(2) 私は、みんなが反対した彼の意見は正しい。
（　　）

問四 次の(1)〜(4)には、漢字のまちがいが一字ずつあります。その漢字を書きぬき、正しく書き直しなさい。（両方できて各5点）

(1) 限られた資原を大切に使う。　×□ → ○□

(2) 駅の近くに警察暑《けいさつしょ》がある。　×□ → ○□

(3) 生鮮《せいせん》食品を冷臓庫《れいぞうこ》にしまう。　×□ → ○□

(4) 美しい風景を拝句《はいく》によむ。　×□ → ○□

問五 次の(1)〜(5)の――は、二字や三字で特別な読み方をする熟語《じゅくご》です。――の読み方を書きなさい。（各2点）

(1) 迷子になった子どもを探《さが》す。（　　）

(2) 河原の石を拾う。（　　）

(3) 父は真面目な性格だ。（　　）

(4) 毎朝、笑顔であいさつをする。（　　）

(5) 眼鏡をかけて本を読む。（　　）

問六 次の(1)〜(4)について、①・②の――は同じ部首の漢字です。――のカタカナを漢字に直して□に書き、①・②の漢字に共通する部首の名前をあとのア〜エの中から一つずつ選び、（　）に記号を書きなさい。（すべてできて各10点）

(1)（　　）
① キ重《ちょう》な宝石《ほうせき》を身につける。□
② バスの運《うん》チンをはらう。□

(2)（　　）
① 悲しい話にムネが痛《いた》む。□
② 右《う》ノウのはたらきを調べる。□

(3)（　　）
① 古いザッ誌《し》を捨《す》てる。□
② ナン問《もん》を解決する方法。□

(4)（　　）
① 女王ヘイ下《か》に仕える。□
② 不良品をジョ外《がい》する。□

ア にくづき　**イ** ふるとり
ウ こざとへん　**エ** かい

答えは『答えと考え方』

第8回 物語の読み取り②

学習日　　月　　日

得点　　／100点

次の文章を読んで、あとの問いに答えなさい。

キャッチャーのポジションを外されたことでソフトボール部の活動を休んでいたハルは、久しぶりに部活動に参加した。そこでハルは樹里《じゅり》の異変《いへん》に気づく。

やっぱり樹里はかたを痛《いた》めている。①外野に立っていると、キャッチャーボックスにしゃがんでいるときには見えなかった、樹里の別の姿《すがた》が見えてくる。マウンドに一人立つ樹里の後ろ姿は孤独《こどく》だった。勝気なひとみが見えないぶん、素《す》の樹里がすけて見える気がした。まるで、迷子《まいご》の子どもが懸命《けんめい》にかたをいからせて、泣くのをがまんしているように見える。

右のかたに違和感《いわかん》があるのか、一球投げ終わるごとに、樹里はグラブをはめた左手をかたのあたりに持っていった。無意識であるぶん、痛々しかった。トンコはまったく気づいていないようだ。

練習が終わって、整理運動の集合がかかったとき、思い切って背中《せなか》ごしに声をかけた。

「かた、痛いんちゃうん？」

②ギョッとしたように、樹里はふり返った。

「なんで？」

逆に問い返された。

問一 ——①について、次の(1)・(2)の問いに答えなさい。

(1) これまでハルは、樹里をどのような人物だと考えていたのですか。文中から六字で書きぬきなさい。（10点）

□□□□□□な人物。

(2) 初めて見えてきた「樹里の別の姿」として適切なものを次の中から一つ選び、記号を○で囲みなさい。（10点）

ア 本当は心細いのに、必死で強がっている姿。
イ 全力で一つのことに取り組むひたむきな姿。
ウ 自分の実力を過信して、周囲を見下している姿。
エ 周囲の顔色をうかがってばかりいる情けない姿。

問二 ——②とありますが、樹里はどのようなことに対して「ギョッとした」のですか。書きなさい。（20点）

「う、うん、なんかそう思っただけ」

ささの葉のような目がハルをにらむ。思わずあとずさったほどの強さだった。

「なにが言いたいん？　うちをピッチャーの座《ざ》から引きずり下ろしたいわけ？」

ええっ？　③ハルは心底おどろいた。なんでそうなるわけ？　樹里の思考回路についていけない。

「うちはやめんよ。ハルみたいにすぐににげだすような弱虫とはちがうよ！」

いつもクールで無口な樹里が、こんなに熱くなるのを初めて見た。パラパラと部員が集まってきた。ハルはその場に棒立《ぼうだ》ちになって、ただただ④沸点《ふってん》に達している樹里を見つめるだけだった。

「敵《てき》に、背中を見せたら、やられるんだよ！　なによ、いったんにげだしたくせに、またのこのこもどってきて。ウザイよ！」

ハルの目からなみだがあふれだした。まずい。ここで泣くのはひきょうだ。⑤樹里を悪者にしてしまう。止めなきゃ、止めなきゃ。そう思うのに、なみだはまるで伏流水《ふくりゅうすい》のようにまぶたのおくからあふれてきて、どうしても止めることができなかった。

「樹里、言いすぎちゃう？　ハルだって、いろいろ考えたと思うよ。そのうえで帰ってきてくれたんだよ」

「出たり入ったりされたら、めいわくだよ。チームワークが乱《みだ》れる！」

パシッと樹里は、グラブをマウンドにたたきつけた。そしてそのまま部室の方角にかけていった。

「樹里！」

グラブを拾うと、急いでトンコたちがあとを追った。

「……ハル」

問三　――③とありますが、ハルが「心底おどろいた」のはなぜですか。理由を説明した次の文の（Ｘ）・（Ｙ）に適切な言葉を考えて書きなさい（Ｘは五字以内・Ｙは二十字以内）。（各5点）

ハルは、樹里のことを純粋《じゅんすい》に（Ｘ）だけなのに、樹里に（Ｙ）とたくらんでいるのではないかと疑《うたが》われてしまい、そのことがあまりに予想外だったから。

Ｘ

Ｙ

問四　――④、「沸点に達している」とは、樹里のどのような様子をたとえた言葉だと考えられますか。適切なものを次の中から一つ選び、記号を○で囲みなさい。（10点）

ア　ハルに自分の本心を見すかされたはずかしさのあまり、顔が真っ赤になっている様子。

イ　今まで心の中にためこんでいたさまざまな思いが、ハルの言葉をきっかけに爆発《ばくはつ》した様子。

ウ　照れ屋であるため表に出さないものの、部活動に対する熱い気持ちを内に秘《ひ》めている様子。

エ　ハルのせいでピッチャーの座を追われたことがくやしくて、いかりをおさえきれない様子。

一人残ったマルちゃんが、ためらいがちにハルのジャージーに手をのばした。

「ごめんね」

あわててハルは、こぶしでなみだをぬぐった。

「マルちゃんが、あやまること、ないよ。樹里の言うとおりだよ」

ひくひくしゃくりあげてしまうのが、はずかしかった。

「そんなことないって。もどってきてくれてうれしいよ。ハル、勇気があると思うよ」

⑥マルちゃんのやさしい言葉に、止まっていたなみだがまたあふれだした。でもそれは、自分のためのなみだとは、少しちがう気がした。思ってもいなかった樹里の、過剰《かじょう》ともいえる反応にびっくりしたし、めいわくという言葉に傷《きず》つきもしたけれど、きつい言葉を投げつける樹里の、泣きだす寸前《すんぜん》の子どものようなひとみに心動かされていた。樹里とではないけれど、たがいに泣きながら取っ組み合ってけんかした、幼《おさな》いころのけんかの爽快《そうかい》さを思い出していた。「なに考えてるんだろう」って、もんもんとしていたときより、ずっといい。少なくとも樹里は、心のうちをさらけだしてくれた。

八束澄子《やつかすみこ》『おたまじゃくしの降《ふ》る町で』（講談社《こうだんしゃ》刊）

問五 ――⑤、「悪者にしてしまう」とはどういうことですか。場面の状況《じょうきょう》や、ハルがそのように考えた理由をふまえて書きなさい。（20点）

問六 ――⑥とありますが、止まっていたなみだがまたあふれだしたのはなぜですか。文中の言葉を用いて書きなさい。（20点）

答えは『答えと考え方』

第9回

説明文の読み取り③

学習日　　月　　日

得点　　／100点

国語

次の文章を読んで、あとの問いに答えなさい。

江戸《えど》時代になると日本でも、貴族《きぞく》や武士ではないふつうの家の子が学校に通う時代がやってきます。その学校の名は「寺子屋《てらこや》」。鎌倉《かまくら》時代からお寺で子どもたちに勉強を教えていたことが、名前の由来だそうです。①寺子屋は江戸時代の後半からどんどんさかんになってきました。なぜでしょうか？

江戸時代といえば天下太平、国内はもちろん外国ともいっさい戦争をしていませんでした。そのため、出番がない武士よりも町人、とくに商人たちが力をつけるようになります。江戸や大阪《おおさか》、京都《きょうと》のような大きな都市では商売がさかんになり、商売に欠かせない、文字を読み書きしたり、帳簿《ちょうぼ》をつけたり、そろばんを使って計算したりする力をつける場所が必要になってきたのです。町人たちは、自分の子どもが勉強する学校として寺子屋をつくっていきましたが、しだいに農村にも広がり、江戸時代の終わりごろには全国に一万軒《けん》以上あったといいます。９歳《さい》から11歳の間に通いはじめるのがいいとされていました。

寺子屋をつくることや、運営することに幕府《ばくふ》や藩《はん》はまったく関わりませんでした。町人や村人が先生をさがしてきて寺子屋を開いたり、おぼうさんや医者が（　A　）に開いたりしていたのです。だから今でいうと、小学校というよりも塾《じゅく》。行かなきゃい

問一　——①とありますが、寺子屋がさかんになってきたのはなぜですか。文中の言葉を用いて書きなさい。（20点）

問二　（　A　）に適切な言葉を次の中から一つ選び、記号を○で囲みなさい。（10点）

ア 自主的　**イ** 画一的　**ウ** 強制的　**エ** 一方的

問三　——②、寺子屋での勉強の特徴をまとめた次の(1)～(3)の文の（　）に適切な内容を文中の言葉を用いて書きなさい。（各10点）

(1) 今でいう「個別指導」の方法をとっていたこと。
・寺子屋で勉強する時間帯は基本的に自由だった。
・先生は（　a　）指導し、生徒たちは（　b　）。

(2) （　c　）こと。
・字や言葉を覚えたり、そろばんを習ったりしていた。

けない決まりはありませんでした。

②寺子屋での勉強の特徴《とくちょう》は3つあります。まずは、今でいう「個別指導」の方法。寺子屋で勉強する時間は、基本的に自由！　当時の子どもはみんな家の手伝いをたくさんしていたので、午前中に手伝いをする子は、午後から寺子屋に行って勉強したのです。寺子屋が開いていたのは、だいたい午前8時ごろから午後3時ごろまで。［B］寺子屋に行くと、先生はそれぞれの子どもの進み具合に合わせて指導し、生徒は別々の勉強をしていました。みんなで同じ授業を聞くことはありませんでした。男女でも学習内容がちがっていて、女の子は裁縫《さいほう》や琴《こと》も習っていました。

ふたつめの特徴は、大人になって役に立つことを優先的《ゆうせんてき》に教えていたこと。「読み書きそろばん」といって、まず教科書を読むために字や言葉を覚え、習字をたくさんして手紙や帳簿を書けるようにします。そして、電卓《でんたく》などの計算機がない時代には欠かせないそろばんを習って、速く計算ができるようになっていったのです。とくに商人の子は、そろばんに力を入れていました。

最後の特徴は、徹底的《てっていてき》にくりかえして勉強したこと。商人の子は『商売往来』、大工の子は『番匠《ばんじょう》往来』、農民の子は『百姓《ひゃくしょう》往来』といったように、それぞれの職業に必要な内容が書かれた往来物（教科書）をもっていました。これらを使った読み書きの練習を、1日50回くりかえすとよい、とされていたのです。

当時世界の国々では、だれでも教育が受けられたわけではありませんでした。③字を読み書きできる人は限られていて、「識字率」という文字を読める人の割合《わりあい》が、とても低かったのです。黒船に乗って日本にやってきたペリーは、町の中で本がたくさん売られていて、貴族や武士ではないふつうの人が読書を楽しんでいることにおどろきました。それもそのはず、江戸時代の日本人の

---

(3)
徹底的にくりかえして勉強したこと。
・それぞれの職業にあった教科書を使った読み書きの練習を1日50回くりかえしていた。

a＝

b＝

c＝

問四　問題文の［B］には次の三つの文が入ります。［B］にあてはまるように正しく並《なら》べかえなさい。　（すべてできて10点）

ア　それはこの「八《や》つ」が由来になっています。

イ　江戸時代の時刻《じこく》では、午後3時前後は「八《や》つ」とよばれていました。

ウ　今でも学校から帰ってきて午後に食べるお菓子《かし》を「おやつ」といいますね。

（　　）→（　　）→（　　）

問五　――③、世界の国々に比べ、日本人の識字率はどうでしたか。それを説明した次の文の（　）に適切な言葉を文中からそれぞれ書きぬきなさい（Xは五字・Yは十字）。　（各5点）

江戸時代の日本では、（ X ）などの限られた身分の人だけではなく、（ Y ）の多くも読み書きができた。当時の日本人の識字率は、世界最高だったといわれている。

識字率は世界最高といわれているのです。江戸時代の中ごろ以降《いこう》は、本の出版がさかんで、本屋さんが少ない農村では、都会で買ってきた本を書きうつして回し読みしたり、本屋さんが農村に訪問《ほうもん》販売《はんばい》したりすることもありました。

また、世界的に教育を受ける権利《けんり》があまりなかった女性までもが、日本では読み書きができたのです。巨大《きょだい》な黒船をつくる技術や、兵器をつくる技術では、日本は外国におくれをとっていましたが、商人や農民、女性たちの多くが読み書きができたという事実は、世界にほこれるものでした。

X

Y

問六 問題文の内容として適切でないものを次の中から一つ選び、記号を○で囲みなさい。（10点）

ア 寺子屋は都市だけでなく農村にもつくられ、江戸時代の終わりには全国に1万軒以上あった。

イ 「寺子屋」の名前の由来は、鎌倉時代以降、お寺が学校の役割を果たしてきたことにある。

ウ 江戸時代の中期以降は本の出版がさかんになり、農村の人々も読書を楽しんでいた。

エ 寺子屋では身分の区別や男女の区別をすることなく、だれもが同じ授業を平等に受けていた。

問七 この文章を内容のうえから二つのまとまりに分けるとすると、二つめのまとまりはどの段落《だんらく》から始まりますか。段落の最初の十字を書きぬきなさい（句読点をふくむ）。（10点）

齋藤孝《さいとうたかし》 監修《かんしゅう》『日本のもと　学校』（講談社《こうだんしゃ》刊）

答えは『答えと考え方』

中学国語さきどり

文節と単語・品詞《ひんし》

学習日　　月　　日

さきどりポイント①　文節と単語

一つの文は、文節に分けたり、単語に分けたりすることができます。文節や単語は、中学校で学習する文法（文章や言葉のきまり）の基礎《きそ》ですから、覚えておくとよいでしょう。

＊文節と単語

文節…一つの文を、意味がわかり、不自然にならないよう、できるだけ小さく区切ったまとまり。

単語…文節をさらに細かく分けて、それ以上分けると意味がなくなるか、言葉としてのはたらきがなくなるところまで区切った最小の言葉の単位。

＊文を分けてみよう

【文節に分けた例】ぼくは／毎朝／六時に／起きる。

【単語に分けた例】ぼく／は／毎朝／六時／に／起きる。

文節は、「ぼくはネ／毎朝ネ／六時にネ／起きるヨ。」のように、「ネ」「サ」「ヨ」を入れて考えよう。

さきどりポイント②　品詞

単語を、はたらきや使い方によって分類したものを品詞といいます。今回は代表的な四つの品詞を学びましょう。

＊名詞・動詞・形容詞・形容動詞

名詞…物事の名前を表す。

例 ぼく・鳥・ノート・日本・二番目・三月

動詞…動きを表す。言い切りの形（「。」に続く形）がウ段《だん》の音。

例 走る・話す・聞く・笑う・楽しむ

形容詞……物事の様子を表す。言い切りの形が「～い」。

例 おそい・小さい・長い・早い・美しい

形容動詞…物事の様子を表す。言い切りの形が「～だ」。

例 大切だ・みごとだ・元気だ・静かだ・さわやかだ

＊形の変わる品詞・変わらない品詞

動詞・形容詞・形容動詞は、下に続く言葉によって形が変わります。たとえば、動詞「走る」であれば、下に「ない」などの言葉が続くことにより、「走らない・走ります・走れば・走ろう」のように形が変わります。一方、名詞は形が変わりません。

問題に挑戦！

問一 次の(1)〜(3)の文を、例にならって文節に区切りなさい。

例 父は／来週／大阪《おおさか》に／行く。

(1) 親《しん》戚《せき》や友達に年賀状を書く。

(2) 冬になるとときどき雪が降《ふ》る。

(3) ぼくは昨日おもしろい本を読んだ。

問二 次の(1)・(2)の文は、それぞれいくつの単語に分けることができますか。漢数字で書きなさい。

(1) 今日はとても天気がよい。 □

(2) 公園のさくらの花が雨で散る。 □

問三 次の文の中から、名詞をすべて書きぬきなさい。

両親とわたしの三人で、新幹線に乗って東京へ行った。

（　　　　）

問四 次の(1)〜(3)の文の――の言葉を言い切りの形に直しなさい。

(1) 弟は朝からパンを五つも食べた。 （　　）

(2) 地図を見れば、場所がすぐわかる。 （　　）

(3) なまけずに練習をしろとしかられた。 （　　）

問五 次の(1)〜(4)の言葉は、ア「形容詞」、イ「形容動詞」のどちらですか。記号を書きなさい。

(1) 暑い （　　）

(2) 立派《りっぱ》だ （　　）

(3) 陽気だ （　　）

(4) 優《やさ》しい （　　）

問六 次の文について、――①〜③の言葉の品詞名をあとのア〜エの中から一つずつ選び、記号を書きなさい。

先週、ぼくは県でいちばん①高い山に登った。山頂《さんちょう》からふもとを②ながめると、そこには③きれいな景色が広がっていた。

① （　　）　② （　　）　③ （　　）

ア 名詞　イ 動詞　ウ 形容詞　エ 形容動詞

答えは『答えと考え方』

古文を読んでみよう

学習日　　月　　日

さきどりポイント①　古文にふれてみよう

中学校から、「古文（昔の人が書いた文章）」についての学習が始まります。今回は、古文の短い文章を読んでみましょう。

＊古文

次の文章は、清少納言《せいしょうなごん》という平安時代の女性が「うつくしきもの（かわいらしいもの）」について書いた随筆《ずいひつ》です。

うつくしきもの。瓜《うり》にかきたるちごの顔。雀《すずめ》の子のねず鳴きするにを《お》どり来る。二つ三《み》つばかりなるちごの、いそぎて這《は》ひ《い》来る道に、いと小さき塵《ちり》のありけるを、目ざとに見つけて、いとを《お》かしげなる指《および》にとらへ《え》て、大人ごとに見せたる、いとうつくし。頭《かしら》はあまそぎなるちごの、目に髪《かみ》のおほ《お》へ《え》るを、かきはやらで、うちかたぶきて物など見たるも、うつくし。

（『枕草子《まくらのそうし》』より）

＊古文の現代語訳《やく》

上の古文を現代の言葉に直すと、次のようになります。筆者の思う「かわいらしいもの」を想像できるでしょうか。

かわいらしいもの。瓜に描《か》いてある幼い子どもの顔。雀の子がねずみの鳴きまねをするとおどるようにやって来ること。二、三歳《さい》くらいの子どもが、急いで這って来る道に、とても小さいごみがあったのを、目ざとく見つけて、とても愛らしい指にとらえて、大人などに見せるのは、たいそうかわいらしい。髪をおかっぱにした少女が、目に髪がかぶさったのをはらいのけることをしないで、首をかしげて物などを見るのもかわいらしいものだ。

＊昔の言葉

古文には、現代では使われなくなった言葉や、現代とはちがう意味で使われていた言葉が出てきます。上の文章に出てきた言葉の意味を確認《かくにん》しておきましょう。

- **うつくし**…かわいらしい
- **をかし**……趣《おもむき》がある・心をひかれる・興味深い
- **いと**………たいそう・とても

さきどりポイント② かなづかいの直し方

右のページで読んだ古文は、現代とはちがうかなづかいで書かれていますね。古文に用いられるかなづかいを歴史的かなづかい、現在わたしたちが用いているかなづかいを現代かなづかいといいます。ここでは、歴史的かなづかいを現代かなづかいに直すときのルールを学びましょう。

＊かなづかいの直し方のルール

歴史的かなづかい	現代かなづかい	例
ゐ・ゑ・を	い・え・お	ゐる（居る）→いる
ぢ・づ	じ・ず	いぢ（意地）→いじ
は・ひ・ふ・へ・ほ（単語の最初以外の）	わ・い・う・え・お	かは（川）→かわ ゆふべ（夕べ）→ゆうべ
ア段《だん》＋う（au）	オ段＋う（ō）	まうす（申す）→もうす mau　mō
イ段＋う（iu）	イ段＋ゅう（yū）	しうさい（秀才《しゅうさい》）→しゅうさい siu　syū
エ段＋う（eu）	イ段＋ょう（yō）	れうり（料理）→りょうり reu　ryō

※「わたしは」の「は」など、助詞《じょし》の「は・へ・を」は、現代と同じく「ワ・エ・オ」と読みます。

※「ア段＋ふ」「イ段＋ふ」「エ段＋ふ」は、それぞれ「ア段＋う」「イ段＋う」「エ段＋う」と同じように直します。

問題に挑戦！

問一 歴史的かなづかいで書かれた次の(1)～(5)の言葉を現代かなづかいで書き直しなさい。

(1) ゐなか →（　　）

(2) かうし →（　　）

(3) にほひ →（　　）

(4) ぢごく →（　　）

(5) けふ →（　　）

問二 次の(1)・(2)の文の現代語訳として適切なものをあとの**ア**～**ウ**の中から一つずつ選び、記号を○で囲みなさい。

(1) 友とするにわろき者、七つあり。（『徒然草《つれづれぐさ》』）

ア 友とするのに悪くない者は、七才までだ。
イ 友を悪者にしたわけは、七つある。
ウ 友とするには悪い者が、七つある。

(2) 三寸《すん》ばかりなる人、いとうつくしうてゐたり。（『竹取物語《たけとりものがたり》』）

ア 三寸ほどの人が、たいそうかわいらしく座《すわ》っていた。
イ 三寸ほどの人は、全く美しいとは思えなかった。
ウ 三寸ほどの人は、とてもきれいになっていた。

答えは『答えと考え方』

(1) 右の地図は朝鮮半島周辺を示しています。Xの国の名前を書きなさい。

X
日本海
大韓民国
(韓国)
黄海
東シナ海

(　　　　　　　　　　)

(2) 朝鮮半島では次のような独自の文字が使われています。この文字を何といいますか。書きなさい。

안녕하세요

(　　　　　　　　　　)

(3) ――― Aについて，日本や韓国では，6月から7月ごろに雨の多い日が続きます。この時期を何といいますか。書きなさい。

(　　　　　　　　　　)

(4) ――― Bについて，16世紀に，2度にわたって日本から朝鮮に大軍を送った人物がいました。これはだれですか。書きなさい。

(　　　　　　　　　　)

(5) ――― Cについて，群馬県にある富岡製《とみおかせい》糸《し》場《じょう》は世界遺産の1つです。富岡製糸場がつくられた時代として正しいものを，次のア～エの中から1つ選び，記号を書きなさい。

ア　平安《へいあん》時代　　**イ**　鎌倉《かまくら》時代　　**ウ**　江戸《えど》時代　　**エ**　明治《めいじ》時代

(　　)

(6) ――― Dについて，古墳《こふん》がつくられていた時代，朝鮮半島や中国から日本にわたってきた人々によって，大陸の進んだ技術や文化が日本に伝えられました。このような人々を何といいますか。書きなさい。

(　　　　　　　　　　)

(7) 次のグラフは，世界の人口と面積を示しています。世界全体から見たアジアの人口と面積の特徴《とくちょう》を，簡単《かんたん》に説明しなさい。

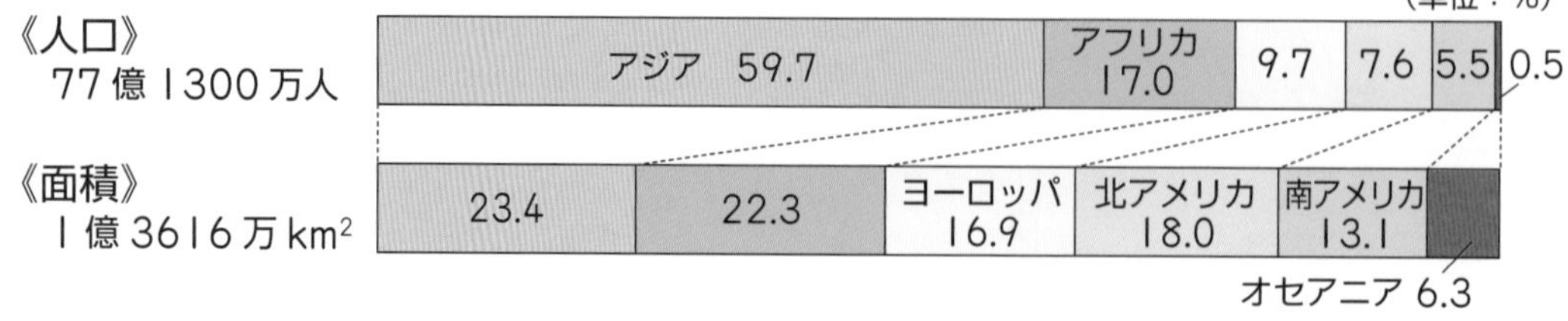
(単位：%)
《人口》
77億1300万人
アジア　59.7
アフリカ
17.0
9.7
7.6
5.5
0.5
《面積》
1億3616万km²
23.4
22.3
ヨーロッパ
16.9
北アメリカ
18.0
南アメリカ
13.1
オセアニア 6.3

2019年　国際連合資料

(　　　　　　　　　　　　　　　　　　　　　　　　　　　　　　)

答えは『答えと考え方』

日本と韓国《かんこく》

学習日　　月　　日

さきどりポイント

＊中学校の社会は地理・歴史・公民の３分野にわかれる

地理《ちり》的分野・歴史《れきし》的分野・公民《こうみん》的分野の３つの分野にわけて学習します。

＊世界の中での日本を学ぶ

小学校では，日本を中心に学習しました。中学校では，世界の国々のことや，日本と世界のつながりを学習していきます。中学校での学習内容を簡単《かんたん》に紹介《しょうかい》します。

（★は基礎《きそ》になる小学校での学習内容を示しています。）

【地理的分野】　日本の中の地域《ちいき》ごとの特色や，世界各地の地域の特色を，自然環境《しぜんかんきょう》や人々のくらしに注目して学んでいきます。

★日本の自然環境，農業・水産業，工業，情報化社会，環境問題（５年生）

【歴史的分野】　日本の各時代の政治や文化について知識を深めるとともに，人類の起こりや，日本の歴史の背景《はいけい》となった世界の出来事を学びます。

★日本の歴史（６年生）

【公民的分野】　現代の日本の社会のしくみや世界とのつながりについて学びます。

★政治のしくみ，世界の中の日本（６年生）

中学校では，日本のことをくわしく学ぶだけでなく，外国のこともたくさん勉強するよ。地理と歴史を中心に，中学校で学習する内容をのぞいてみよう！

問題に挑戦！

次の文章は，はなさんが韓国《かんこく》を旅行したときに書いた日記です。あとの問いに答えなさい。

7月22日　　**天気**　晴れ

ソウルに着いてからはＡ雨の日ばかりだったけれど，今日は朝から晴れていました。今日はソウル市内にある昌徳宮《チャンドックン》という古い宮殿を見学しました。ここは，昔あった朝《ちょう》鮮国《せんこく》（大韓帝国《だいかんていこく》）の王や皇帝《こうてい》が住んでいた場所です。今からＢ400年ぐらい前に日本の軍勢がせめてきたときに焼けてしまい，建て直されたそうです。今はＣ世界遺産《せかいいさん》になっています。

夜は，お父さんの友達の韓国人のおじさんやその家族といっしょに，焼肉レストランで食事をしました。おじさんの子どもたちが日本のアニメを知っていてびっくりしました。おじさんが「日本と朝鮮半島は，大昔からＤ文化の交流がさかんだったんだよ。これからも，となりの国同士，たくさん交流をしていきたいね。」と話していたことが印象に残りました。

(1) 条文中の（　A　）～（　C　）にあてはまる言葉を，次の**ア**～**ウ**の中から１つずつ選び，記号を書きなさい。(各５点)

ア　基本的人権　　**イ**　象徴《しょうちょう》　　**ウ**　主権

A（　　　）　B（　　　）　C（　　　）

(2) 戦争をしないこと，戦力をもたないことを宣言《せんげん》しているのは憲法第何条ですか。左ページの条文から選び，数字で書きなさい。(８点)

（第　　　条）

(3) 次の①～③のできごとは，日本国憲法で定める基本的人権にあてはめたとき，何に反していると考えられますか。下の**ア**～**ク**の中から１つずつ選び，記号を書きなさい。(各５点)

① 江戸幕府《えどばくふ》はキリスト教を禁止した。
② 豊臣秀吉《とよとみひでよし》は，百姓《ひゃくしょう》に対して，村をはなれることを禁止した。
③ 明治《めいじ》政府によって学校制度が整えられたが，学校に行けない子どもが多くいた。

ア　法の下《もと》の平等　**イ**　生命や身体の自由　**ウ**　健康で文化的な生活をする権利
エ　教育を受ける権利　**オ**　信教の自由　**カ**　居住・移転，職業を選ぶ自由
キ　働く権利　**ク**　働く人が団結する権利

①（　　　）　②（　　　）　③（　　　）

3 あとの問いに答えなさい。(23点)

(1) 地球温暖化《ちきゅうおんだんか》を説明した文を，次の**ア**～**ウ**の中から１つ選び，記号を書きなさい。(５点)

ア　自動車や工場から排出《はいしゅつ》される有害物質がとけた雨が降《ふ》り，森林の木がかれている。
イ　有害な紫外線《しがいせん》などを防いでいる大気圏《たいきけん》の層《そう》が，フロンガスによってこわされている。
ウ　大気中の二酸化炭素などが増加したため，地球の気温が上昇《じょうしょう》している。

（　　　）

(2) 国際連合の機関である総会とユニセフについて説明した文として正しいものを，次の**ア**～**ウ**の中から１つずつ選び，記号を書きなさい。(各５点)

ア　世界遺産《せかいいさん》の登録と保護は，この機関の活動の一つである。
イ　戦争や飢《う》えなどで苦しむ子どもを救う目的でつくられた。
ウ　全加盟国《かめいこく》が参加し，一国一票の投票権がある。

総会（　　　）　ユニセフ（　　　）

(3) 右のグラフは，日本の貿易相手国を示しています。グラフ中の**A**にあてはまる国はどこですか。書きなさい。(８点)

（　　　　　　）

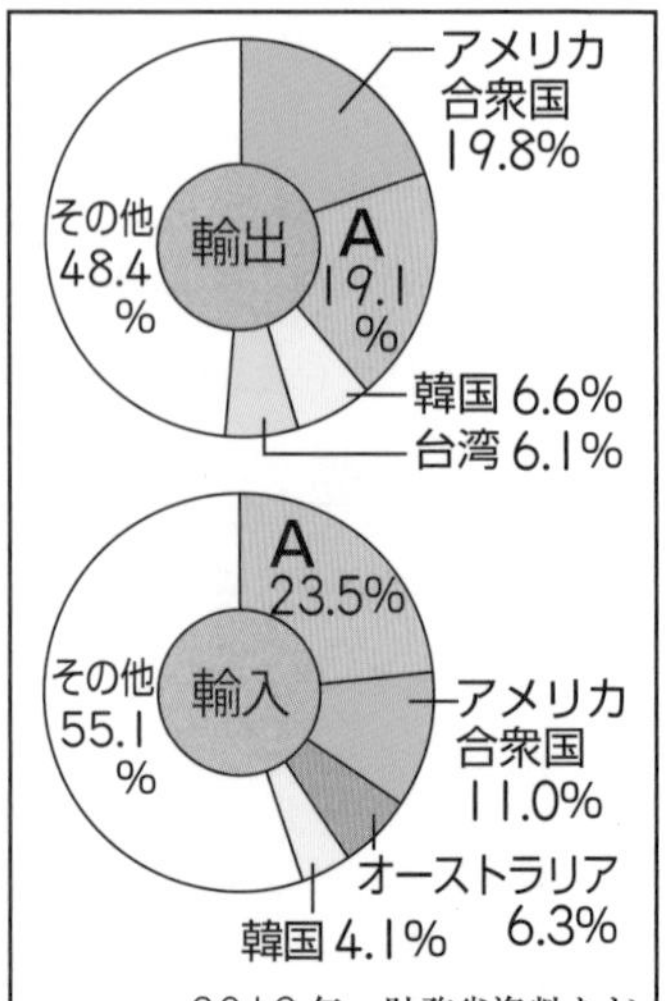

2019年　財務省資料など

答えは『答えと考え方』

第3回 政治のしくみと国際社会

学習日　月　日

得点　　／100点

1 次の文章を読んで，あとの問いに答えなさい。(39点)

> 国会がもつ法律《ほうりつ》をつくる権力《けんりょく》を（　①　），内閣《ないかく》がもつ政治を行う権力を（　②　），裁判所《さいばんしょ》がもつ人を裁《さば》く権力を（　③　）といいます。このように，国会・内閣・裁判所で仕事を分担《ぶんたん》するしくみをA 三権分立といいます。また，地域《ちいき》にとって重要な問題は，B 都道府県や市区町村が政治を進めて解決していきます。

(1) 文章中の（　①　）～（　③　）にあてはまる言葉を，次の**ア**～**ウ**の中から１つずつ選び，記号を書きなさい。(各5点)

ア　司法権　　**イ**　立法権　　**ウ**　行政権

①（　　　）　②（　　　）　③（　　　）

(2) ―――Aについて，三権分立のしくみをとっている理由を，「権力」という言葉を使って簡単《かんたん》に説明しなさい。(16点)

（　　　　　　　　　　　　　　　　　　　）

(3) ―――Bについて，国や都道府県・市区町村が行う公共の事業は，住民などが納《おさ》めたお金をおもな資金にしています。住民などが国や地方公共団体に納めたお金を何といいますか。漢字2字で書きなさい。(8点)

□□

2 次の日本国憲法《けんぽう》の条文を読んで，あとの問いに答えなさい。なお，条文はわかりやすく書き改めています。(38点)

第1条　天皇《てんのう》は日本国の（　A　）であり日本国民統合の（　A　）であって，この地位は，（　B　）をもつ日本国民の総意にもとづいています。

第9条　国民は，正義と秩序《ちつじょ》にもとづいた国際平和を心から願い，戦争をしたり武力を用いたりすることは，国どうしの争いを解決する手段《しゅだん》としては，永久《えいきゅう》に放《ほう》棄《き》します。

この目的を達成するため，陸軍・海軍・空軍や，その他の戦力はもちません。他の国と戦争を行う権利は認《みと》めません。

第11条　国民は，すべての生まれながらにしてもっている（　C　）をおかされません。この憲法が国民に保障《ほしょう》している（　C　）は，おかすことのできない永久の権利として，現在および将来《しょうらい》の国民にあたえられます。

(2) 7世紀から9世紀にかけて，遣唐使《けんとうし》や留学生・僧《そう》が中国へ送られました。その目的を簡単《かんたん》に説明しなさい。(14点)

(　　　　　　　　　　　　　　　　　　　　　　　　　　　)

(3) 8世紀に，聖武天皇《しょうむてんのう》によって日本に招かれた中国の僧である鑑真《がんじん》は，奈良《なら》に寺を開きました。鑑真が開いた寺を，次の**ア**～**ウ**の中から1つ選び，記号を書きなさい。(4点)

ア　法隆寺《ほうりゅうじ》　**イ**　東大寺《とうだいじ》　**ウ**　唐招提寺《とうしょうだいじ》

(　　)

(4) ヨーロッパとの交流についての説明としてまちがっているものを，次の**ア**～**ウ**の中から1つ選び，記号を書きなさい。(5点)

ア　鎌倉《かまくら》時代には，ポルトガル人によって鉄砲《てっぽう》が日本に伝えられた。

イ　安土桃山《あづちももやま》時代には，スペイン・ポルトガルといったヨーロッパの国と貿易を行った。

ウ　江戸《えど》時代には，幕府によってスペイン・ポルトガルとの貿易が禁止された。

(　　)

(5) 1858年に江戸幕府が外国と結んだ通商条約は，日本にとって不利な内容でした。どのような点が不利でしたか。次の**ア**～**ウ**の中から1つ選び，記号を書きなさい。(5点)

ア　日本にいる外国人が罪をおかしたときは，日本の法律《ほうりつ》で裁判《さいばん》をする。

イ　輸入品に対して，自由に税金をかけることができない。

ウ　外国へ輸出できる品を制限されていた。

(　　)

(6) 1910年に結ばれた次の条約について，あとの問いに答えなさい。

> (　**A**　) 併合《へいごう》に関する条約
> 第一条　(　**A**　) の皇帝《こうてい》は (　**A**　) を治めるすべての権限《けんげん》を永久に日本にゆずりわたす。

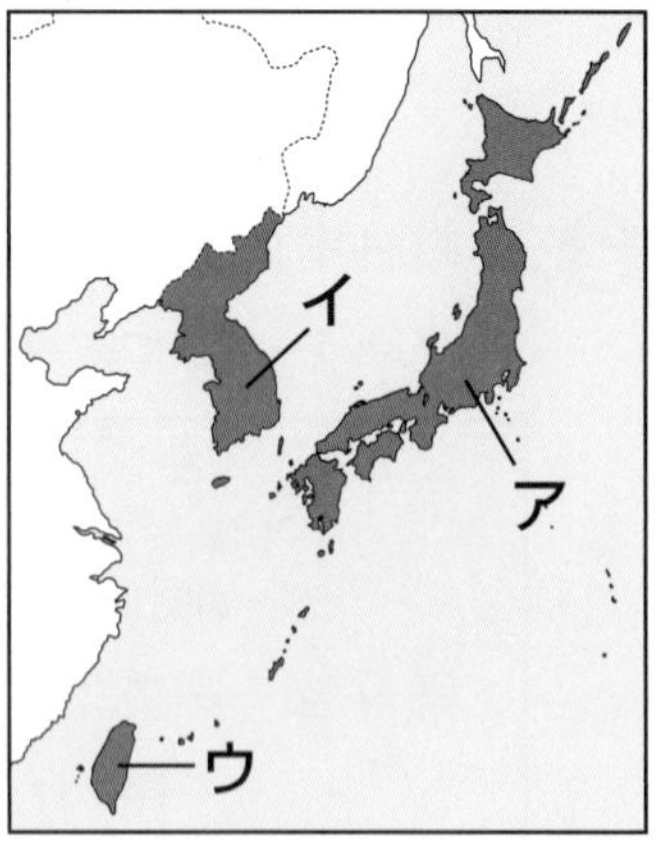

① 条約中の(　**A**　)にあてはまる国名を書きなさい。(7点)

(　　　　　　　　)

② 条約中の (　**A**　) にあてはまる場所を，右の地図中**ア**～**ウ**の中から1つ選び，記号を書きなさい。(5点)

(　　)

(7) 1945年に，世界の平和を守るために発足した国際的な組織を何といいますか。書きなさい。(7点)

(　　　　　　　　)

社会

答えは『答えと考え方』

第2回　歴史のまとめ (2)

学習日　　月　　日

得点　　　／100点

1 歴史上の人物について，あとの問いに答えなさい。(49点)

(1) 政権《せいけん》を朝廷《ちょうてい》に返し，江戸幕府《えどばくふ》最後の将軍《しょうぐん》となったのはだれですか。書きなさい。(7点)

(　　　　　　)

(2) 元《げん》が九州北部にせめてきた元寇《げんこう》のときに，執権《しっけん》として幕府を率いた人物はだれですか。書きなさい。(7点)

(　　　　　　)

(3) 右の歌をよんだ貴族《きぞく》は，天皇《てんのう》との結びつきを強めて，天皇に代わって政治を動かすほどの権力を持ちました。この人物はだれですか。書きなさい。(7点)

(　　　　　　)

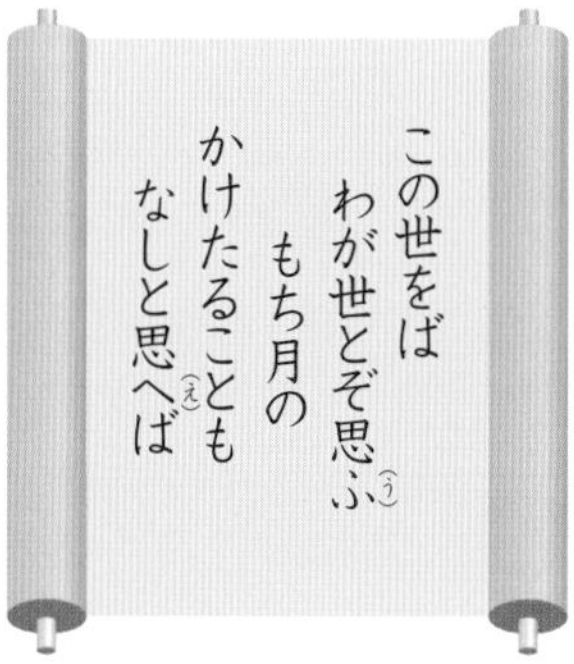
この世をば
わが世とぞ思ふ《う》
もち月の
かけたることも
なしと思へ《え》ば

(4) 室町《むろまち》幕府をほろぼし，全国統一を目指したが，家臣にそむかれて本能寺《ほんのうじ》でたおされた人物はだれですか。書きなさい。(7点)

(　　　　　　)

(5) (1)～(4)の人物を，活やくした年代の古い順に並《なら》べかえ，番号を書きなさい。(7点)

(　　　→　　　→　　　→　　　)

(6) 1874年に「議会を開いて広く国民の意見を聞くべきだ」との意見を発表し，のちに自由《じゆう》党《とう》の党首になるなど，自由民権運動の中心となった人物はだれですか。書きなさい。(7点)

(　　　　　　)

(7) 日露《にちろ》戦争の際に，「君死にたまふ《う》ことなかれ」という詩をよみ，戦争に反対した人物はだれですか。書きなさい。(7点)

(　　　　　　)

2 日本と外国との関係について，あとの問いに答えなさい。(51点)

(1) 朝鮮《ちょうせん》半島や中国から日本へ伝えられた技術・文化としてまちがっているものを，次の**ア**～**ウ**の中から1つ選び，記号を書きなさい。(4点)

ア　米づくり　　**イ**　仏教　　**ウ**　かな文字

(　　)

(6) 次の年表は，第二次世界大戦に関係する1945年のできごとを表しています。あとの問いに答えなさい。

月	できごと
4月	アメリカ軍が（　A　）島に上陸する
8月	B 原子爆弾《げんしばくだん》が投下される 日本がポツダム宣言《せんげん》を受け入れる 天皇が日本の降伏《こうふく》を国民に伝える

① （　A　）にあてはまる地名を書きなさい。(7点)

（　　　　　　　）

② ——Bについて，原子爆弾を投下された日本の都市名を2つ書きなさい。(各7点)

（　　　　　　　）（　　　　　　　）

(7) 1960年代前後，日本経済《けいざい》が急速に発展《はってん》した一方で，さまざまな問題が起きました。その説明として正しいものを，次の**ア**～**ウ**から1つ選び，記号を書きなさい。(4点)

ア　経済の発展を優先《ゆうせん》したために，各地で公害が起きた。

イ　都市から農村へと働きに出る人が増え，大都市の人口減少が問題になった。

ウ　経済の発展を優先したために，高速道路の整備は進まなかった。

（　　）

2 次の(1)～(5)は，地図中の**ア**～**キ**のいずれかについて説明した文です。それぞれの説明にあてはまるものを，**ア**～**キ**の中から1つずつ選び，記号を書きなさい。(各4点)

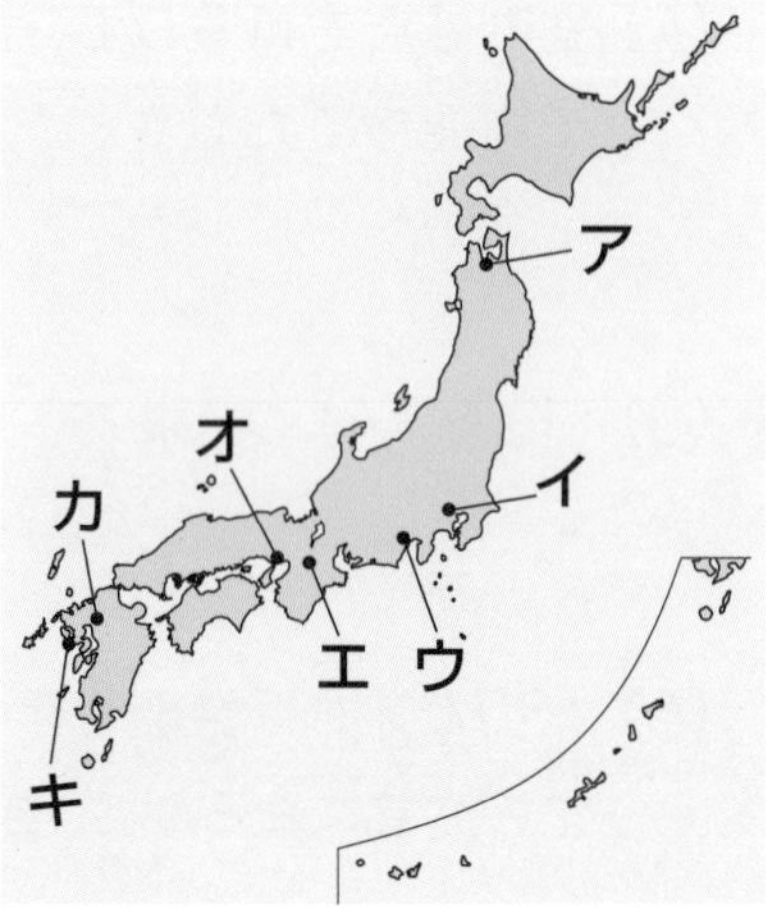

(1) 縄文《じょうもん》時代の遺跡《いせき》である三内丸山《さんないまるやま》遺跡で，大きな建物や竪穴住居《たてあなじゅうきょ》のあとが見つかった。

（　　）

(2) 弥生《やよい》時代の遺跡である吉野ヶ里《よしのがり》遺跡で，まわりを深い堀《ほり》やさくで囲まれた集落のあとが見つかった。

（　　）

(3) 710年に平城京《へいじょうきょう》が置かれ，政治の中心地となった。

（　　）

(4) 江戸幕府《えどばくふ》の鎖国政策《さこくせいさく》のもとで，貿易を認《みと》められた港があった。

（　　）

(5) 1964年に，日本で初めてオリンピックが開かれた。

（　　）

答えは『答えと考え方』

学習日　月　日

得点　／100点

第1回　歴史のまとめ（1）

社会

1 明治《めいじ》～昭和《しょうわ》時代について，あとの問いに答えなさい。（80点）

（1）1868年に天皇《てんのう》が神に誓《ちか》うという形で，新政府が新しい政治の方針《ほうしん》を発表しました。この新しい政治の方針を何といいますか。書きなさい。（7点）

（　　　　　　　　）

（2）明治時代のはじめ，政府は土地の持ち主に地券を発行し，土地に対する税のしくみを改め，税を現金で納《おさ》めさせました。これを何といいますか。書きなさい。（7点）

（　　　　　　　　）

（3）次の①～③の文を読み，大日本帝国憲法《ていこくけんぽう》や帝国議会の説明として正しいものには○を，まちがっているものには×を書きなさい。（各4点）

①（　　）帝国議会は，衆議院《しゅうぎいん》と参議院の二院で構成された。

②（　　）大日本帝国憲法において，主権者《しゅけんしゃ》は天皇とされた。

③（　　）伊藤博文《いとうひろぶみ》が初代の内閣総理大臣《ないかくそうりだいじん》となって，憲法の作成を進めた。

（4）1923年9月1日に関東地方を激《はげ》しい地震《じしん》がおそい，死者・行方《ゆくえ》不明者が10万人以上という大災害になりました。この災害を何といいますか。書きなさい。（7点）

（　　　　　　　　）

（5）右のグラフは，選挙権を持つ人が人口にしめる割合《わりあい》を示したものです。あとの問いに答えなさい。

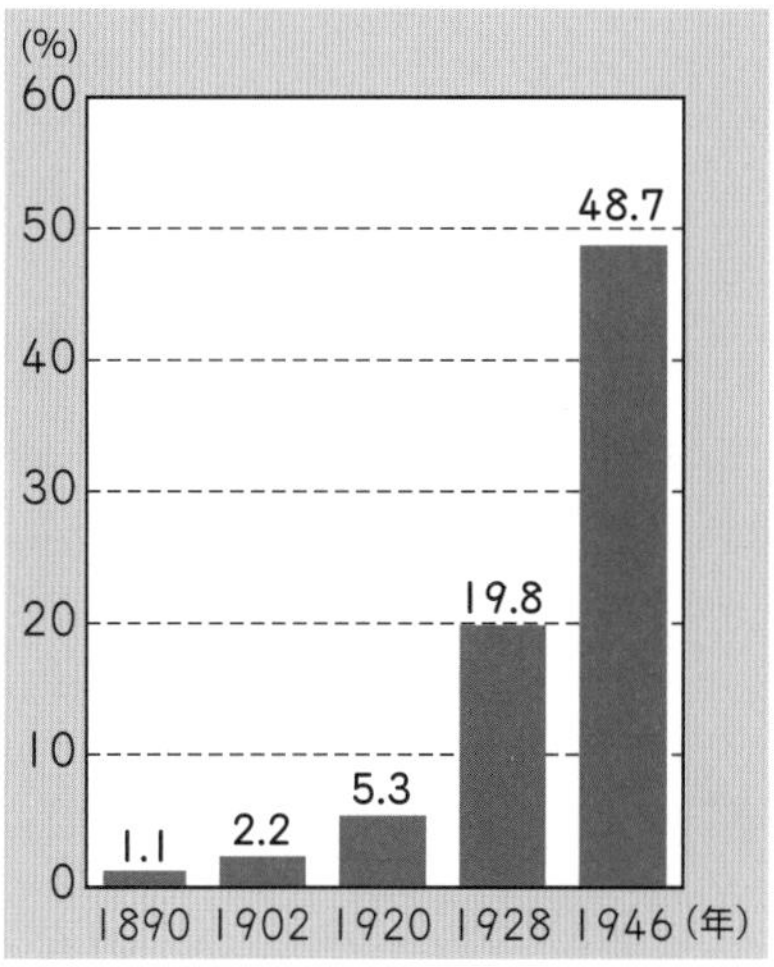

①　1925年に成立した普通選挙法《ふつうせんきょほう》によって，選挙権があたえられた人々にあてはまる条件を，次の**ア～カ**の中から2つ選び，記号を書きなさい。（各4点）

ア　20才以上　　**イ**　25才以上

ウ　30才以上　　**エ**　男性

オ　男女　　**カ**　納税額《のうぜいがく》が一定以上

（　　）（　　）

②　1946年に行われた選挙のときに，選挙権を持つ人の割合が大きく増えた理由を，簡単《かんたん》に説明しなさい。（14点）

（　　　　　　　　）

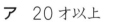

問題に挑戦！

1 右の図のように，音の出ているおんさを静かに水につけると，水はどうなりますか。次の**ア**～**ウ**の中から１つ選び，記号を書きなさい。

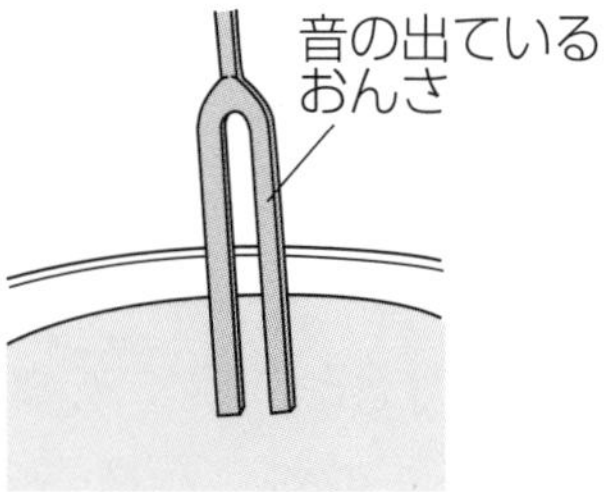

音の出ている
おんさ

ア　水面に波が広がる。
イ　水の量が少し増える。
ウ　変化しない。

（　　　）

2 次のような手順で実験をしました。

［手順１］丸底フラスコの中に水を少し入れ，**図１**のようにフラスコ内にすずを糸でつるし，ゴムせんをして，フラスコをふってすずの音を聞いた。

［手順２］ピンチコックをはずした状態で，**図２**のように丸底フラスコを加熱して，中の水をしばらくふっとうさせて，中の空気をぬいた。

［手順３］加熱するのをやめ，**図３**のようにゴム管をピンチコックでとめてから丸底フラスコを十分に冷やし，再びフラスコをふってすずの音を聞いた。

図１

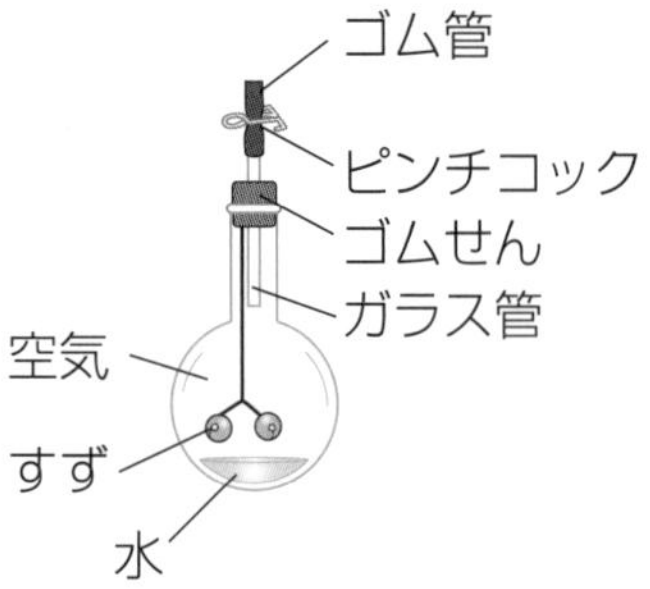

ゴム管
ピンチコック
ゴムせん
ガラス管
空気
すず
水

図２

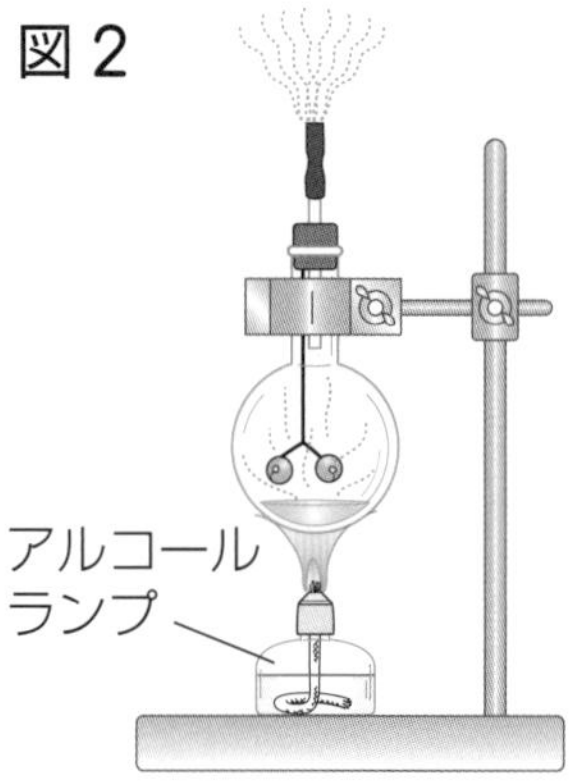

アルコール
ランプ

図３

［手順３］で聞いたすずの音は［手順１］で聞いたすずの音と比べてどうでしたか。次の**ア**～**ウ**の中から１つ選び，記号を書きなさい。

ア　［手順１］のすずの音のほうが［手順３］のすずの音よりもよく聞こえた。
イ　［手順３］のすずの音のほうが［手順１］のすずの音よりもよく聞こえた。
ウ　どちらの音も同じくらいに聞こえた。

（　　　）

3 山に向かって声を出した５秒後に山びこが聞こえました。音が空気中を伝わる速さが340m/sのとき，山と人との間のきょりは何mですか。ただし，山びこは，声が山にぶつかってもどってくることで聞こえます。

（　　　　　m）

答えは『答えと考え方』

中学理科さきどり

音の伝わり方

学習日　　月　　日

さきどりポイント

＊音と振動《しんどう》

・音を出しているギターの弦《げん》に手をふれると，弦が細かくふるえていることがわかります。これを振動といいます。

・たいこやギター，おんさ（図１）のように，音を出している物体を音源《おんげん》といいます。

・音が出ているとき，音源は振動しています。

図１

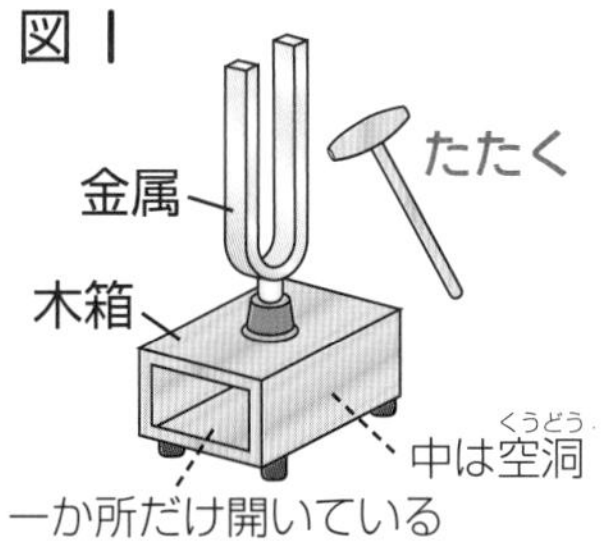

たたく
金属
木箱
中は空洞《くうどう》
一か所だけ開いている

おんさ

＊音の伝わり方

・ものが振動すると，そのまわりにある空気が振動に合わせておされ，波となってまわりの空気に次々と伝わっていきます。この波が耳に伝わると，耳の中のこまくが振動して，音が聞こえます。（図２）

・空気のような気体以外にも，水などの液体や鉄などの固体でも，振動を伝えるものがあれば，音は伝わります。

図２

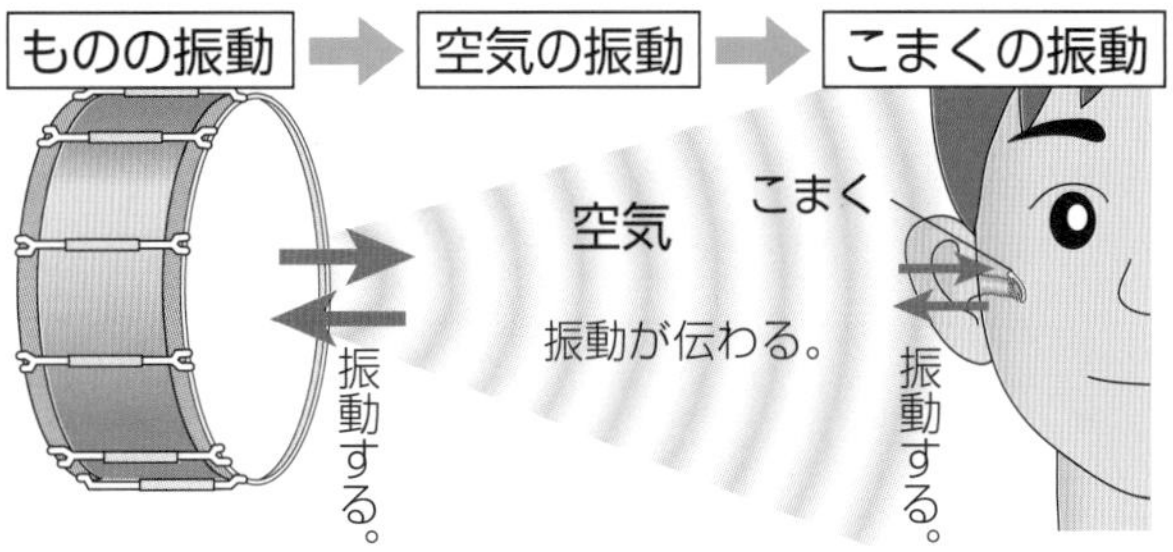

ものの振動
空気の振動
こまくの振動
空気
こまく
振動が伝わる。
振動する。
振動する。

・空気などのものが何もない状態を真空といいます。真空中では音は伝わりません。

・図３のように，音の出ているおんさを水面に静かにつけると，振動が水に伝わり，波が広がっていくのがわかります。

図３

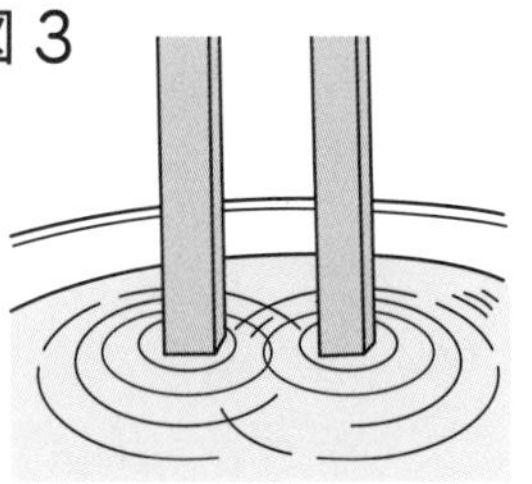

＊音の速さ

花火やかみなりの音が，光が見えたあとしばらくしてから聞こえるのは，光の速さに比べて，音の速さのほうがおそいからです。空気中を音が伝わる速さは約 340 m/s，光が伝わる速さは約 30 万 km/s です。

※ m/s は「メートル毎秒」と読み，「秒速 340 m」のように表されることもあります。s は second（秒）のことです。

音が伝わる速さは，次の式で求められます。

音の速さ〔m/s〕＝きょり〔m〕／音の伝わる時間〔s〕

次のページで，実際の問題に取り組んでみよう！

3 右の図は，河口付近に積もったどろ・砂《すな》・れきのようすを簡単《かんたん》に表したものです。①～③のつぶはそれぞれ何ですか。「どろ」・「砂」・「れき」のいずれかをそれぞれ書きなさい。（10点）

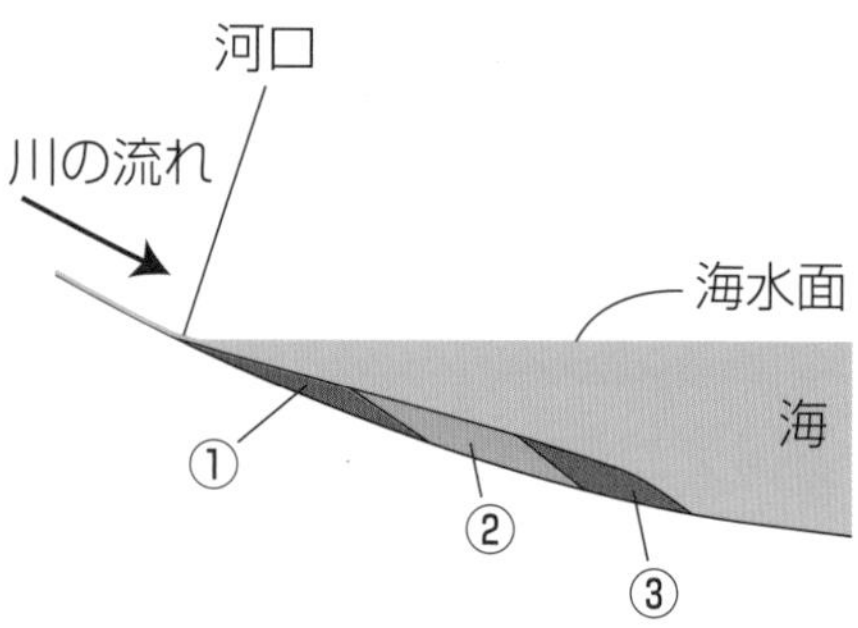

河口
川の流れ
海水面
海
①
②
③

①（　　　　　　）②（　　　　　　）

③（　　　　　　）

4 右の図はある地層《ちそう》のようすを簡単に表したものです。これについて，次の問いに答えなさい。（30点）

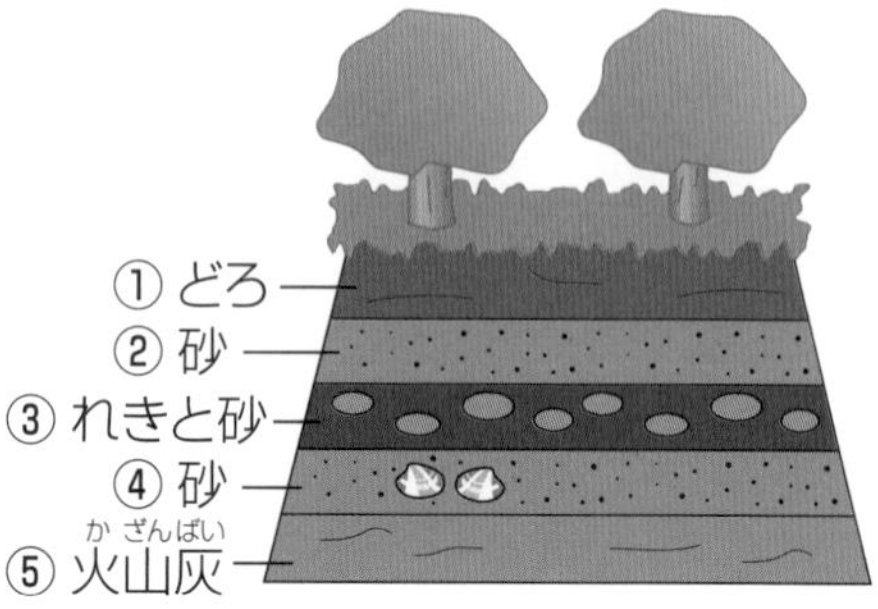

① どろ
② 砂
③ れきと砂
④ 砂
⑤ 火山灰《かざんばい》

(1) ①～⑤の層《そう》の中で，最も古いと考えられる層を1つ選び，番号を書きなさい。（5点）

（　　　）

(2) ②をつくるつぶがおし固められてできる岩石《がんせき》の名前を書きなさい。（5点）

（　　　　　　）

(3) ④の層を観察すると，アサリの化石《かせき》が見つかりました。④の層ができた当時，この辺りはどのようなようすだったと考えられますか。次の**ア**～**ウ**の中から1つ選び，記号を書きなさい。（10点）

ア　浅い海　　**イ**　川の中流　　**ウ**　山の頂上《ちょうじょう》

（　　　）

(4) ⑤の層のつぶは①～④の層のつぶと形がちがいます。どのようにちがうかを簡単に書きなさい。（10点）

（　　　　　　　　　　　　　　　　　　）

5 右の図のように地層がずれることがあります。このずれは何が原因でできたと考えられますか。次の**ア**～**ウ**の中から1つ選び，記号を書きなさい。（10点）

ア　こう水《ずい》で流されてずれた。

イ　地《じ》しんのゆれでずれた。

ウ　最初からずれて積もった。

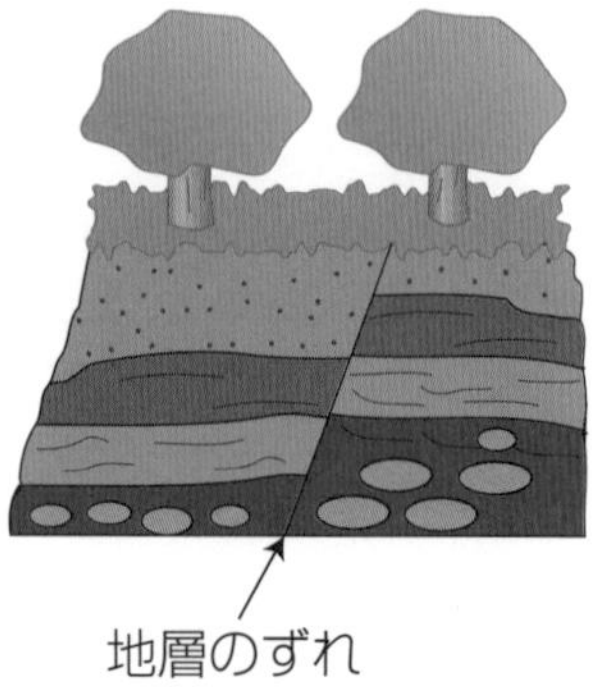

地層のずれ

（　　　）

答えは『答えと考え方』

第3回 月の動きと太陽／大地のつくり

学習日　　月　　日

得点　　／100点

❶ ある日，空を観察すると，右の図の①の位置に月が見えました。これについて，次の問いに答えなさい。(40点)

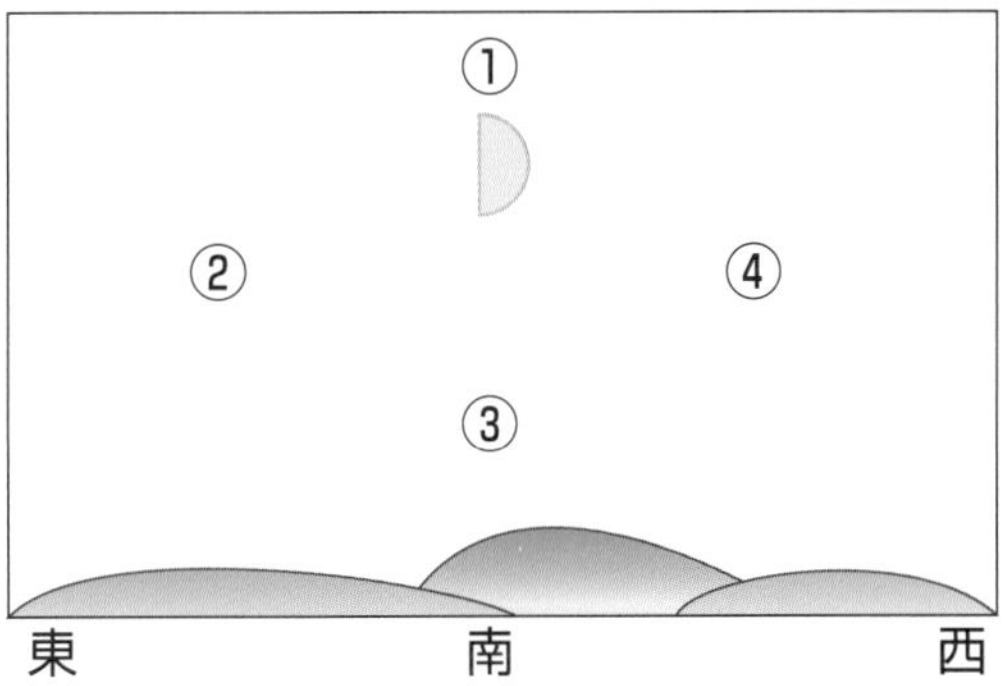

(1) ①の月は，いつごろ観察したものですか。次の**ア**～**ウ**の中から１つ選び，記号を書きなさい。(10点)

ア　朝　　**イ**　夕方　　**ウ**　夜中

(　　　)

(2) ①の月が見えてから３時間後に見える月の位置を図中の②～④の中から１つ選び，番号を書きなさい。(10点)

(　　　)

(3) (2)で見える月の形を，かたむきに注意して，〈例〉にならってかきなさい。(10点)

〈例〉

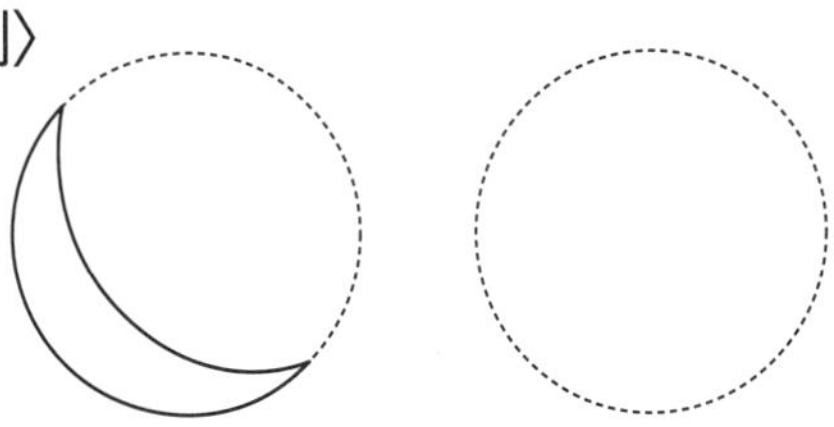

(4) 再び①と同じ形の月が見えるのは，①が見えた日から約何日後ですか。最も近いものを次の**ア**～**ウ**の中から１つ選び，記号を書きなさい。(10点)

ア　約10日後　　**イ**　約20日後　　**ウ**　約30日後

(　　　)

❷ 月と太陽について書かれた次の**ア**～**エ**の文の中から正しいものを１つ選び，記号を書きなさい。(10点)

ア　太陽の表面にはクレーターがある。

イ　太陽と月の実際の大きさはだいたい同じである。

ウ　太陽は自ら光を出して光っているが，月は自ら光を出して光っていない。

エ　月は球形をしているが，太陽は球形をしていない。

(　　　)

(2) 図１で，AとBの位置をかえずに，Cの点をAの点に近づけると，Cに力を加えたときの手ごたえの大きさはどうなりますか。書きなさい。(10点)

(　　　　　　　)

(3) 図２のように，実験用てこの右のうでの目《め》盛《も》り４に，10gのおもりが３個つるされています。左のうでの目盛り６におもりをつるしてつり合わせるには，10gのおもりを何個つるせばよいですか。書きなさい。(10点)

(　　　　個)

図２

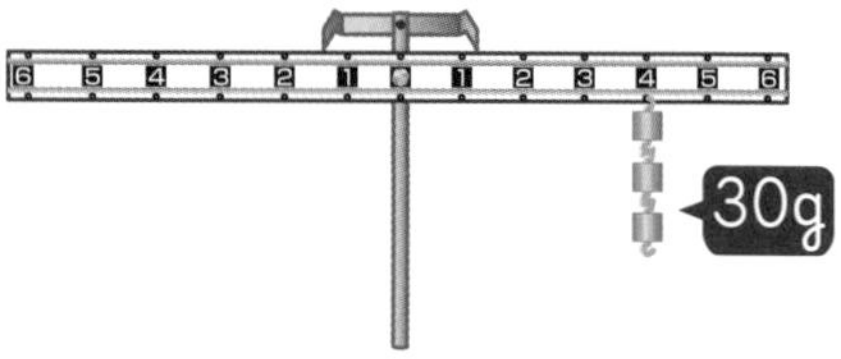

(4) 図３のはさみの作用点はどこですか。図３のア～ウの中から１つ選び，記号を書きなさい。(10点)

(　　)

図３

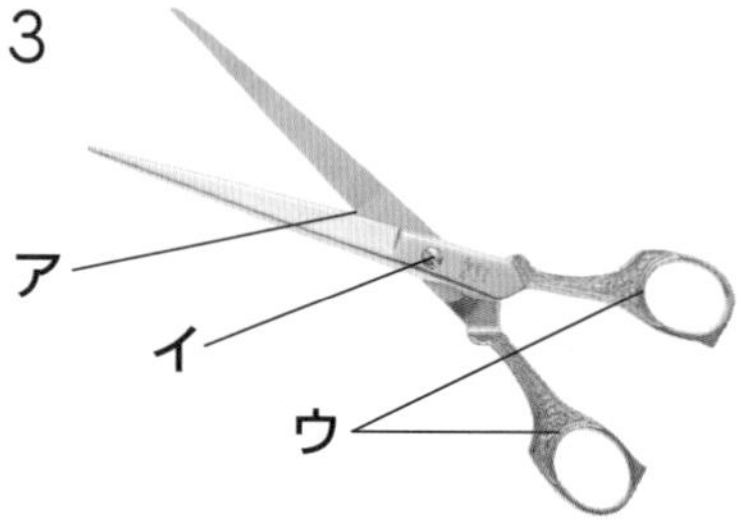

3 電気について，次の問いに答えなさい。(35点)

(1) 図１のように手回し発電機でモーターについたプロペラを回しました。プロペラをより速く回すためにはどうすればよいですか。次のア・イのどちらかを選び，記号を書きなさい。(15点)

ア　手回し発電機のハンドルを反対向きに回す。

イ　手回し発電機のハンドルをより速く回す。

(　　)

図１

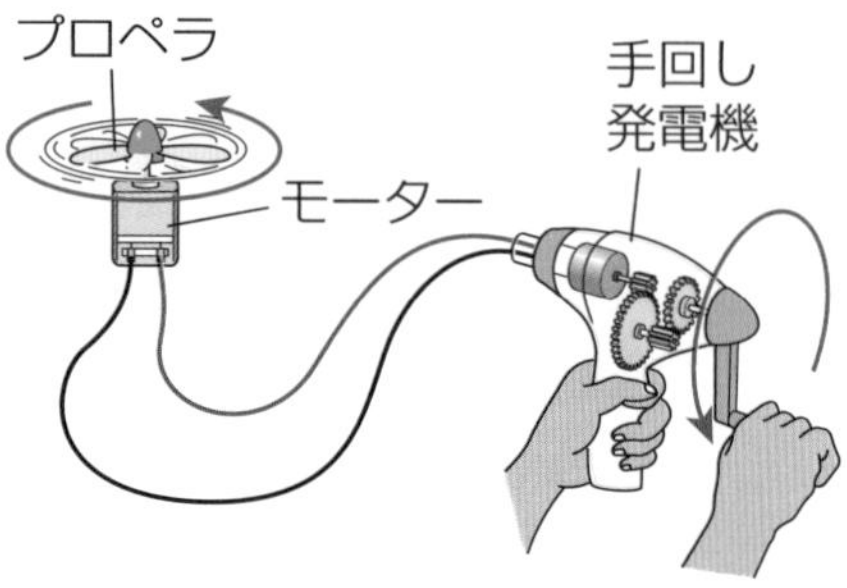

(2) 電気をためたコンデンサーを，図２のように発光ダイオードにつなぎましたが，あかりがつきませんでした。どのようにすればあかりがつきますか。書きなさい。(20点)

(　　　　　　　　)

図２

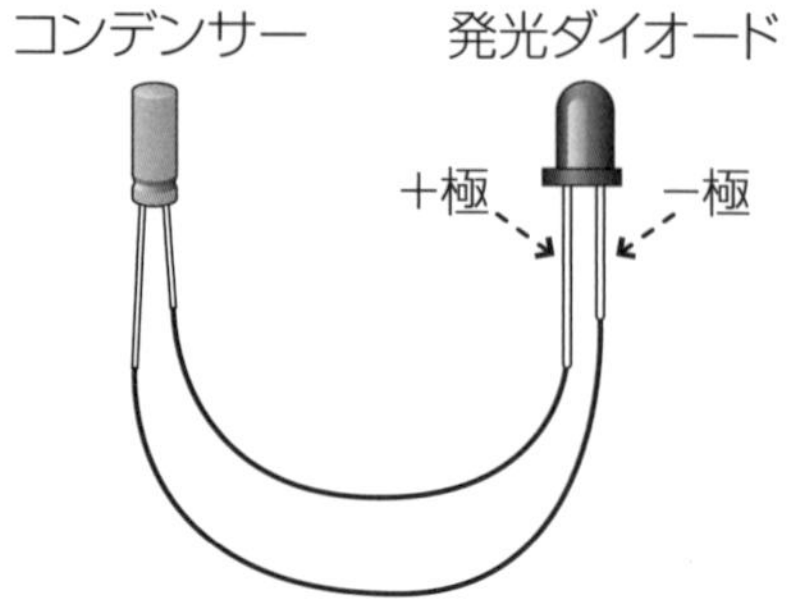

答えは『答えと考え方』

第2回　環《かん》境《きょう》問題／てこのはたらき／電気

学習日　月　日

得点　／100点

1 環境問題について，次の問いに答えなさい。(25点)

(1) 次の①～③の環境問題について書かれた文としてあてはまるものを，下の**ア**～**ウ**の中からそれぞれ1つずつ選び，記号を書きなさい。(各5点)

①　地球温暖化《ちきゅうおんだんか》　②　オゾン層《そう》の破壊《はかい》　③　酸性雨《さんせいう》

ア　地上に届《とど》く紫外線《しがいせん》の量が増え，皮膚《ひふ》がんが増えたり，植物がかれたりする。

イ　石油や石炭などの燃料を燃やすとできる硫黄酸化物《いおうさんかぶつ》やちっ素酸化物《そさんかぶつ》などが，空気中の水にとけこむことによって引き起こされる。

ウ　原因の1つとして二酸化炭素《にさんかたんそ》の増加があり，進行すると，海面が上がったり砂漠《さばく》化《か》が進んだりする。

①(　　)　②(　　)　③(　　)

(2) 水力発電《すいりょくはつでん》の説明として正しいものを，次の**ア**～**ウ**の中から1つ選び，記号を書きなさい。(10点)

ア　二酸化炭素を出さない。

イ　日本の電気の半分以上をつくっている。

ウ　おもに海の近くで電気をつくっている。

(　　)

2 てこのはたらきについて，次の問いに答えなさい。(40点)

(1) 図1のように，**A**で支えている棒《ぼう》で，**B**にぶらさげた荷物を**C**に力を加えて持ち上げます。**A**，**B**，**C**の組み合わせとして正しいものを次の**ア**～**ウ**の中から1つ選び，記号を書きなさい。(10点)

図1

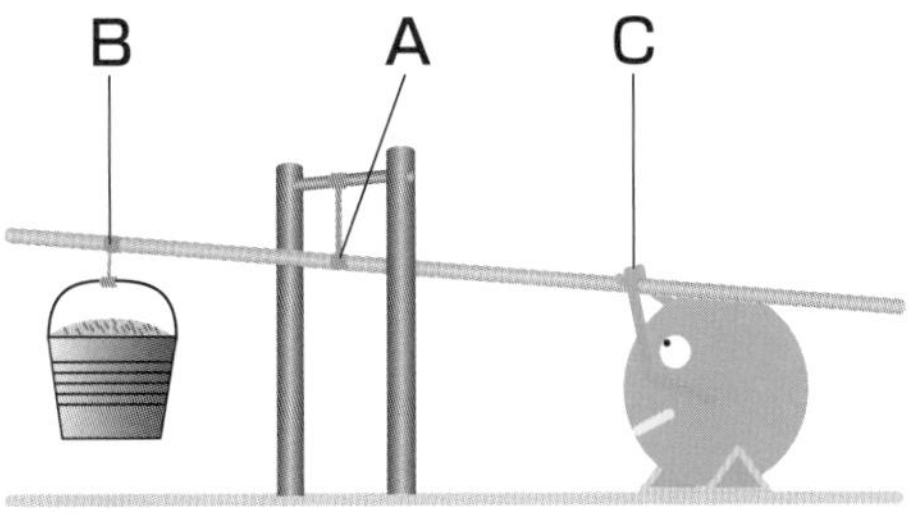

ア　**A**…支点《してん》　**B**…作用点《さようてん》　**C**…力点《りきてん》

イ　**A**…力点　**B**…支点　**C**…作用点

ウ　**A**…作用点　**B**…支点　**C**…力点

(　　)

理科

(2) **図1**の①～③の試験管の中にそれぞれ金属を入れたとき，2つは気体を出しながらとけ，1つは変化がありませんでした。変化がなかったものを**図1**の①～③の中から1つ選び，番号を書きなさい。(10点)

(　　)

4 生き物のはたらきやつながりについて，次の問いに答えなさい。(25点)

(1) 植物や動物について書かれた次の**ア～エ**の文の中から正しいものを1つ選び，記号を書きなさい。(10点)

ア　植物は，日光が当たると水と酸素から養分を作り，二酸化炭素を出す。

イ　植物が根からとり入れた水は，くきを通って葉まで送られ，すべて葉にたくわえられる。

ウ　植物も動物も呼《こ》吸《きゅう》をする。

エ　人の体重の20～30%は水の重さである。

(　　)

(2) 次の①～③を食べる生き物を下の**ア～ウ**の中からそれぞれ1つずつ選び，記号を書きなさい。(各5点)

①　樹液《じゅえき》　②　草　③　シマウマ

ア　ライオン　**イ**　アブラゼミ　**ウ**　シマウマ

①(　　)　②(　　)　③(　　)

5 食べ物の消《しょう》化《か》について，次の問いに答えなさい。(25点)

(1) 右の図は，人の消《しょう》化《か》管《かん》を表したものです。①～③の名前を書きなさい。(各5点)

①(　　　　)

②(　　　　)

③(　　　　)

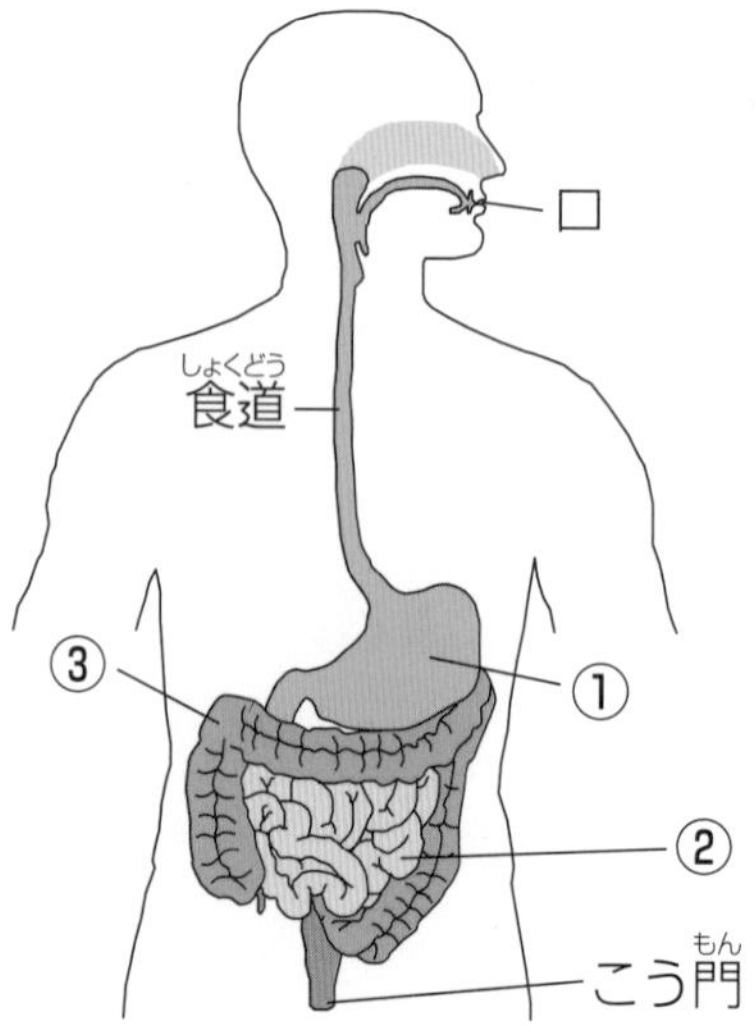

(2) (1)の①・②の両方で消化されるものは，次の**ア**・**イ**のどちらですか。記号を書きなさい。(10点)

ア　でんぷん　**イ**　たんぱく質

(　　)

第1回 ものの燃え方／水《すい》よう液《えき》／生き物と環《かん》境《きょう》

学習日　　月　　日

得点　　　／100点

1 右の図のように，火のついたろうそくをびんに入れると，激《はげ》しく燃えました。このびんの中に入っている気体は何ですか。次の**ア**～**ウ**の中から1つ選び，記号を書きなさい。(15点)

ア　ちっ素《そ》　　**イ**　酸素《さんそ》　　**ウ**　二酸化炭素《にさんかたんそ》

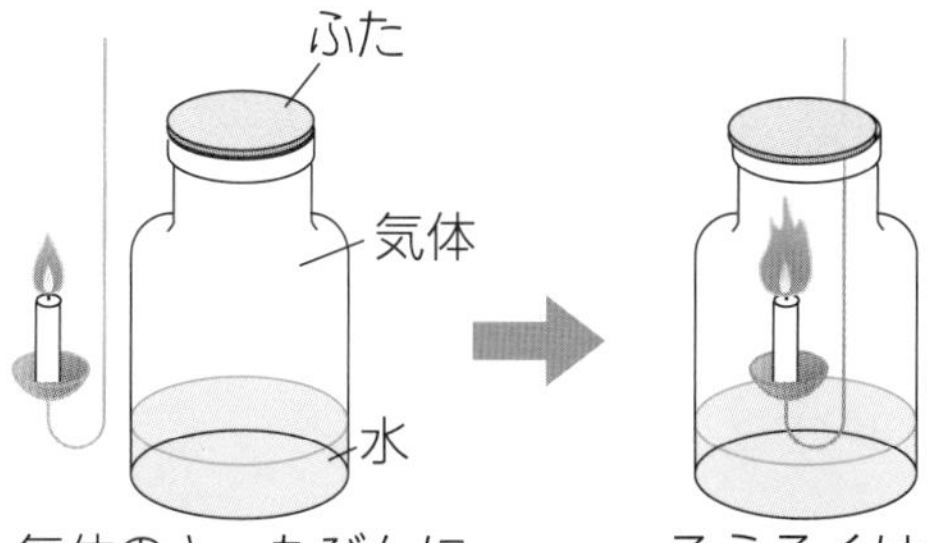
ふた
気体
水
気体の入ったびんに火のついたろうそくを入れると……。
ろうそくは，激しく燃える。

(　　　)

2 次の**ア**～**カ**の水よう液を，赤色リトマス紙と青色リトマス紙につけました。右の図のような色の変化をしたものを**ア**～**カ**の中からすべて選び，記号を書きなさい。(15点)

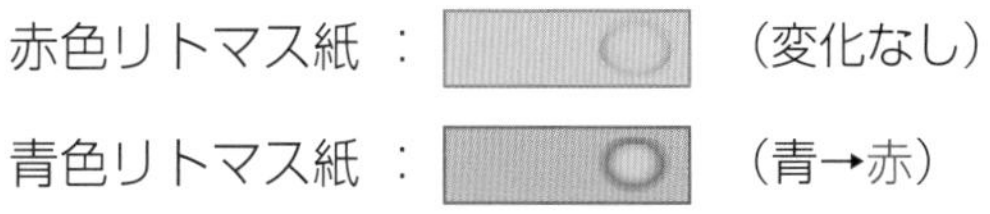
赤色リトマス紙 ：
(変化なし)
青色リトマス紙 ：
(青→赤)

ア　食塩水　　**イ**　すをうすめた水よう液

ウ　うすい塩酸《えんさん》　　**エ**　アンモニア水

オ　炭酸水《たんさんすい》　　**カ**　水酸化《すいさんか》ナトリウムの水よう液

(　　　　　　)

3 うすい塩酸が入った試験管と水酸化ナトリウムの水よう液が入った試験管が，それぞれ2本ずつあります。これらの試験管に，**図1**のように，アルミニウム，鉄を入れて，とけるかどうかを調べます。この実験について，次の問いに答えなさい。(20点)

図1

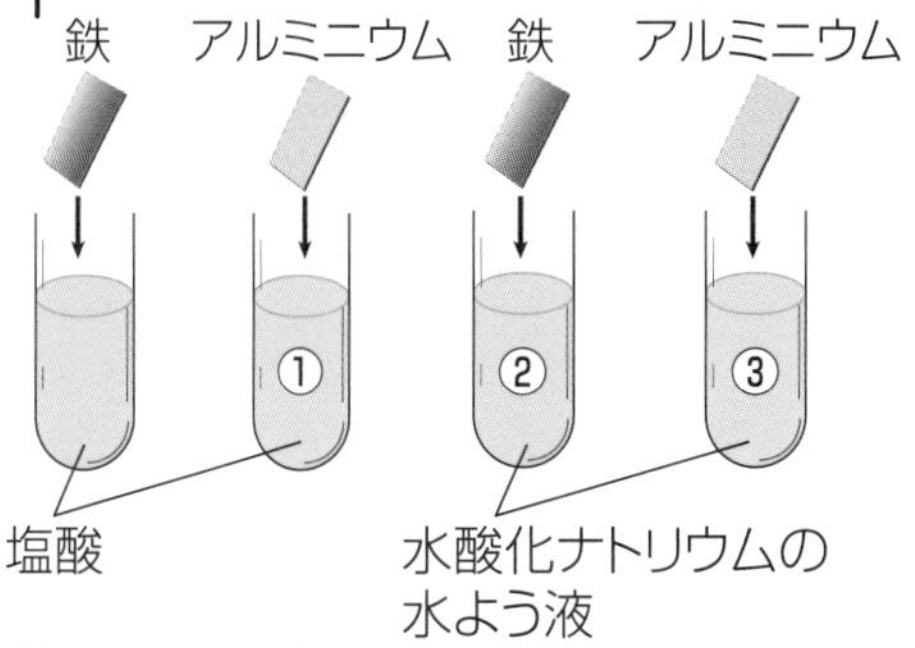
鉄
アルミニウム
鉄
アルミニウム
①
②
③
塩酸
水酸化ナトリウムの水よう液

(1) うすい塩酸の入った試験管に鉄を入れたところ，気体を出しながらとけました。その後，**図2**のように塩酸に鉄をとかした液を少し蒸発皿《じょうはつざら》に入れ，熱して水分を蒸発させるとどうなりますか。次の**ア**～**ウ**の中から1つ選び，記号を書きなさい。(10点)

ア　鉄が残る。　　**イ**　鉄とは別のものが残る。

ウ　何も残らない。

図2

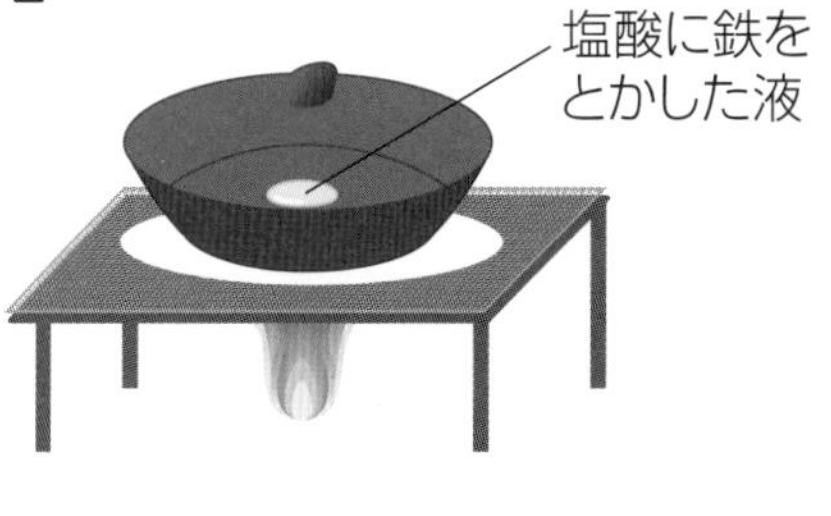
塩酸に鉄をとかした液

(　　　)

問題に挑戦！

1 次の数を，かけ算，わり算の記号×，÷を使わずに表しなさい。

(1) $m \times 2$

（　　　　　　）

(2) $n \div 5$

（　　　　　　）

(3) $x \times 30 - 7$

（　　　　　　）

(4) $a - b \div 2$

（　　　　　　）

2 次の数量を，中学で文字式を書くときのきまりに従って答えなさい。

(1) 30 km の道のりを時速 x km で進んだときにかかる時間

（　　　　　　　　）

(2) 長さ ℓ cm のひもから，長さ 15cm のひもを n 本切り取ったときの残りのひもの長さ

（　　　　　　　　）

答えは『答えと考え方』

さきどり＋《プラス》1《ワン》 文字と式

『1 や－ 1 と文字の積』

1 や－ 1 と文字の積では

$1 \times x = x$，$-1 \times x = -x$

というように 1 を省略して書きます。ただし，0.1 と文字の積の場合は

$0.1 \times x = 0.1x$

と書き，0.x と書いてはいけません。

文字と式

学習日　　月　　日

さきどりポイント

＊文字式

文字をふくむ式を文字式といいます。中学で文字式を書くときのきまりを学びましょう。

＊積の表し方

・かけ算の記号「×」は省略する。

・文字と数の積は，数を文字の前に書く。

たとえば，$700 \times x$ はかけ算の記号「×」を省略して $700x$ と書きます。また，$x \times 700$ は，$x700$ と書かずに，$700x$ のように数を文字の前に書きます。

$700 \times x = 700x$

○ $x \times 700 = 700x$

× $x \times 700 = x700$

＊商の表し方

・わり算の記号「÷」を使わずに，分数の形で書く。

たとえば，$a \div 4$ は $\frac{a}{4}$ と書きます。

$a \div 4 = \frac{a}{4}$

＊文字を使った数量の表し方

・文字を使って数量を表すときには，文字式を書くときのきまりに従《したが》って表す。

・単位が必要な数量の場合には，単位をつけて答えを書く。

1枚60円のクッキーを n 枚買って50円の箱に入れてもらったときの合計の代金は

$(60n+50)$ 円，　$60n+50$（円）

のいずれかのように単位をつけます。また，$60n$ のような「＋」や「－」の記号を使わないで表している数量では，「$60n$ 円」，「$60n$（円）」のいずれかのように単位をつけます（単位のつけ方は教科書や学校の先生によってちがいます）。

例題

1 次の式を，かけ算，わり算の記号×，÷を使わずに表しなさい。

(1) $x \times y + 2$　　（ $xy+2$ ）

(2) $m \div 3$　　（ $\frac{m}{3}$ ）

2 6Lのジュースを x 人で等しく分けたときの1人分のかさを，中学で文字式を書くときのきまりに従って答えなさい。

（ $\frac{6}{x}$ L ）

問題に挑戦！

❶ 次の数を，＋，－の符号をつけて答えなさい。

(1) 0より $\frac{3}{4}$ 大きい数

（　　　　　　）

(2) 0より 3.2 小さい数

（　　　　　　）

❷ 南へ 2km 進むことを－2km と表すことにして，北へ 10km 進むことを＋，－の符号のついた数を使って表しなさい。

（　　　　　　）

❸「6kg 軽い」ということを，「重い」という言葉を使って表しなさい。

（　　　　　　　　　）

数学

答えは『答えと考え方』

さきどり＋《プラス》1《ワン》　正の数・負の数

『正の符号“＋”』

ふつう，正の数は正の符号“＋”をつけずに書きますが，正の数であることを強調したいときに正の符号“＋”をつけるようにします。場合に応じて使い分けましょう。

中学数学さきどり

正《せい》の数《すう》・負《ふ》の数《すう》

学習日　　月　　日

さきどりポイント

＊正の数・負の数

数の世界をひろげ，０より小さい数について考えてみましょう。

たとえば0℃より3℃低い温度は「−3℃」のように，「ー《マイナス》」という符《ふ》号《ごう》をつけて表します。

正の数……正の数は０より大きい数で，正の符号“＋”をつけて表すことがある。
　　　　　０より５大きい数を「＋５」と表すこともあり，このとき「プラス５」と読む。

負の数……負の数は０より小さい数で，負の符号“−”をつけて表す。
　　　　　０より３小さい数を「−３」と表し，「マイナス３」と読む。

０　………０は正の数でも負の数でもない。

＊反対の性質をもつ量

反対の性質をもつ量は，正の数，負の数を使って表すことができます。

たとえば，4000円の収入《しゅうにゅう》を＋4000円と表すことにすれば，2000円の支出は−2000円と表すことができます。また，５個少ないことを，−５個多いと表すこともできます。

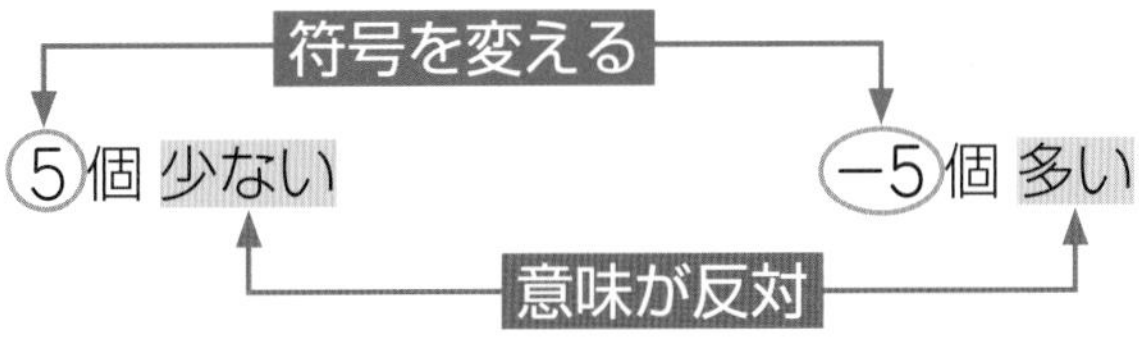

符号を変える
5個 少ない
−5個 多い
意味が反対

例題

❶ 次の数を，＋，−の符号をつけて答えなさい。

(1) ０より4.2大きい数　　　(2) ０より７小さい数

（　＋4.2　）　　（　−７　）

❷ 今から５分後を＋５分と表すことにして，今から20分前を＋，−の符号のついた数を使って表しなさい。

（　−20分　）

次のページで、実際の問題に取り組んでみよう！

③ 右の図のように，台形を底面とする角柱と直方体を組み合わせて立体を作りました。この立体の体積は何 cm^3 ですか。

（式・答え各 10 点）

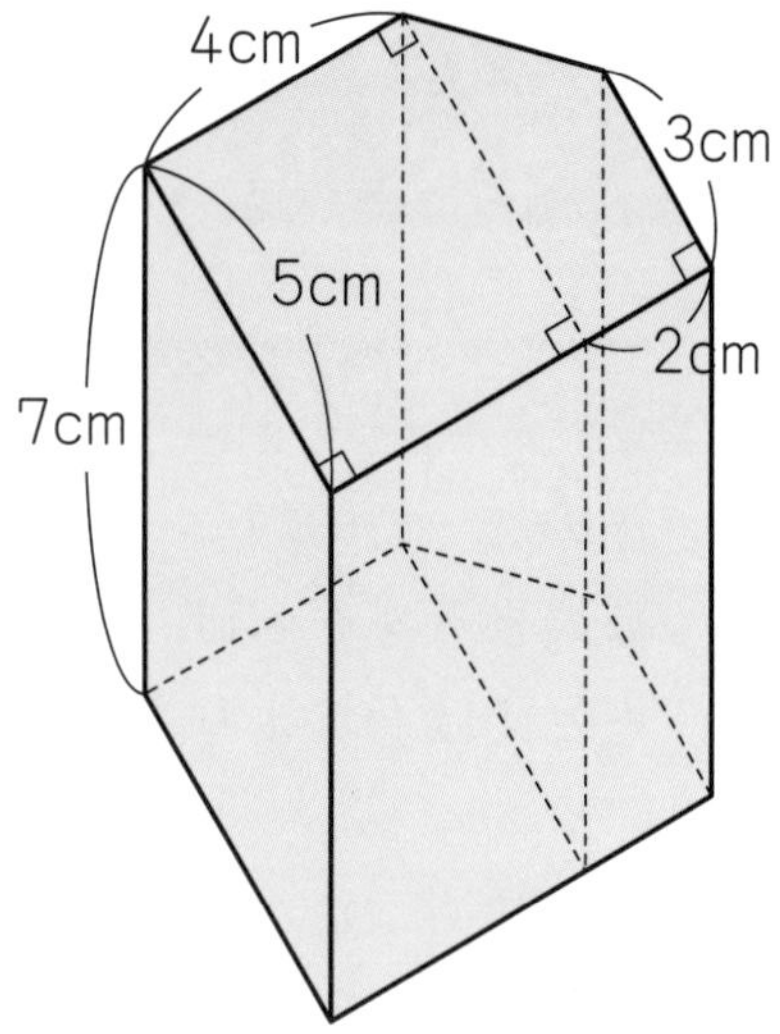

［式］

答え（　　　　　　　　　　）

④ 右の図のような水そうがあります。水そうの厚さは考えないものとして，次の問いに答えなさい。（式・答え各 10 点）

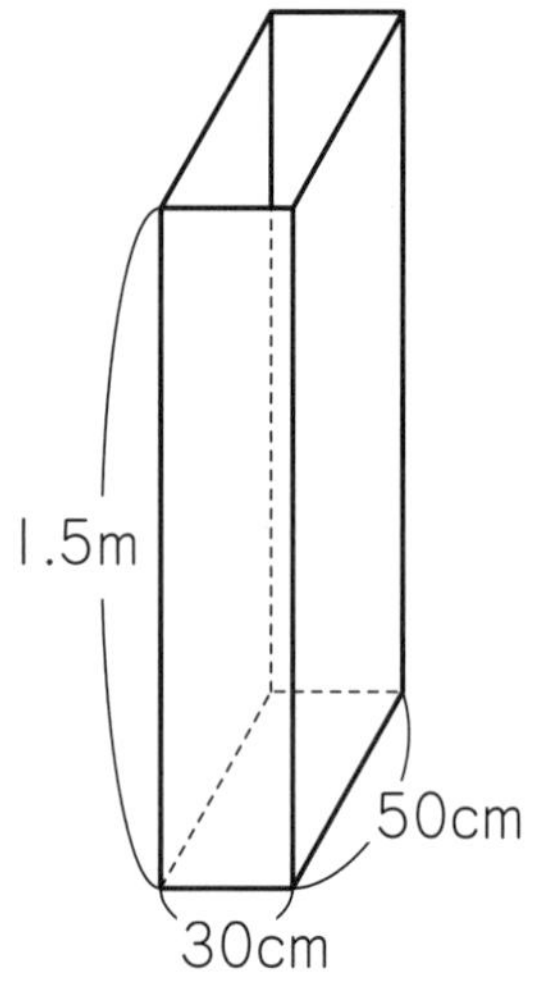

(1) この水そうの容積は何 cm^3 ですか。

［式］

答え（　　　　　　　）cm^3

(2) この水そうに 60L の水を入れると，水の深さは何 cm になりますか。

［式］

答え（　　　　　　　　　　）

答えは『答えと考え方』

第11回　立体の体積

わからなかったら動画を見てね！

学習日　　月　　日

得点　　　／100点

❶ 次の立体の体積は何 cm^3 ですか。ただし，円周率は 3.14 とします。（式・答え各５点）

（1）［式］

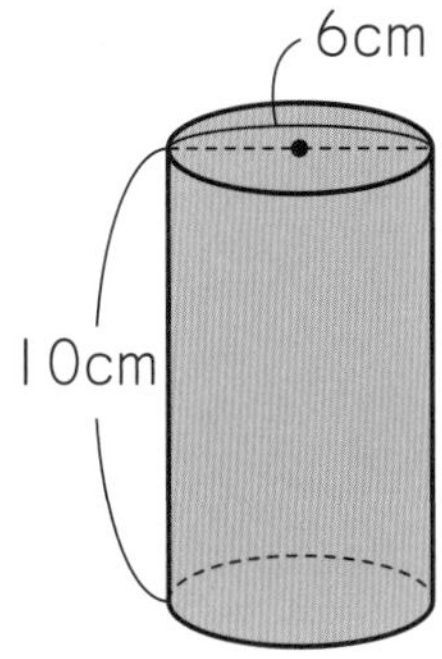

答え（　　　　　　　　　）

（2）［式］

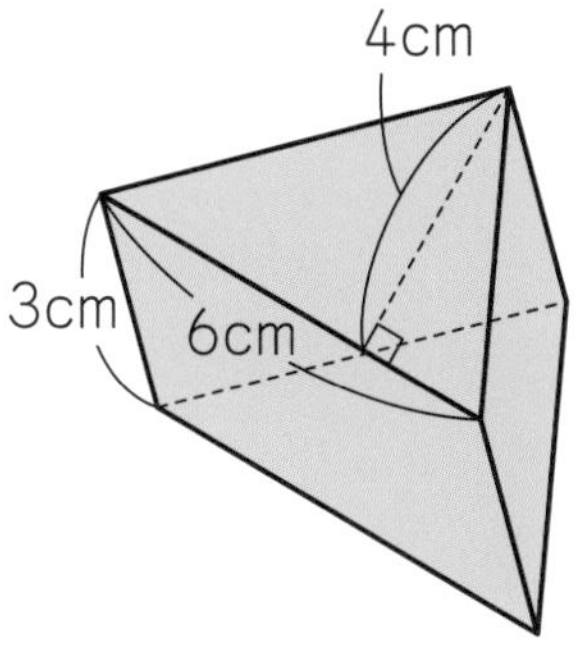

答え（　　　　　　　　　）

❷ 右の図のような立方体と三角柱があります。立方体の体積は三角柱の体積の何倍でしょう。（式・答え各 10 点）

［式］

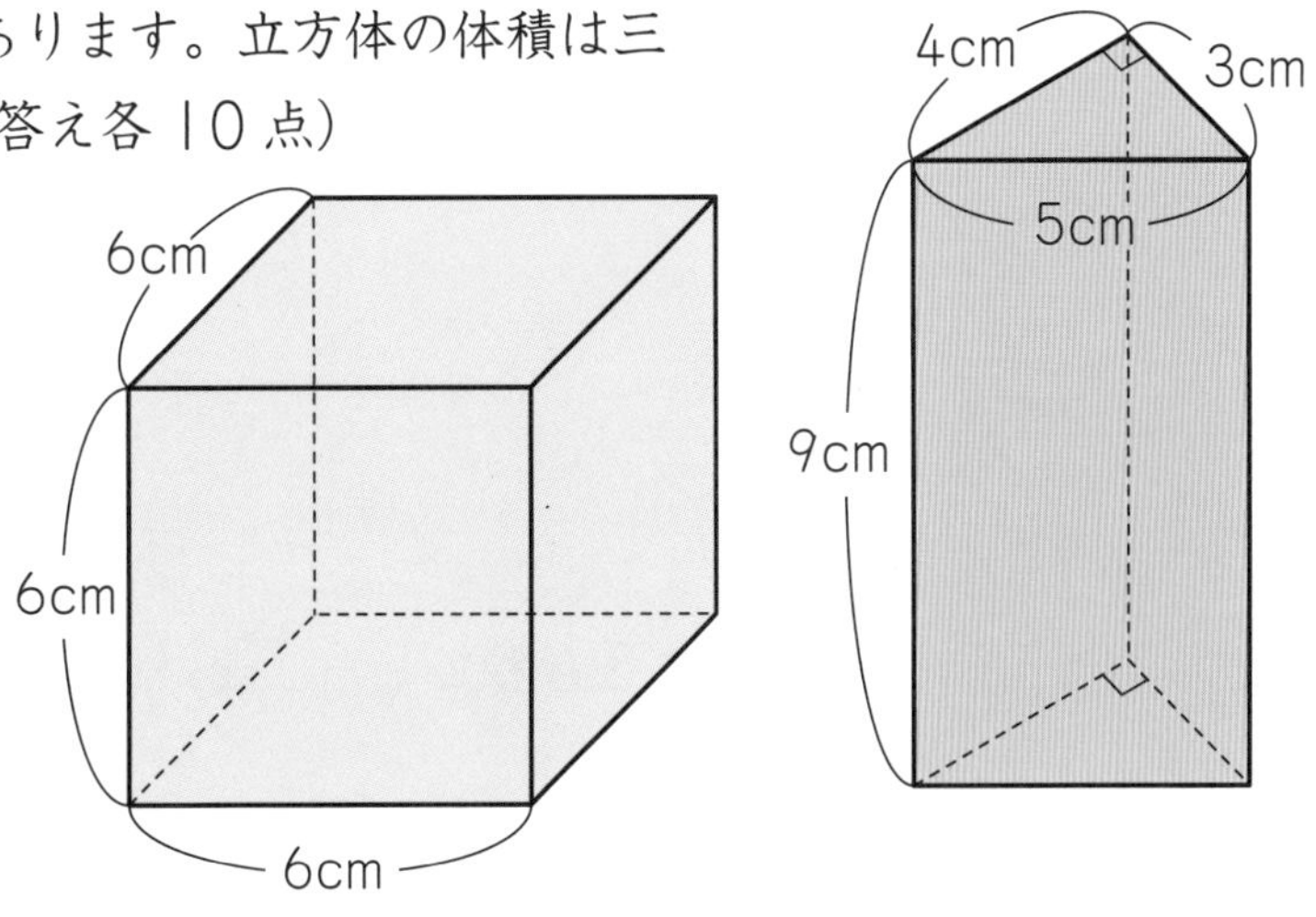

答え（　　　　　　　　　）

3 下の表は，あるクラスの６人の漢字テストの点数を表したものです。この６人の得点の平均《へいきん》値《ち》を求めなさい。(10点)

	Aさん	Bさん	Cさん	Dさん	Eさん	Fさん
得点	83	90	88	78	92	85

(　　　　　　　)

4 右のグラフは，まどかさんのクラスの50m走の記録を柱状グラフに表したものです。次の問いに答えなさい。

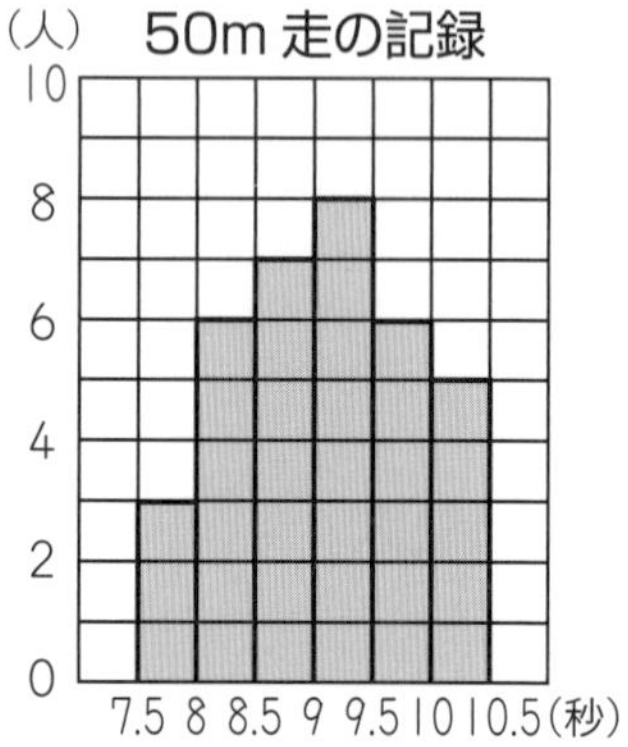

(1) まどかさんのクラスの人数は何人ですか。(10点)

(　　　　　　　)

(2) 人数がいちばん多いのは何秒以上何秒未満の階級ですか。(各5点)

(　　　　　)秒以上(　　　　　)秒未満

(3) 8.5秒以上9秒未満の人は全体の何%になりますか。(10点)

(　　　　　　　)

(4) まどかさんの記録は8.6秒でした。速いほうから数えて何番目から何番目の間になりますか。(各5点)

(　　　　　)番目から(　　　　　)番目

答えは『答えと考え方』

第10回　資料の調べ方

わからなかったら動画を見てね！

学習日　　月　　日

得点　　／100点

1 次の（1）～（4）のことがらを表すには，どのようなグラフを使えばよいですか。下の**ア**～**エ**の中から1つずつ選び，記号で答えなさい。（各5点）

ア　棒グラフ　　**イ**　円グラフまたは帯グラフ　　**ウ**　柱状グラフ　　**エ**　折れ線グラフ

（1）　Z市の町別人口　（　　　　）

（2）　X市の年れい別の人数のちらばり　（　　　　）

（3）　Z市の土地利用の割合《わりあい》　（　　　　）

（4）　Z市の月別平均気温の変化　（　　　　）

2 右のグラフは，ある県の2010年，2015年，2020年のくだものの生産量とくだもの別の生産量の割合を表しています。グラフからは次のことがわかります。（　　）の中のあてはまる数字や言葉を○で囲みなさい。（各10点）

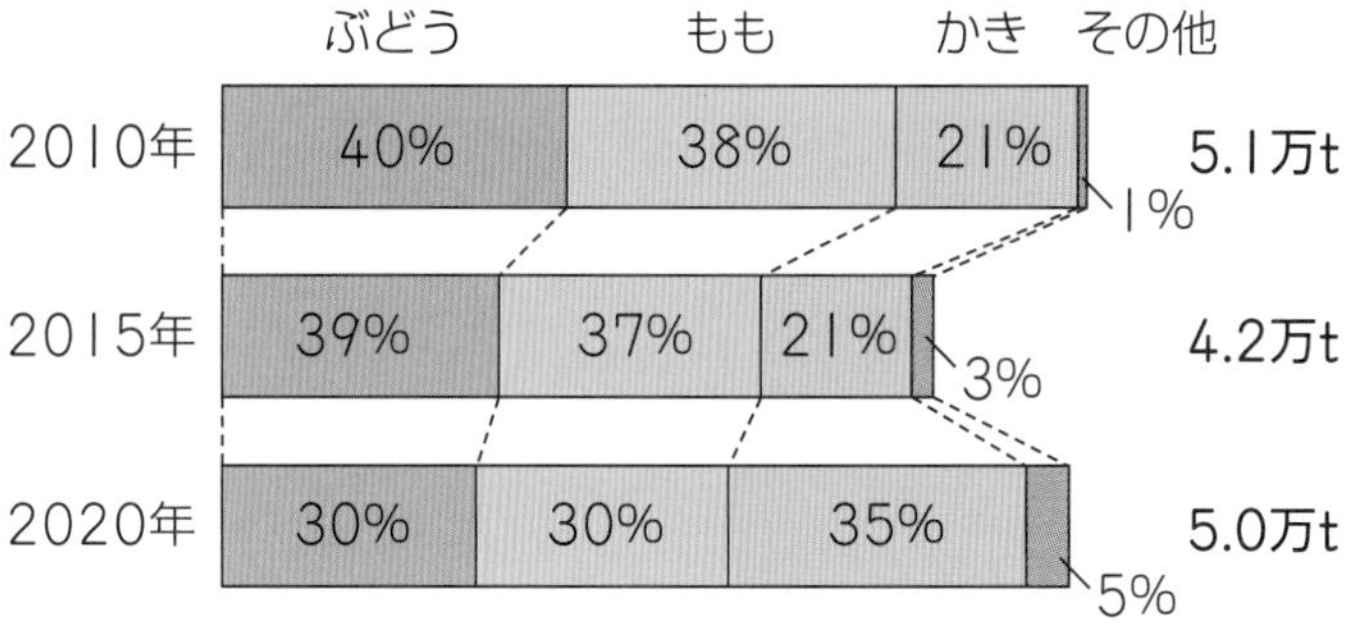

・くだものの生産量が最も多いのは（① 2010 ・ 2015 ・ 2020 ）年。

・その他のくだものの生産量の割合は，10年間でだんだん（② 増えた ・ 減った ）。

・2010年から2020年の間で（③ ぶどう ・ もも ・ かき ）の生産量の割合は増えた。

3 右の図は，ある町の地図の一部です。図書館から公園を通って駅に行く行き方は全部で何通りありますか。

（10点）

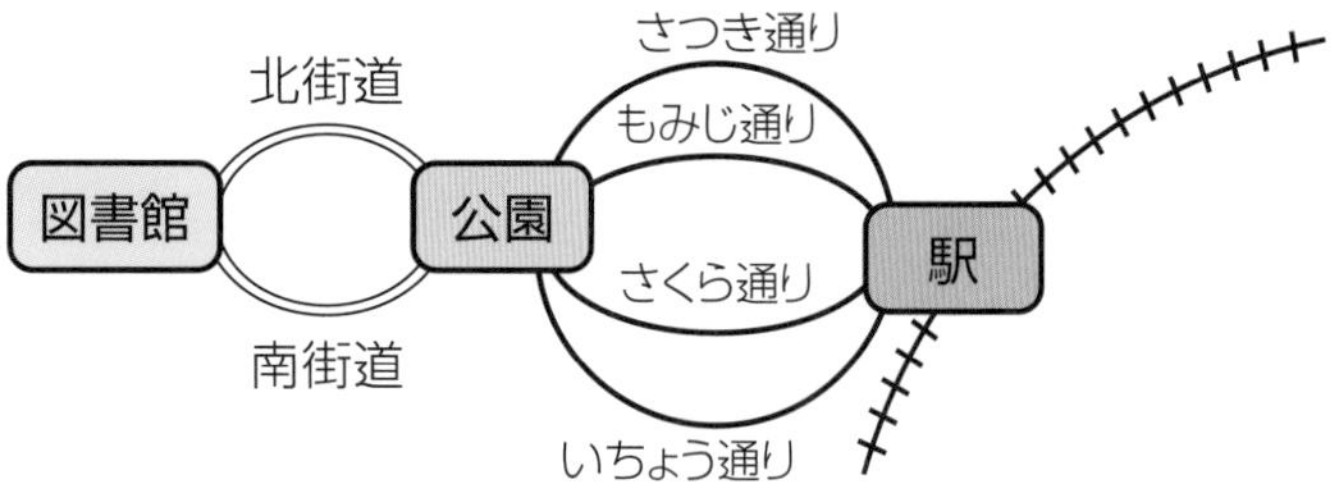

（　　　　　　　）

4 0，3，4，7の4枚《まい》のカードがあります。このとき，次の問いに答えなさい。

（各20点）

（1）このカードのうち，2枚を取り出して2けたの整数をつくるとき，全部で何通りの整数ができますか。

（　　　　　　　）

（2）このカードのうち，3枚を取り出して3けたの整数をつくるとき，全部で何通りの整数ができますか。

（　　　　　　　）

（3）（2）のうち，偶数は何通りありますか。

（　　　　　　　）

答えは『答えと考え方』

第9回　場合の数

わからなかったら動画を見てね！

学習日　　月　　日

得点　　　／100点

1 赤，黒，青，緑，茶，黄の６本のペンがあります。このとき，次の問いに答えなさい。

（各10点）

(1) ６本のペンの中から２本を選ぶとき，選び方は全部で何通りありますか。

（　　　　　　　　）

(2) ６本のペンの中から４本を選ぶとき，選び方は全部で何通りありますか。

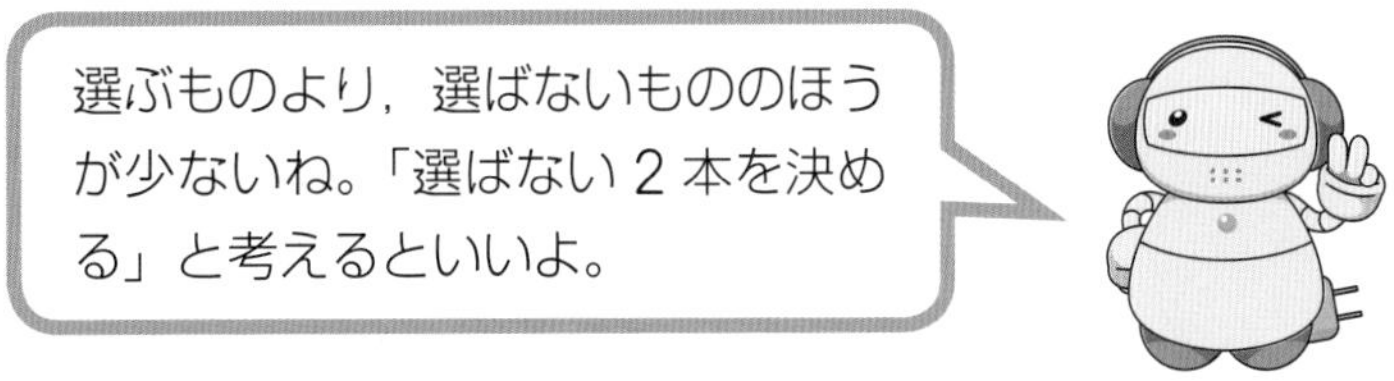
選ぶものより，選ばないもののほうが少ないね。「選ばない２本を決める」と考えるといいよ。

（　　　　　　　　）

2 さとるさんのクラスでは，校庭に木のなえを植えることにしました。さとるさんのクラスには１班《ぱん》～５班《はん》までの５つの班があるので，２班ずつ組になって，毎日順番に作業することにしました。どの班もちがった班と１回ずつ作業をすることとし，１回の作業で植える木のなえの数を３本とすると，何本の木のなえを用意すればよいですか。（10点）

（　　　　　　　　）

❸ 円周の長さが37.68cmの円があります。このとき，次の問いに答えなさい。ただし円周率は3.14とします。(式・答え各10点)

(1) この円の半径は何cmですか。

[式]

答え（　　　　　　）

(2) この円の面積は何cm^2ですか。

[式]

答え（　　　　　　）

❹ 右の図の色のついた部分の面積は何cm^2ですか。ただし，円周率は3.14とします。(式・答え各10点)

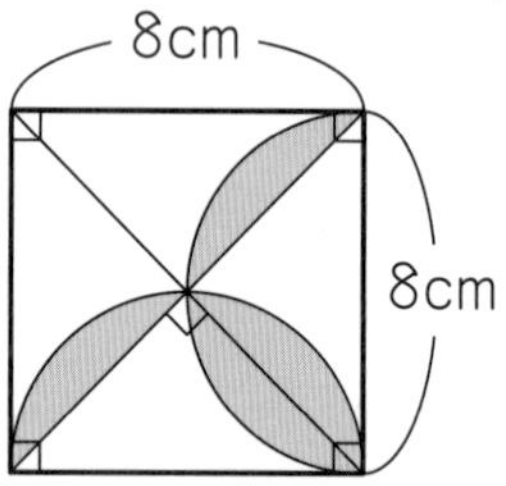

[式]

答え（　　　　　　）

答えは『答えと考え方』

第8回 円の面積

わからなかったら動画を見てね！

学習日　　月　　日

得点　　／100点

❶ 次の図の色のついた部分の面積は何 cm^2 ですか。ただし，円周率は 3.14 とします。

（式・答え各5点）

（1）［式］

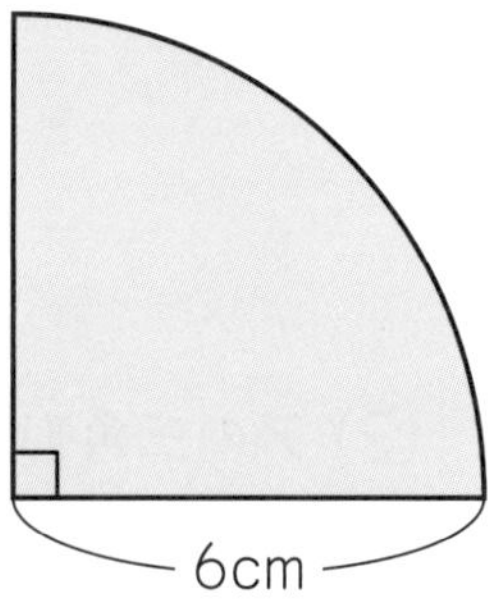

答え（　　　　　　　　）

（2）［式］

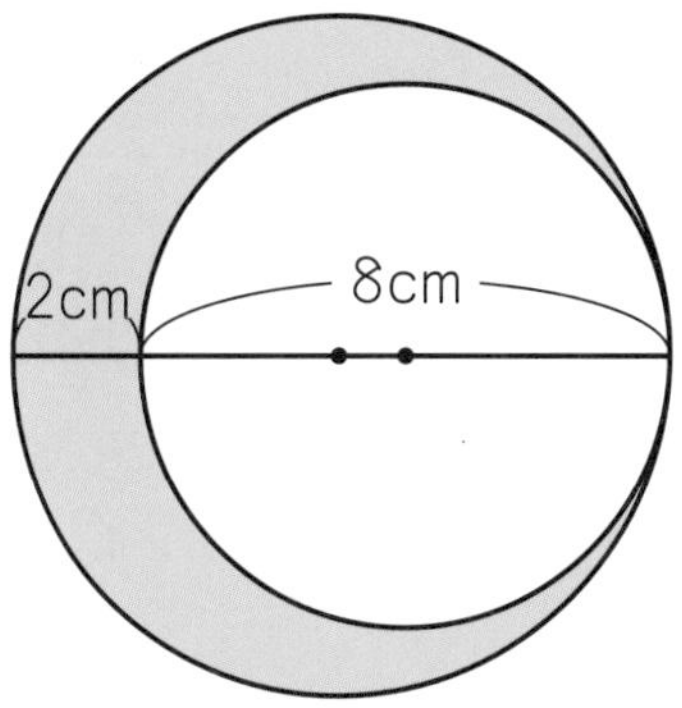

答え（　　　　　　　　）

算数

❷ 次の図の色のついた部分の面積は何 cm^2 ですか。ただし，円周率は 3.14 とします。

（式・答え各10点）

［式］

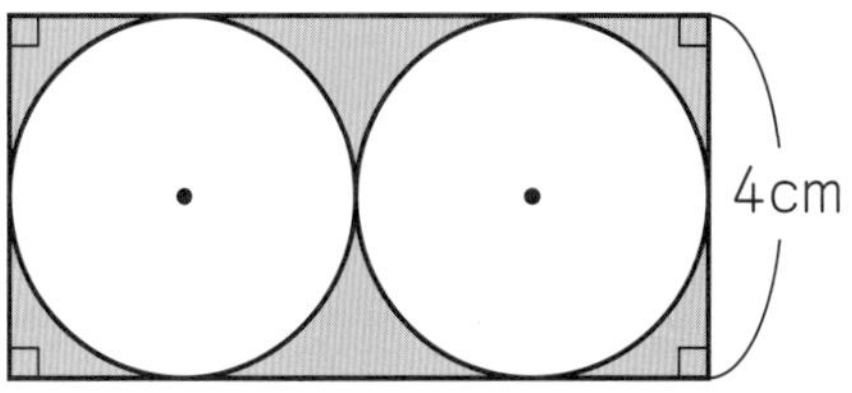

答え（　　　　　　　　）

❸ 右の図は，長方形を６つの三角形に分けたものです。次の問いに答えなさい。(各 15 点)

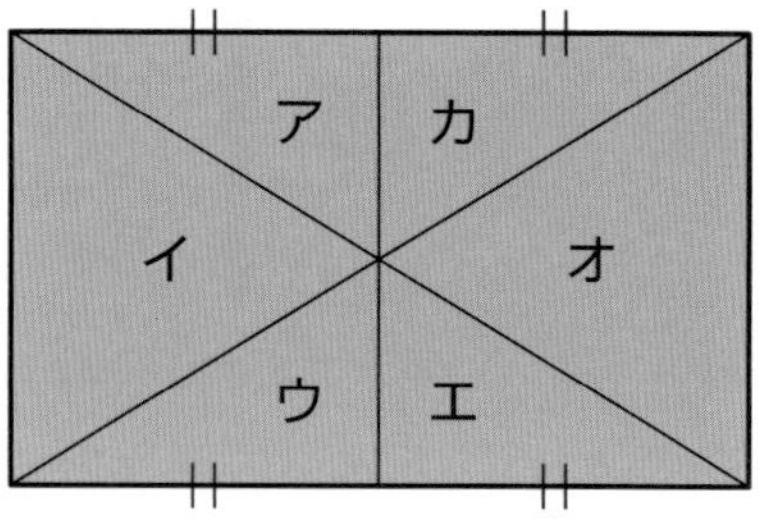
ア
カ
イ
オ
ウ
エ

(1) **カ**の三角形と線対称な位置にある三角形をすべて選び，記号を書きなさい。

(　　　　　　　)

(2) **ア**の三角形と点対称な位置にある三角形を選び，記号で答えなさい。

(　　　　　　　)

❹ 下の図のように，長さのちがう棒《ぼう》２本を組み合わせ，この２本の棒を対角線とする四角形を作ります。次の**ア**～**エ**の中で，作ることができる四角形をすべて選び，記号で答えなさい。(20 点)

ア　長方形　　**イ**　平行四辺形　　**ウ**　正方形　　**エ**　ひし形

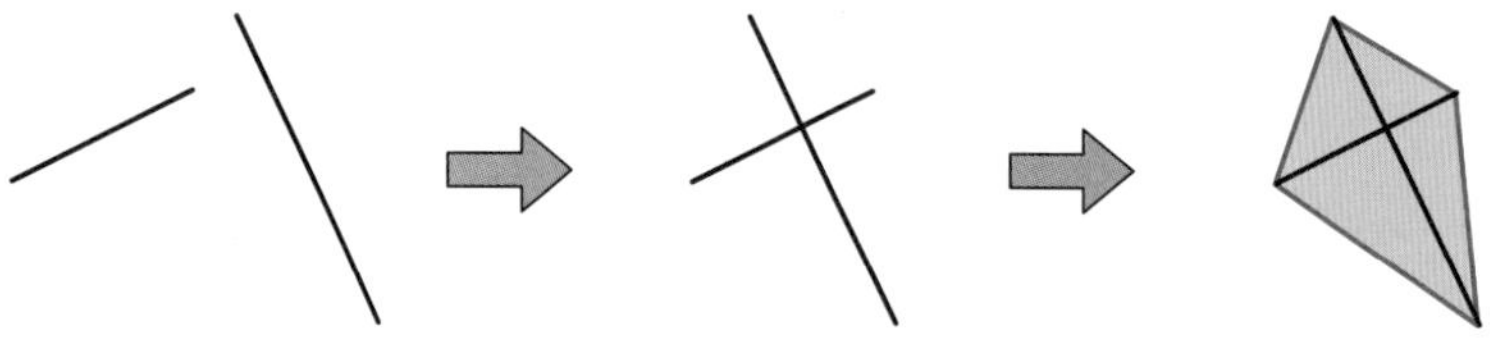

それぞれの四角形の対角線の長さについて考えてみよう。

(　　　　　　　)

答えは『答えと考え方』

第7回 対称《たいしょう》な図形

学習日　　月　　日

得点　　　／100点

わからなかったら動画を見てね！

❶ 右の図は線対称な図形です。次の問いに答えなさい。

（各10点）

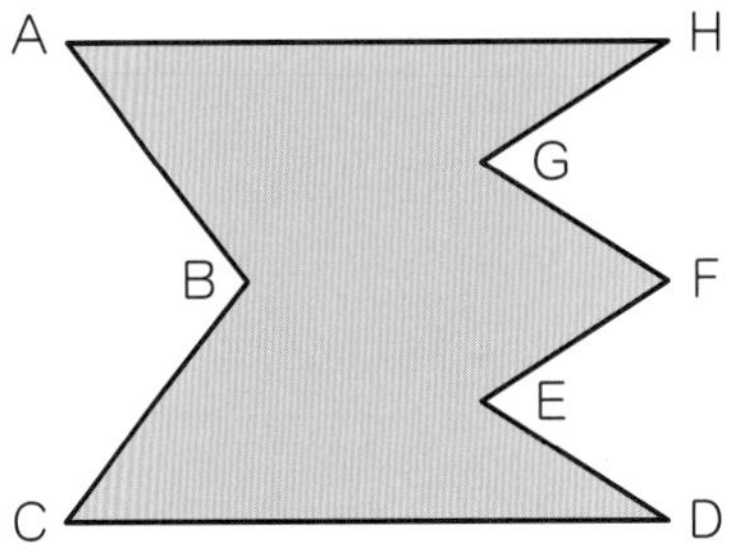

(1) 対称の軸《じく》を右の図にかき入れなさい。

(2) 辺GHに対応する辺を答えなさい。

（　　　　　）

(3) 角Dに対応する角を答えなさい。

（　　　　　）

❷ 下の図は点対称な図形です。次の問いに答えなさい。（各10点）

(1) 対称の中心Oを下の図にかき入れなさい。

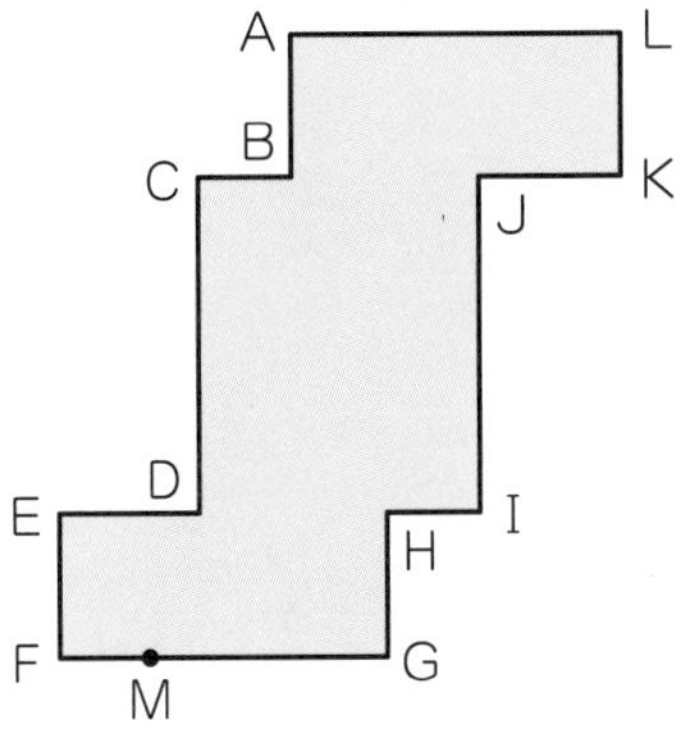

(2) 点Mに対応する点Nを，上の図にかき入れなさい。

算数

3 右のグラフ㋐，㋑は，重さのちがう２種類の土㋐，㋑の体積（$x$cm^3）と重さ（yg）の関係を表したものです。次の問いに答えなさい。

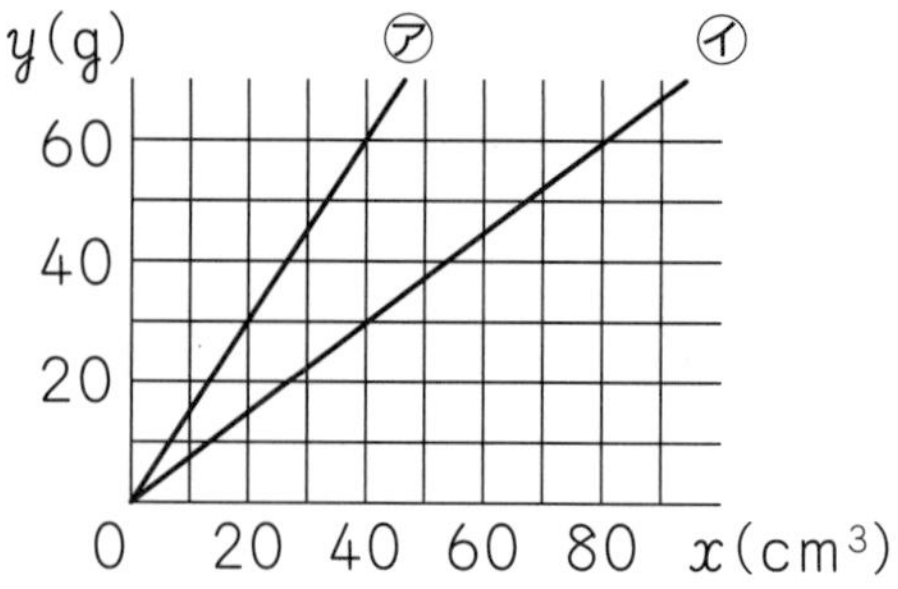

y(g)
㋐
㋑
60
40
20
0
20
40
60
80
x(cm³)

(1) 2種類の土㋐，㋑のそれぞれについて，y を x を使った式で表しなさい。（各５点）

㋐（　　　　　　　　　）　㋑（　　　　　　　　　）

(2) ㋐，㋑の 60 cm^3 の重さを比べると，どちらがどれだけ重いですか。（各 10 点）

（　　　　　　）のほうが（　　　　　　）だけ重い。

4 右の図のように３つの歯車Ａ，Ｂ，Ｃがたがいにかみ合って回転します。歯車Ａ，Ｂ，Ｃの歯数はそれぞれ80，20，40です。このとき，次の問いに答えなさい。（各 15 点）

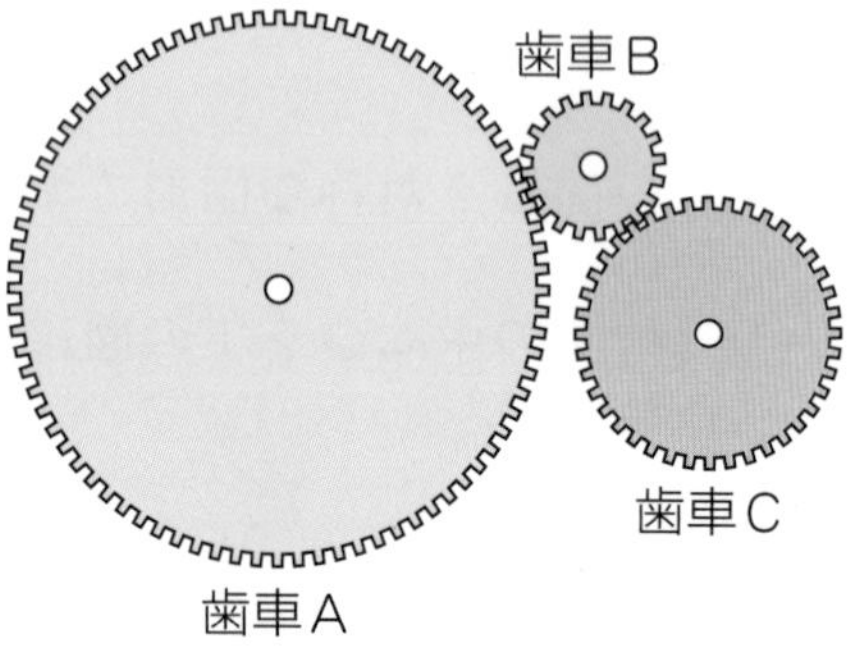

歯車Ｂ
歯車Ｃ
歯車Ａ

(1) 歯車Ａが２回転すると，歯車Ｂは何回転しますか。

（　　　　　　）

(2) 歯車Ａが７回転すると，歯車Ｃは何回転しますか。

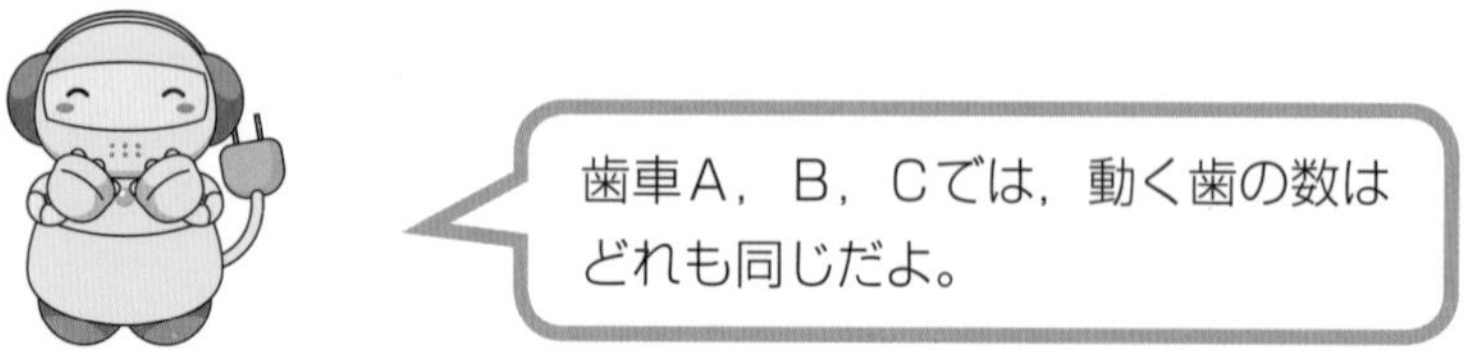

歯車Ａ，Ｂ，Ｃでは，動く歯の数はどれも同じだよ。

（　　　　　　）

答えは『答えと考え方』

第6回 比例と反比例

わからなかったら動画を見てね！

学習日　　月　　日

得点　　／100点

❶ 下の表は，面積が60cm^{2}の長方形の，縦《たて》の長さ（$x$cm）と横の長さ（$y$cm）の関係を表したものです。次の問いに答えなさい。(各10点)

縦の長さ x(cm)	1	2	3	4
横の長さ y(cm)	60	30	20	15

(1) yをxを使った式で表しなさい。

（　　　　　　）

(2) 縦の長さが10cmのとき，横の長さは何cmですか。

（　　　　　　）

❷ 10枚で6gの紙があります。このとき，次の問いに答えなさい。

(1) この紙x枚《まい》の重さをygとするとき，yをxを使った式で表しなさい。(5点)

（　　　　　　）

(2) 下の表は，xとyの関係を表したものです。㋐～㋒にあてはまる数をそれぞれ求めなさい。(各5点)

紙の枚数 x(枚)	100	200	400	㋒
重さ y(g)	㋐	120	㋑	420

㋐（　　　　）　㋑（　　　　）　㋒（　　　　）

算数

3 次の三角形の拡大図を，まわりの長さが 59cm になるようにかきます。3 つの辺の長さをそれぞれ何 cm にすればよいですか。（式・答え各 10 点）

［式］

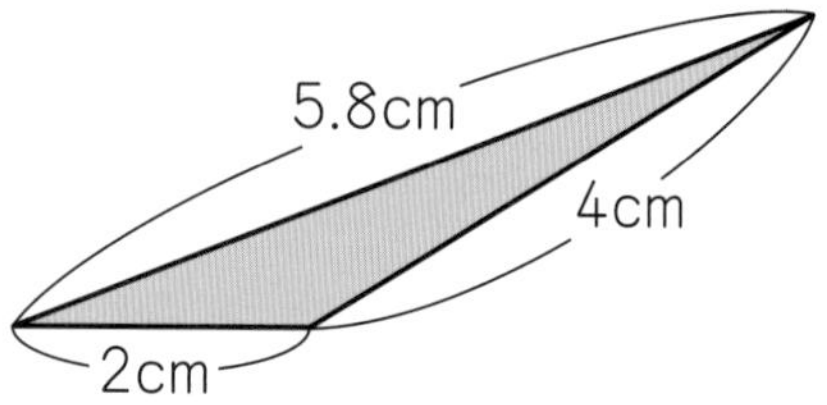

まず，上の三角形のまわりの長さを求めて，何倍の拡大図をかくか考えよう。

答え（　　　　・　　　　・　　　　）

4 面積が 25000m^2 である長方形の公園があります。1km が 20cm となる縮図では，公園の面積は何 cm^2 になりますか。（式・答え各 15 点）

［式］

この縮図では，長方形の縦《たて》と横の長さはどれだけ縮小されるかな。

答え（　　　　）

答えは『答えと考え方』

第5回　拡《かく》大《だい》図《ず》と縮《しゅく》図《ず》

わからなかったら動画を見てね！

学習日　　月　　日

得点　　／100点

1 下の２つの直角三角形㋐，㋑で，㋑は㋐の４倍の拡大図です。次の問いに答えなさい。
（各10点）

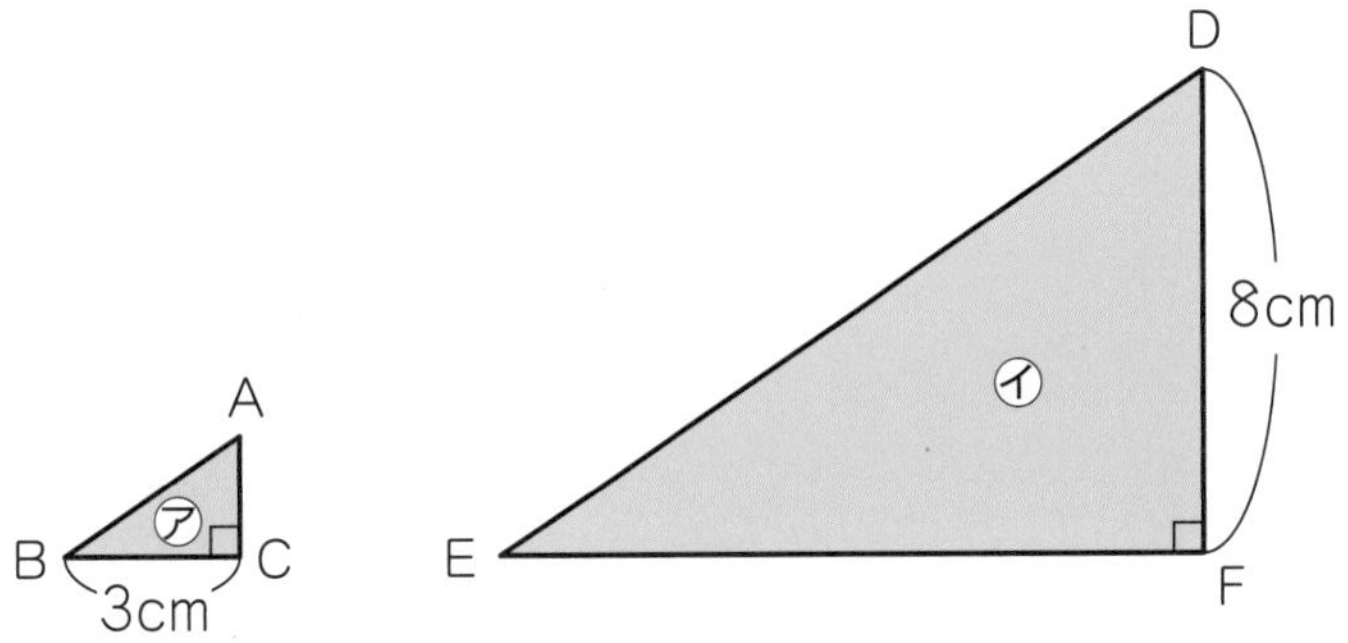

(1) 辺ACに対応する辺はどれか答えなさい。

（　　　　　　）

(2) 辺EF，辺ACの長さは何cmですか。

辺EF（　　　　　　）　辺AC（　　　　　　）

2 右の図のような建物の実際の高さはおよそ何mですか。

$\frac{1}{400}$の縮図をかいて求めなさい。（縮図・答え各10点）

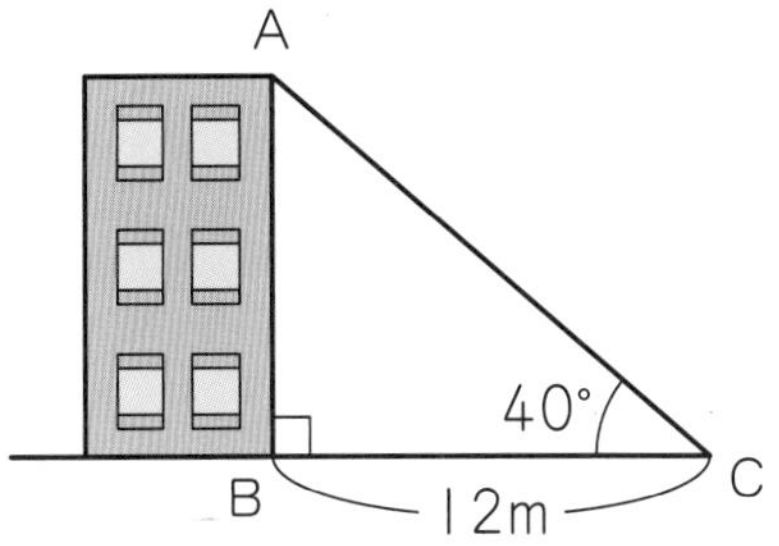

縮図

建物の高さ（　　　　　　）

算数

4 砂糖《さとう》と水を混ぜて砂糖水を 1.6kg 作りました。砂糖の重さと水の重さの比が 3：5 だったとき，砂糖と水のそれぞれの重さは何 g ですか。（式・答え各 10 点）

［式］

答え（砂糖；　　　　　　，水；　　　　　　）

5 174 個のビーズをＡ，Ｂ，Ｃ３つのびんに分けて入れました。ＡとＢのびんに入っているビーズの個数の比は 3：4，ＢとＣのびんに入っているビーズの個数の比は 3：2 になっています。このとき，次の問いに答えなさい。

（1）ＡとＣのびんに入っているビーズの個数の比を，最も簡単な整数の比で表しなさい。（15 点）

4 と 3 の最小公倍数を考えよう。

（　　　　　　）

（2）Ａ，Ｂ，Ｃのびんに入っているビーズの個数はそれぞれ何個ですか。（式・答え各 15 点）

［式］

答え（Ａ；　　　　　，Ｂ；　　　　　，Ｃ；　　　　　）

算数

第4回　比

わからなかったら動画を見てね！

学習日　　月　　日

得点　　　/100点

1 次の比を最も簡単《かんたん》な整数の比で表しなさい。（各5点）

（1）縦《たて》15cm，横25cmの紙の縦と横の長さ

（　　　　　　）

（2）3分40秒と1分50秒

（　　　　　　）

（3）450gの箱と$\frac{1}{10}$kgの箱の重さ

（　　　　　　）

2 xにあてはまる数を求めなさい。（各5点）

（1）$\frac{1}{2} : 27 = x : 54$

（　　　　　　）

（2）$0.4 : 3 = 6 : x$

（　　　　　　）

3 次の比の中で，7：2と等しい比はどれですか。すべて選び，記号で答えなさい。（10点）

ア　350：80　　イ　$\frac{1}{2} : \frac{1}{7}$　　ウ　4.9：1.4　　エ　23：6

（　　　　　　）

4 15m^2 の花だんのうち $\frac{1}{4}$ をたがやしました。この花だんには，1m^2 あたり $9\frac{1}{3}$ L の肥料をまくことにしています。たがやした花だんには何 L の肥料をまけばよいですか。

（式・答え各 15 点）

［式］

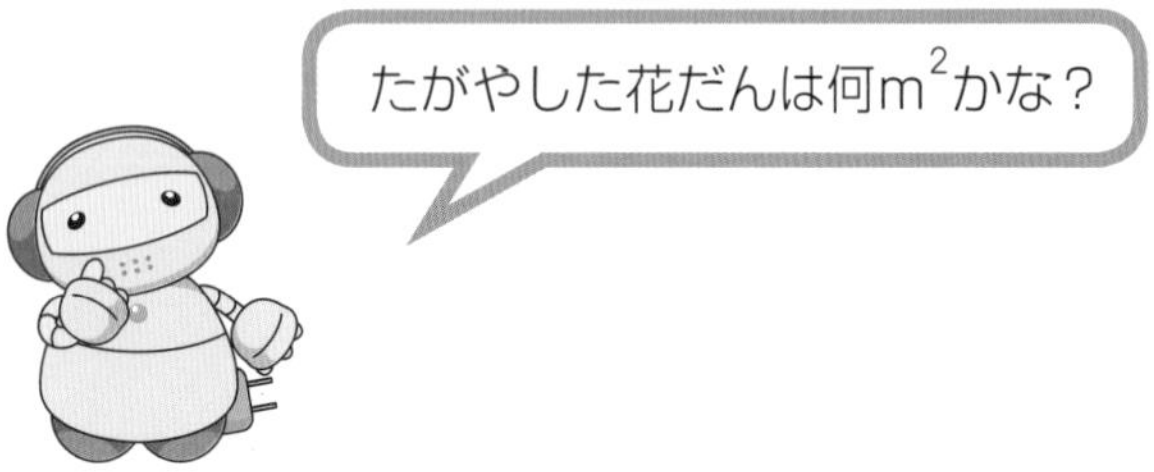
たがやした花だんは何m²かな？

答え（　　　　　　　　）

5 1100 円で仕入れた品物に仕《し》入《い》れ値《ね》の $\frac{1}{5}$ の利益をみこんで定価をつけました。ところが売れなかったので，定価の $\frac{1}{11}$ を値引きして売りました。売り値は何円ですか。

（式・答え各 15 点）

［式］

まずは，定価を求めよう。

売り値は定価より
安くなったのね。

答え（　　　　　　　　）

算数

答えは『答えと考え方』

第3回　分数のかけ算とわり算

わからなかったら動画を見てね！

学習日　　月　　日

得点　　／100点

1 次の計算をしなさい。（各５点）

(1) $\frac{3}{4} \times \frac{2}{9}$

(2) $2\frac{1}{7} \div \frac{3}{5}$

(3) $\frac{1}{4} \div \frac{1}{3} \div \frac{3}{8}$

(4) $2\frac{1}{2} \times 0.7 \div 1\frac{9}{40}$

2 $3\frac{1}{3}$ L の水を $\frac{2}{9}$ L ずつビーカーに入れます。ビーカーはいくつ必要ですか。

（式・答え各５点）

[式]

答え（　　　　　　）

3 右の三角形の面積を求めなさい。（式・答え各５点）

[式]

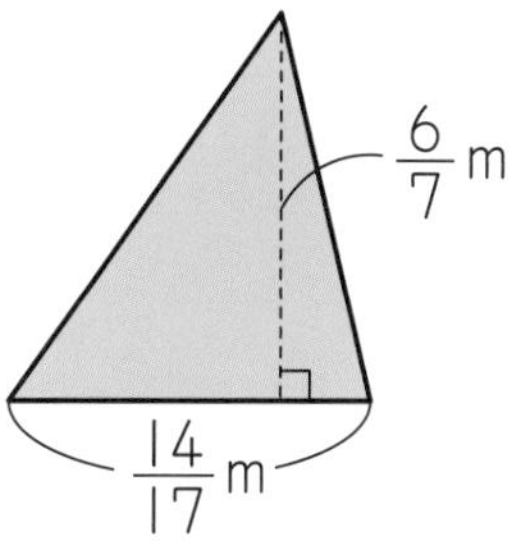

答え（　　　　　　）

4 ホットケーキを 4 枚《まい》作るために$\frac{2}{7}$ L の牛乳《ぎゅうにゅう》を使います。同じホットケーキを 7 枚作るには何 L の牛乳が必要ですか。(式・答え各 15 点)

[式]

答え (　　　　　　　　)

5 ある分数を 5 でわる問題で，まちがえて 5 をかけてしまったので答えが$\frac{15}{8}$になりました。正しく計算していたら答えはいくつになりますか。(式・答え各 15 点)

[式]

答え (　　　　　　　　)

答えは『答えと考え方』

第2回　分数と整数のかけ算とわり算

学習日　　月　　日

得点　　／100点

わからなかったら動画を見てね！

1 次の計算をしなさい。（各５点）

(1) $\frac{5}{12} \times 8$

(2) $\frac{3}{5} \times 10$

(3) $\frac{12}{7} \div 4$

(4) $\frac{18}{11} \div 12$

2 $\frac{4}{3}$ m のリボンを６等分するとき，分けた１本の長さは何 m になりますか。

（式・答え各５点）

［式］

答え（　　　　　　）

3 1m あたりの重さが $\frac{3}{14}$ kg のロープがあります。このロープ 4m の重さは何 kg ですか。

（式・答え各５点）

［式］

答え（　　　　　　）

❸ 対角線の長さが 15cm と $x$cm で，面積が y cm^2 のひし形があります。次の問いに答えなさい。

(1) x と y の関係を式に表しなさい。(10 点)

(　　　　　　　　　　　　)

(2) 面積が 180 cm^2 のとき，対角線の長さは 15cm と何 cm ですか。(式・答え各 10 点)

[式]

答え (　　　　　　　　)

❹ 420g のジュースが入ったペットボトルが x 本あります。550g の重さの器に中身をすべて入れると，全体の重さが yg になりました。このとき，次の問いに答えなさい。

(1) x と y の関係を式に表しなさい。(10 点)

(　　　　　　　　　　　　)

(2) ペットボトルの本数が 4 本のとき，全体の重さを求めなさい。(式・答え各 5 点)

[式]

答え (　　　　　　　　)

(3) 全体の重さが 2.65kg のとき，ペットボトルの本数を求めなさい。(式・答え各 5 点)

[式]

答え (　　　　　　　　)

算数

答えは『答えと考え方』

第 1 回　文字と式

わからなかったら動画を見てね！

学習日　　月　　日

得点　　／100点

1 x にあてはまる数を求めなさい。(各 5 点)

(1) $x \times 13 = 52$

(2) $(84 + x) \div 3 = 31$

2 x と y の関係を式に表しなさい。(各 10 点)

(1) 23 人の子どもに x 枚《まい》ずつ色紙を配るとき，必要な色紙は y 枚

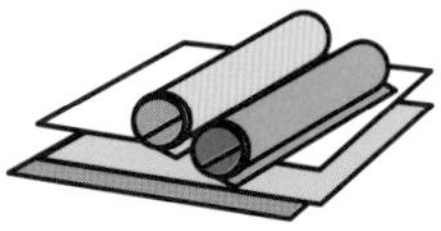

(　　　　　　　　　　　　)

(2) xg の箱にあめが 80g 入った製品があります。この製品 7 個の合計の重さは yg

(　　　　　　　　　　　　)

(3) 上底が 3cm，下底が x cm，高さが y cm の台形の面積が $18cm^2$

(　　　　　　　　　　　　)

算数

算数

※算数は，本冊子《さっし》にある「教科書内容対照表」を見て，お使いの教科書の学習範囲《はんい》に合わせて取り組みましょう。

理科

社会

★ 国語は 4 ページから始まります。
★ 英語は 91 ページから始まります。

全部終わったら，「まとめテスト」に挑戦《ちょうせん》しましょう。

左のマークは難《むずか》しい内容についています。解くことができれば自信をもってよい問題です。
まちがえた場合は，『答えと考え方』を読んで理解しておきましょう。

「まとめテスト」にチャレンジしよう！

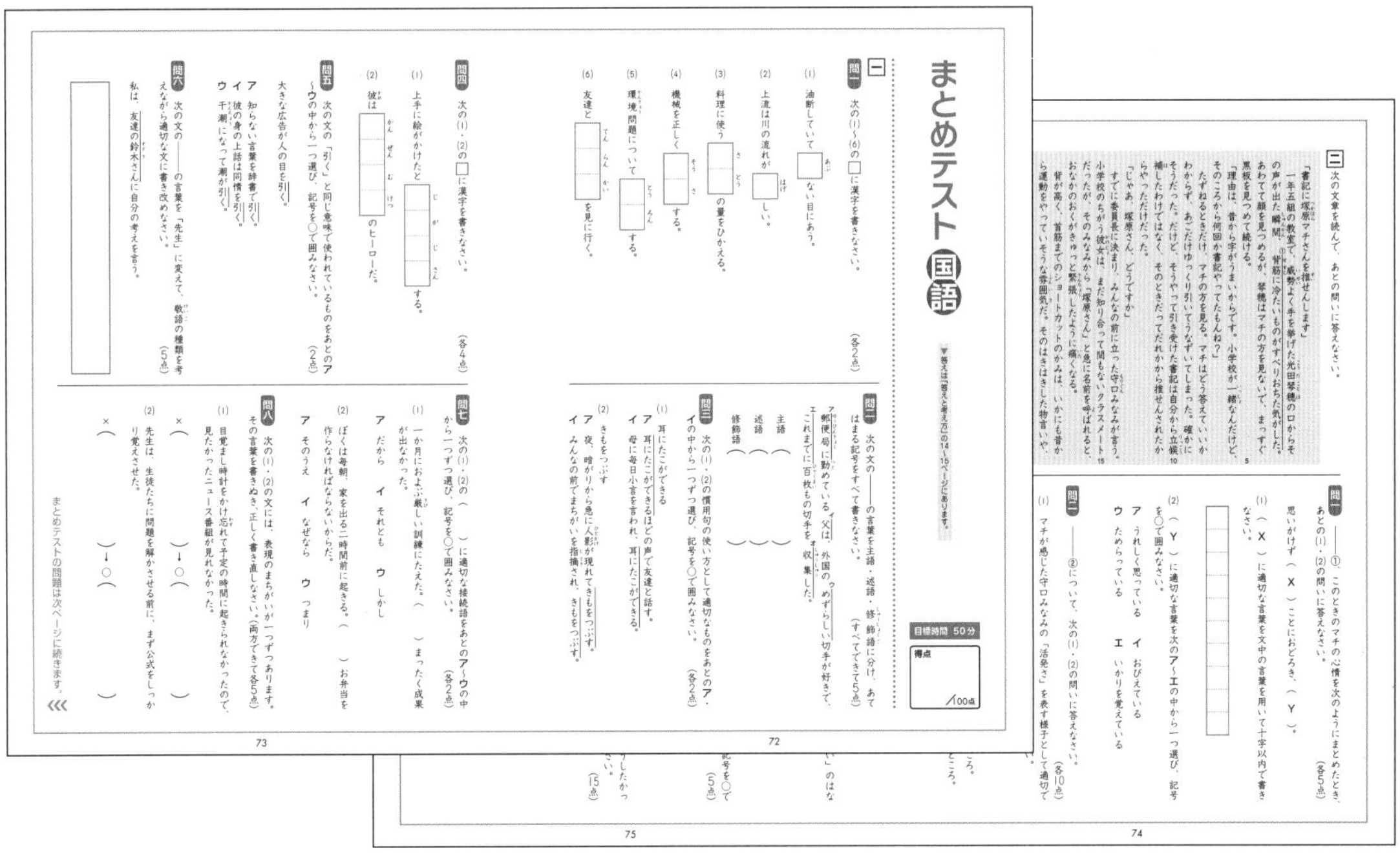

6年生の学習のまとめだよ。目標時間を確認《かくにん》して取り組もう。

			目標時間
■ 国語	……………	72 ～ 75 ページ	《50 分》
■ 社会	……………	77 ～ 76 ページ	《30 分》
■ 理科	……………	79 ～ 78 ページ	《30 分》
■ 算数	……………	83 ～ 80 ページ	《40 分》

「まとめテスト」の取り組み方

・全部の回が終わったら「まとめテスト」に取り組もう。
・テストは，国語・算数・理科・社会の４教科あるよ。
・４教科まとめてやってもいいし，何日かに分けて取り組んでもいいよ。
・わからないところは，調べながら解いてもいいよ。
・終わったら，『答えと考え方』を参考にして自分で丸をつけてみよう。

難《むずか》しい問題もあるけど，がんばって考えてみてね！

まとめテスト 国語

▼答えは「答えと考え方」の14～15ページにあります。

目標時間 50分

得点　　／100点

一

問一 次の(1)～(6)の□に漢字を書きなさい。（各2点）

(1) 油断していて□《あぶ》ない目にあう。

(2) 上流は川の流れが□《はげ》しい。

(3) 料理に使う□□《さとう》の量をひかえる。

(4) 機械を正しく□□《そうさ》する。

(5) 環境《かんきょう》問題について□□《とうろん》する。

(6) 友達と□□□《てんらんかい》を見に行く。

問二 次の文の――の言葉を主語・述語・修飾語《しゅうしょくご》に分け、あてはまる記号をすべて書きなさい。（すべてできて5点）

ア郵便局《ゆうびんきょく》に勤《つと》めているイ父は、外国のウめずらしい切手が好きで、エこれまでに百枚《ひゃくまい》もの切手をオ収集《しゅうしゅう》した。

主語（　　　　）

述語（　　　　）

修飾語（　　　　）

問三 次の(1)・(2)の慣用句の使い方として適切なものをあとの**ア**・**イ**の中から一つずつ選び、記号を○で囲みなさい。（各2点）

(1) 耳にたこができる

ア 耳にたこができるほどの声で友達と話す。

イ 母に毎日小言を言われ、耳にたこができる。

(2) きもをつぶす

ア 夜、暗がりから急に人影《ひとかげ》が現れてきもをつぶす。

イ みんなの前でまちがいを指摘《してき》され、きもをつぶす。

問四 次の(1)・(2)の□に漢字を書きなさい。（各4点）

(1) 上手に絵がかけたと□□□□《じがじさん》する。

(2) 彼《かれ》は□□□□《かんぜんむけつ》のヒーローだ。

問五 次の文の「引く」と同じ意味で使われているものをあとの**ア**～**ウ**の中から一つ選び、記号を○で囲みなさい。（2点）

大きな広告が人の目を引く。

ア 知らない言葉を辞書で引く。

イ 彼の身の上話は同情を引く。

ウ 干潮《かんちょう》になって潮が引く。

問六 次の文の――の言葉を「先生」に変えて、敬語《けいご》の種類を考えながら適切な文に書き改めなさい。（5点）

私は、友達の鈴木《すずき》さんに自分の考えを言う。

問七 次の(1)・(2)の（　　）に適切な接続語をあとの**ア**～**ウ**の中から一つずつ選び、記号を○で囲みなさい。（各2点）

(1) 一か月におよぶ厳《きび》しい訓練にたえた。（　　）まったく成果が出なかった。

ア だから　**イ** それとも　**ウ** しかし

(2) ぼくは毎朝、家を出る二時間前に起きる。（　　）お弁当を作らなければならないからだ。

ア そのうえ　**イ** なぜなら　**ウ** つまり

問八 次の(1)・(2)の文には、表現のまちがいが一つずつあります。その言葉を書きぬき、正しく書き直しなさい。（両方できて各5点）

(1) 目覚まし時計をかけ忘《わす》れて予定の時間に起きられなかったので、見たかったニュース番組が見れなかった。

×（　　）→○（　　）

(2) 先生は、生徒たちに問題を解かさせる前に、まず公式をしっかり覚えさせた。

×（　　）→○（　　）

まとめテストの問題は次ページに続きます。

二　次の文章を読んで、あとの問いに答えなさい。

「書記に塚原《つかはら》マチさんを推《すい》せんします」

一年五組の教室で、威勢《いせい》よく手を挙げた光田琴穂《こうだことほ》の口からその声が出た瞬間《しゅんかん》、①背筋《せすじ》に冷たいものがすべりおちた気がした。あわてて顔を見つめるが、琴穂はマチの方を見ないで、まっすぐ黒板を見つめて続ける。

「理由は、昔から字がうまいからです。小学校が一緒《いっしょ》なんだけど、そのころから何回か書記やってたもんね？」

たずねるときだけ、マチの方を見る。マチはどう答えていいかわからず、あごだけゆっくり引いてうなずいてしまった。確かにそうだった。だけど、そうやって引き受けた書記は自分から立候《りっこう》補《ほ》したわけではなく、そのときだってだれかから推せんされたからやっただけだった。

「じゃあ、塚原さん、どうですか」

すでに委員長に決まり、みんなの前に立った守口《もりぐち》みなみが言う。小学校のちがう彼女《かのじょ》は、まだ知り合って間もないクラスメートだったが、そのみなみから「塚原さん」と急に名前を呼《よ》ばれると、おなかのおくがきゅっと緊張《きんちょう》したように痛《いた》くなる。

背が高く、首筋までのショートカットのかみは、いかにも昔から運動をやっていそうな雰囲気《ふんいき》だ。そのはきはきした物言いや、何より入学して二週間足らずの新学期の教室で、堂々と手を上げて委員長に立候補するなんて、②マチには想像もできないくらいの活発さだった。

「私……」

気後《きおく》れしながらも立ち上がると、クラスの全員が自分を見るのを感じた。（　Ａ　）ようになる。

問一　――①、このときのマチの心情を次のようにまとめたとき、あとの⑴・⑵の問いに答えなさい。（各5点）

思いがけず（　Ｘ　）ことにおどろき、（　Ｙ　）。

⑴　（　Ｘ　）に適切な言葉を文中の言葉を用いて十字以内で書きなさい。

⑵　（　Ｙ　）に適切な言葉を次の**ア～エ**の中から一つ選び、記号を○で囲みなさい。

ア　うれしく思っている　　**イ**　おびえている
ウ　ためらっている　　**エ**　いかりを覚えている

問二　――②について、次の⑴・⑵の問いに答えなさい。

⑴　マチが感じた守口みなみの「活発さ」を表す様子として適切でないものを次の中から一つ選び、記号を○で囲みなさい。（各10点）

ア　ショートカットのかみ型にしているところ。
イ　はきはきした物言いをするところ。
ウ　入学間もない教室で、自ら委員長に立候補するところ。
エ　小学校がちがうクラスメートを書記に推せんするところ。

（断らなきゃ）

小学校のころから、いつもそうだった。自分の意見がはっきり主張できないことを、両親や先生から注意されていたし、だれかからたのまれごとをされると、マチはそれをなかなか断ることができない。中学に入ったら、そんな自分の性格を直したいと思っていた。

「どう？　塚原さん。書記の仕事、いや？」

担任《たんにん》の先生までが言う。

仕事がいやなのではなくて、こうやって流されてしまうのがいやなのだと告げようとするが、大勢の人を前にしたら、どう言えばいいのかわからなくなった。③かわりに口から「やります」というか細い声が出た。

前にいるみなみがにっこりと笑った。

「ありがとう。じゃあ、書記は塚原さん。さっそくだけど、前に出て黒板に書くのをかわってもらっていいですか」

「はい」

返事をして前に行く。人から注目されるのは苦手だった。前に歩き出すとき、ひざにいやな力が入ってしまう。

辻村《つじむら》深月《みづき》『サクラ咲《さ》く』（光文社《こうぶんしゃ》刊）

---

(2) 守口みなみの「活発さ」が「マチには想像もできない」のはなぜですか。マチの性格をふまえて書きなさい。

問三 （　A　）に適切な言葉を次の中から一つ選び、記号を○で囲みなさい。（5点）

ア かたの荷が下りた　**イ** 気が立った

ウ 心をうばわれた　**エ** 足がすくんだ

問四 ――③とありますが、このときマチは、本当はどうしたかったのですか。文中の言葉を用いて五十字以内で書きなさい。（15点）

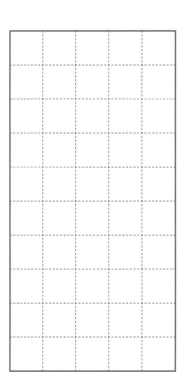

(2) 次の年表は大正《たいしょう》～昭和時代のできごとを表しています。あとの問いに答えなさい。

① 年表中の（　A　）にあてはまる言葉を，次の**ア**～**ウ**の中から１つ選び，記号を書きなさい。(6点)

ア 国会開設
イ 普通選挙《ふつうせんきょ》
ウ 文明開化《ぶんめいかいか》

(　　　)

年	できごと
1918	第一次世界大戦が終わる
	↕（　A　）を求める運動が高まる
1925	（　A　）法が制定される
1931	満州事変《まんしゅうじへん》が起こる
1945	第二次世界大戦が終わる
1964	**B**東京オリンピックが開かれる

② 年表中の――**B**について，このころの日本の様子としてまちがっているものを，次の**ア**～**ウ**の中から１つ選び，記号を書きなさい。(6点)

ア テレビ・洗濯機《せんたくき》・冷蔵庫《れいぞうこ》などの電化製品が一般《いっぱん》の家庭に普及《ふきゅう》していった。
イ 高速道路がつくられ，東京－大阪《おおさか》間に新幹線が開通した。
ウ 政府が法律《ほうりつ》をつくり対策をとったため，公害などの環境《かんきょう》問題が解決された。

(　　　)

❸ 消費税増税を知らせる次の文章を読んで，あとの問いに答えなさい。(22点)

> 消費税率の引き上げが**A**国会で可決された。増税により**B**石油を原料とするガソリンや食料品などが値《ね》上がりして，国民の生活にえいきょうをあたえることが予想される。

(1) ――**A**について，あとの問いに答えなさい。

① 国会は日本国憲法が定める原則にもとづいて，選挙で選ばれた代表者で組織されます。この原則は，日本国憲法の３つの原則のどれにあたりますか。書きなさい。(8点)

(　　　　　　)

② 国会の役割《やくわり》として正しいものを，次の**ア**～**ウ**から１つ選び，記号を書きなさい。(6点)

ア 国民の暮《く》らしに関わる法律や予算について話し合い，政治の方針《ほうしん》を決める。
イ 決められた法律や予算にもとづいて政治を行う。
ウ 争いごとや犯罪を憲法や法律にもとづいて判断し，解決する。

(　　　)

(2) ――**B**について，日本の石油輸入相手国を示した次のグラフ中の**X**にあてはまる国の説明として正しいものを，次の**ア**～**ウ**の中から１つ選び，記号を書きなさい。(8点)

ア 日本のおもな貿易相手国で，日本との間に太平洋がある。さまざまな人種・民族の人々が暮らしている。
イ 日本と古くから交流がある。現在は，急速に経済発展《けいざいはってん》を続けていて，日本の最大の貿易相手国になっている。
ウ 国土の多くが砂漠《さばく》であり，乾燥《かんそう》している。国民のほとんどがイスラム教を信仰《しんこう》している。

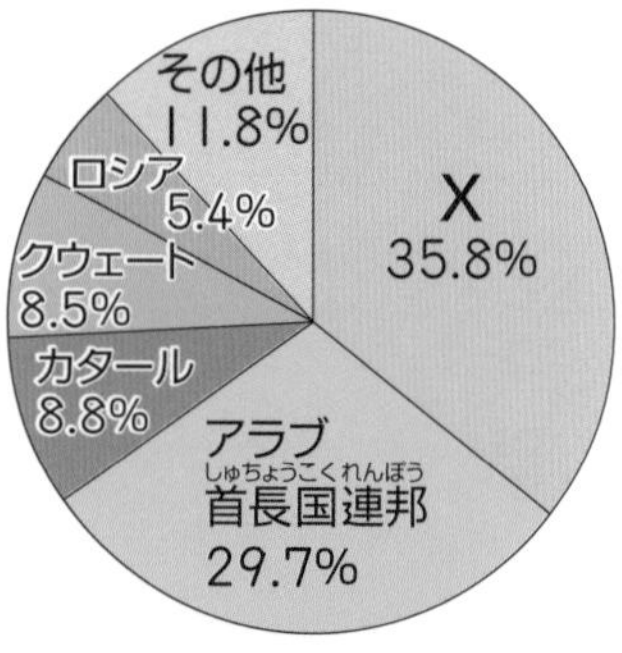

2019年　貿易統計など

(　　　)

まとめテスト 社会

目標時間　30分

得点　　／100点

▶答えは『答えと考え方』の16ページにあります。

1 飛鳥《あすか》～江戸《えど》時代について，あとの問いに答えなさい。(48点)

(1) 聖徳太子《しょうとくたいし》が行ったこととしてまちがっているものを，次の**ア**～**ウ**の中から１つ選び，記号を書きなさい。(6点)

ア　唐《とう》へ使者を送り，進んだ政治のしくみや文化，学問などを取り入れようとした。

イ　十七条の憲法《けんぽう》を定め，政治を行う役人の心構えを示した。

ウ　冠位十二階《かんいじゅうにかい》を定め，家がらに関係なく，能力のある人物を役人に取り立てた。

(　　)

(2) 藤原道長《ふじわらのみちなが》が政治の中心にいたころ，かな文字を用いて『源氏物語《げんじものがたり》』を書いた人物はだれですか。書きなさい。(8点)

(　　　　　)

(3) 次の文章は足利義政《あしかがよしまさ》が建てた東求堂《とうぐどう》についての説明です。文章中の(　①　)～(　③　)にあてはまる言葉を，下の**ア**～**カ**の中から１つずつ選び，記号を書きなさい。(各6点)

> 東求堂は(　①　)造とよばれる建築様式で，床には(　②　)がしかれ，部屋は(　③　)やふすまで仕切られていている。このような様式は，現在の和室でも見ることができる。

ア　板　　**イ**　障子《しょうじ》　　**ウ**　書院《しょいん》　　**エ**　寝殿《しんでん》　　**オ**　ガラス窓《まど》　　**カ**　たたみ

①(　　)　②(　　)　③(　　)

(4) 徳川家光《とくがわいえみつ》が定めた参勤交代《さんきんこうたい》により，大名はどのようなことが義務づけられましたか。「妻子」と「領地」という語句を用いて，簡単《かんたん》に説明しなさい。(16点)

(　　　　　　　　　　　　　　　　)

2 明治《めいじ》～昭和《しょうわ》時代について，あとの問いに答えなさい。(30点)

(1) 次の①～③の文を読み，明治時代に行われた政策《せいさく》として正しいものには○を，まちがっているものには×を書きなさい。(各6点)

①(　　)　国が費用を出し，八幡製鉄所《やはたせいてつじょ》をつくった。

②(　　)　身分制度を改めて，国民を士農工商の４つの身分に分けた。

③(　　)　徴兵令《ちょうへいれい》が出されて，20才になった男子に兵役を義務づけた。

5 食べ物が通る道筋《みちすじ》として正しいものを次の**ア**～**エ**の中から１つ選び，記号を書きなさい。（10点）

ア　口→食道《しょくどう》→肺《はい》→小腸《しょうちょう》→大腸《だいちょう》→こう門《もん》　**イ**　口→食道→胃《い》→小腸→大腸→こう門

ウ　口→食道→心臓《しんぞう》→胃→小腸→こう門　**エ**　口→食道→肺→胃→小腸→こう門

（　　）

6 右の図のように，実験用てこの右のうでの目盛《めも》り３の位置に，10gのおもりを３個つるすと，右が下がりました。右のうでにつるしたおもりを１個はずして，左のうでにつるしたところ，てこはつり合いました。左のうでのどの目盛りにつるしましたか。１～６の中から１つ選び，番号を書きなさい。（10点）

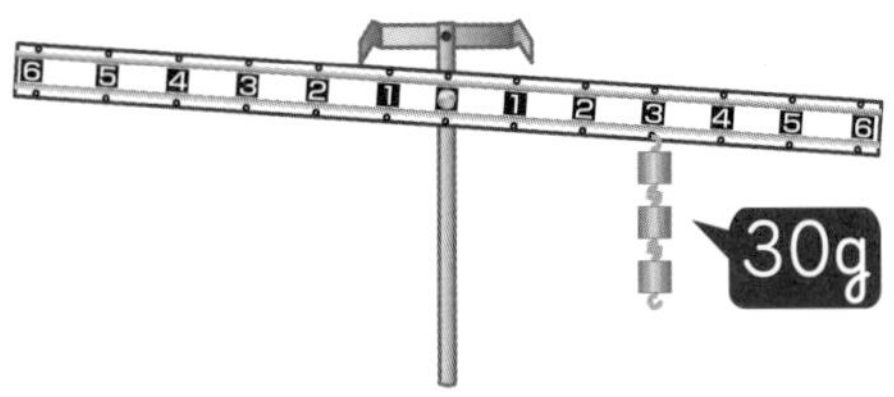

（　　）

7 右の図のように，手回し発電機のハンドルを25回もしくは50回回して電気をためたコンデンサーを，豆電球につなぎました。はじめのころ，豆電球がより明るく光るのは**ア**・**イ**のどちらですか。また，豆電球がより長く光るのはどちらですか。それぞれ**ア**・**イ**のどちらかを書きなさい。光る明るさや長さがかわらない場合は，「×」を書きなさい。（各５点）

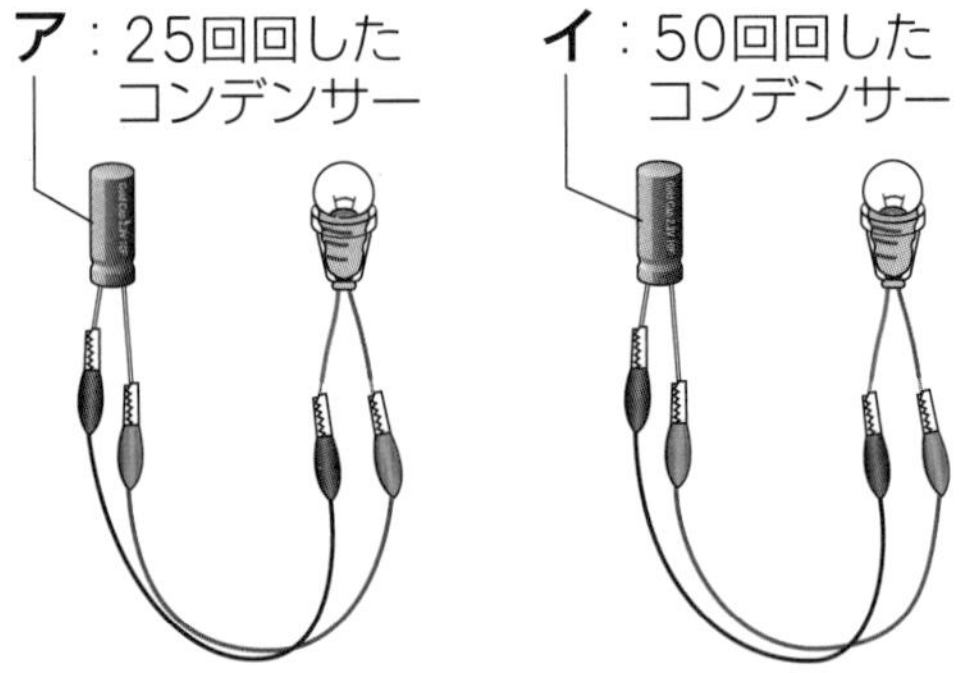

明るく光る（　　）　**長く光る**（　　）

8 ある日の夕方に右の図のような月が見えました。８日後の同じ時刻《じこく》に月を見ると，図の①～③のうち，どの位置に見えますか。番号を書きなさい。また，そのときに見える月の形を次の**ア**～**ウ**の中から１つ選び，記号を書きなさい。（各５点）

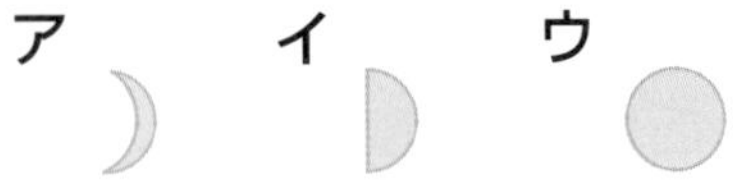

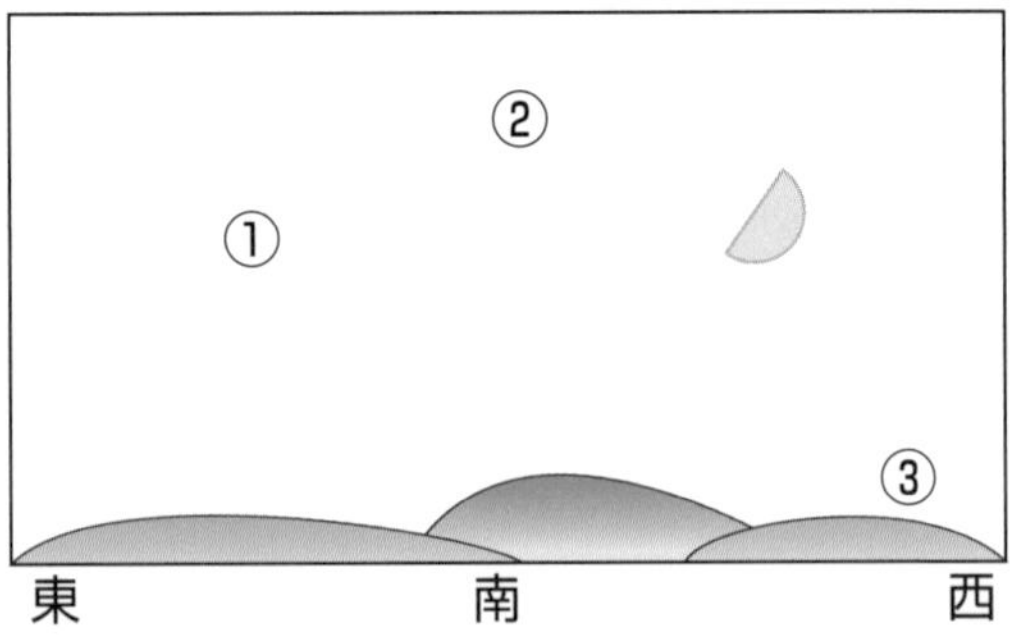

位置（　　）　**形**（　　）

9 地層《ちそう》には，丸みをおびたつぶがふくまれる層《そう》と，角ばったつぶがふくまれる層があります。火山《かざん》のはたらきによってできた層にふくまれるつぶはどちらですか。「丸みをおびたつぶ」・「角ばったつぶ」のどちらかを書きなさい。（10点）

（　　）

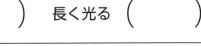

まとめテスト 理科

目標時間　30分

得点
/100点

▶答えは『答えと考え方』の 17 ページにあります。

❶ 右の図のように，底がないびんをねんどにのせ，火のついたろうそくを入れました。このことについて書かれた次の文章の（　A　）・（　B　）にあてはまる言葉を書きなさい。（各５点）

①のろうそくの火が消えたのは，びんの中の（　A　）が減ったからです。また，②のろうそくの火が燃え続けたのは，びんの中の空気が（　B　）からです。

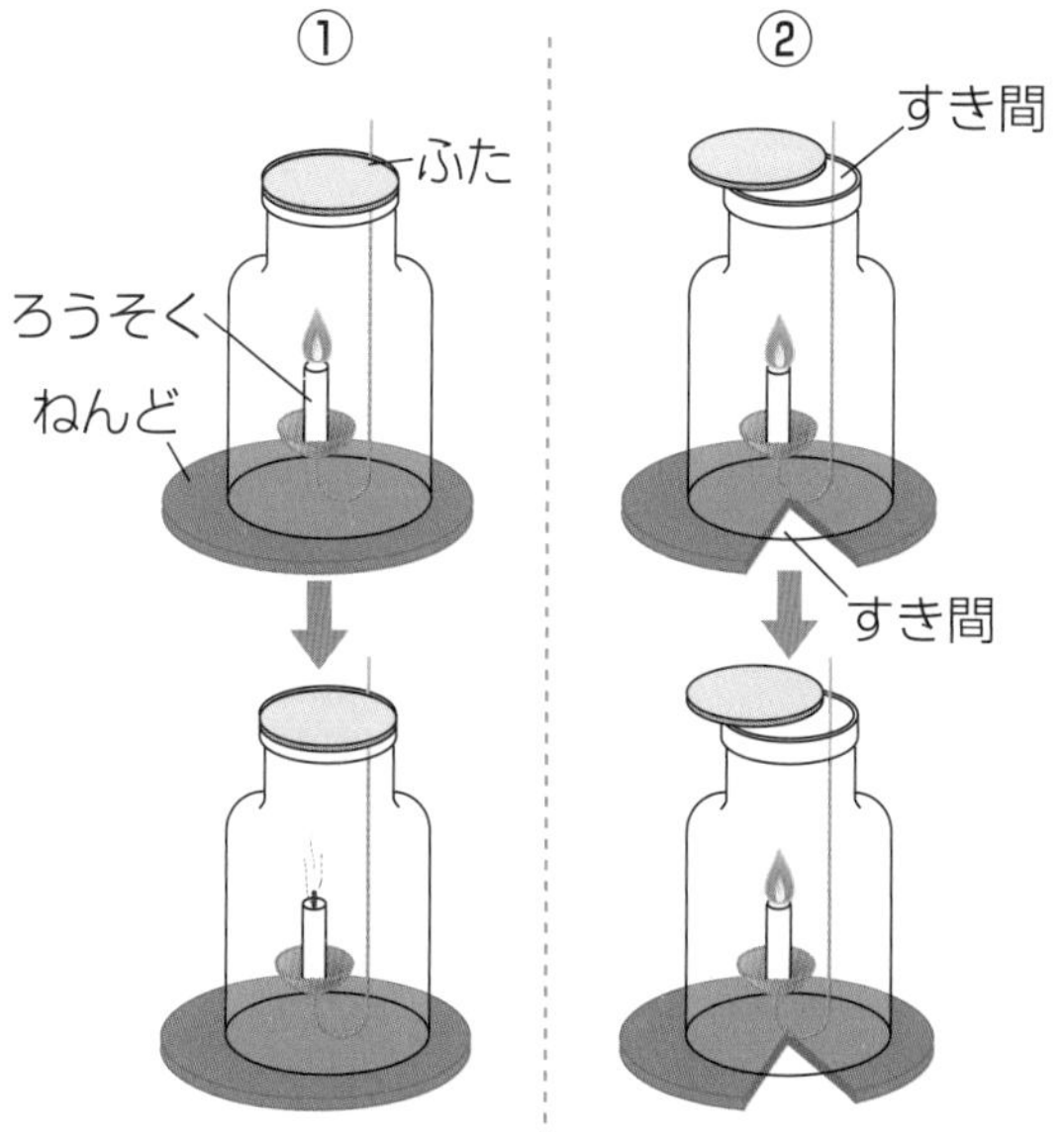
①
ふた
ろうそく
ねんど
②
すき間
すき間

火は消えた。　火は消えない。

A（　　　　　　　　）
B（　　　　　　　　）

❷ ①～③の３種類の水《すい》よう液《えき》の性質を調べて，次のような表にまとめました。①～③には食塩水，塩酸《えんさん》，水酸化《すいさんか》ナトリウムの水よう液のいずれかがあてはまります。表の**ア～オ**にあてはまる言葉を，それぞれ書きなさい。（各４点）

	赤色リトマス紙	青色リトマス紙	鉄を入れたとき	アルミニウムを入れたとき
①	変化なし	**ア**	あわを出してとける	**オ**
②	青くなる	変化なし	**ウ**	あわを出してとける
③	変化なし	**イ**	**エ**	とけない

ア（　　　　　　）　**イ**（　　　　　　）　**ウ**（　　　　　　）
エ（　　　　　　）　**オ**（　　　　　　）

❸ 右の図のように，葉の一部にアルミニウムはくをまいて，６時間日光に当てました。この葉をヨウ素液《そえき》につけたとき，青むらさき色になる部分を▨で表しなさい。（10 点）

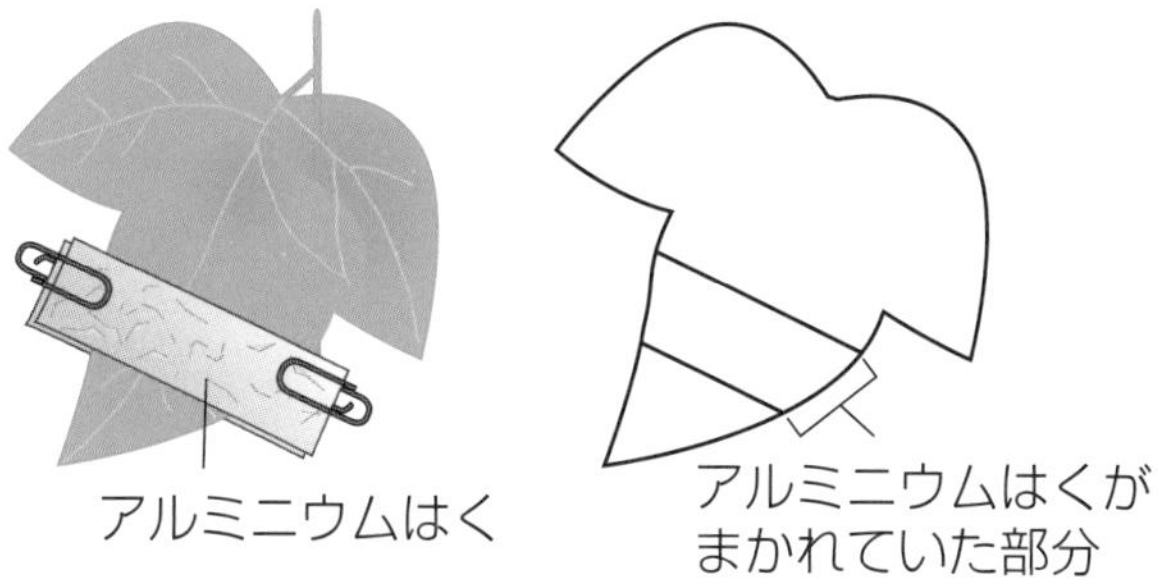
アルミニウムはく
アルミニウムはくがまかれていた部分

❹ 水力発電《すいりょくはつでん》の利点を書きなさい。（10 点）

（　　　　　　　　　　　　　　　　　　　　）

❽ 下の図のように正方形の紙を3回折って，の部分を切り取ります。このとき次の問いに答えなさい。(各5点)

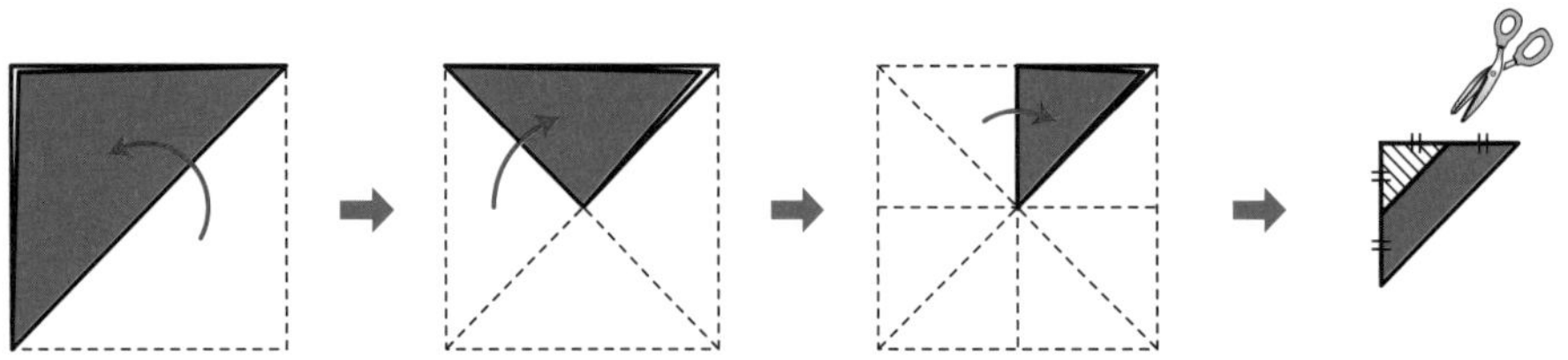

(1) 残った部分をひろげると，どのような形になりますか。下の解答らんに，切り取った部分をでかき入れなさい。

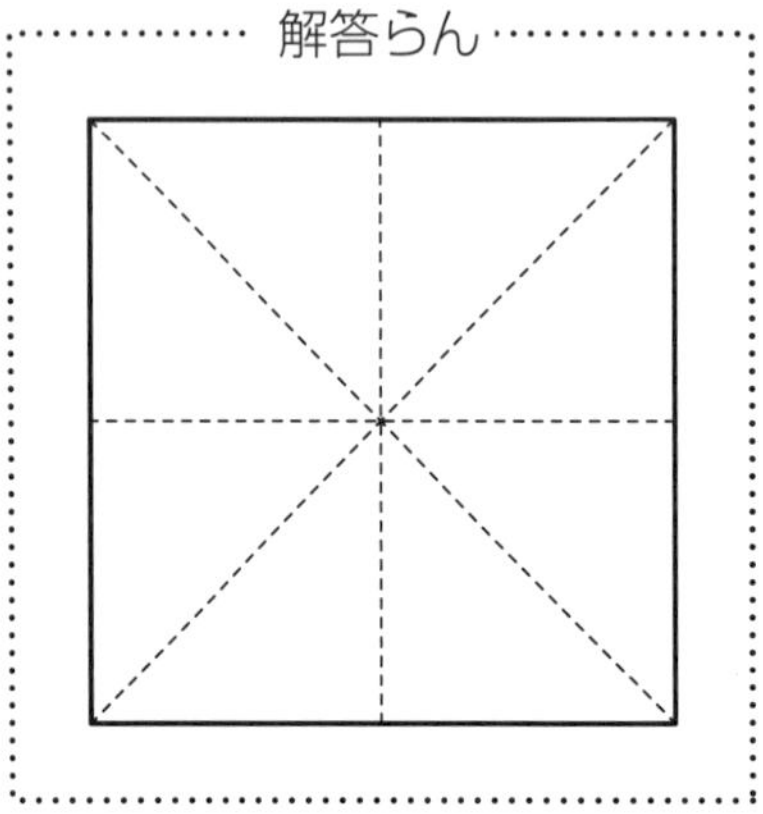

(2) 正方形の1辺が10cmのとき，残った部分の面積は何cm^2ですか。

(　　　　　)

❻ 次の問いに答えなさい。

(1) 右の図の色のついた部分の面積は何 cm^2 ですか。ただし，円周率は 3.14 とします。（式・答え各５点）

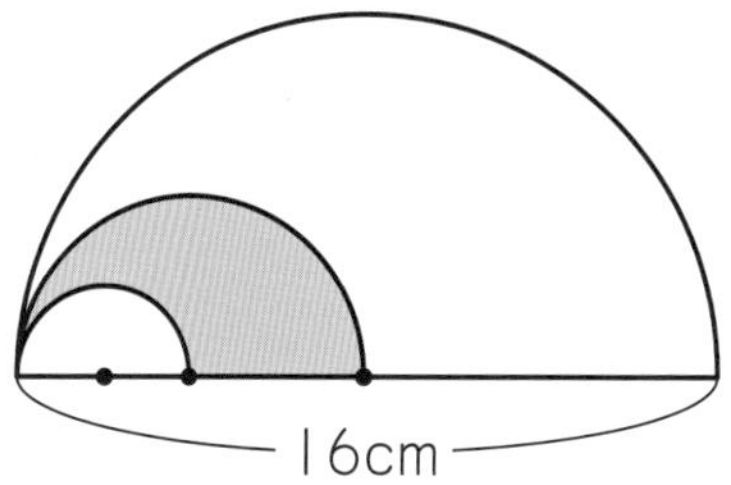

[式]

答え（　　　　　　　　）

(2) 右の図のような，底面がひし形の角柱の容器があります。容器の厚さは考えないものとして，中にいっぱいに水を入れるとすると，何 L の水が入りますか。（式・答え各５点）

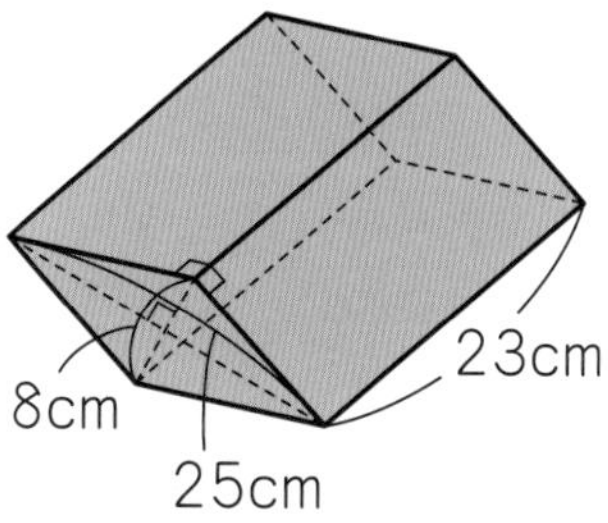

[式]

答え（　　　　　　　　）

❼ 1km が 50cm となる縮《しゅく》図《ず》で，長方形の形をした土地の面積を計算したところ $45cm^2$ になりました。この土地の実際の面積は何 ha ですか。（式・答え各５点）

[式]

答え（　　　　　　　　）

❸ 右の表では，y は x に反比例しています。y を x を使った式で表しなさい。(5点)

x	1	2	3	4	5	6
y	6.6	3.3	2.2	1.65	1.32	1.1

(　　　　　　　　　　)

❹ さとしさんたちは調理実習でカレーライスをつくることになりました。予定では，1食あたり160gのごはんに，ごはんの重さの$\frac{3}{4}$のカレーをかけることにしていましたが，カレーが少なかったので，実際のカレーライスの1食分の重さは，はじめに予定していた1食分の重さの$\frac{1}{7}$だけ軽くなってしまいました。実際のカレーライスの1食分の重さは何gになりましたか。(式・答え各5点)

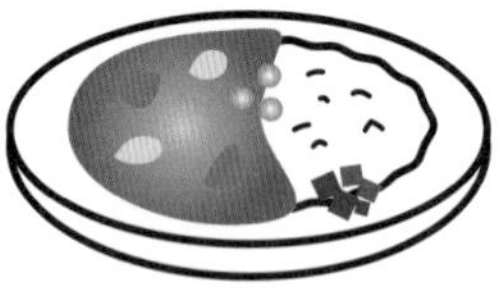

[式]

答え (　　　　　　　)

❺ 赤，白，ピンク，青，黄の5本の花があります。このとき，次の問いに答えなさい。

(各5点)

(1) 5本の花の中から2本を選び，テーブルの右のはしと左のはしに1本ずつかざるとき，かざり方は何通りありますか。

(　　　　　　　)

(2) 5本の花の中から2本を選ぶとき，選び方は何通りありますか。

(　　　　　　　)

まとめテストの問題は次ページに続きます。≫≫

まとめテスト 算数

目標時間 40分

得点

／100点

▶答えは『答えと考え方』の18，19ページにあります。

1 次の計算をしなさい。（各５点）

（1） $\frac{7}{8} \times \frac{16}{21}$

（2） $1\frac{1}{3} \div 3\frac{1}{5}$

（3） $2\frac{1}{4} \div 1\frac{3}{4} \div \frac{3}{7}$

（4） $1.5 \times 1\frac{1}{5} \div 0.7$

2 1mの値段《ねだん》が x 円の布を 3m と，300 円の糸を買って，2500 円はらったときのおつりを考えます。このとき，次の問いに答えなさい。

（1） おつりを求める式を，x を使って表しなさい。（5 点）

（　　　　　　　　　　）

（2） 布 1m の値段が 680 円のとき，おつりは何円ですか。（式・答え各５点）

［式］

答え（　　　　　　）

「まとめテスト」にチャレンジしよう！

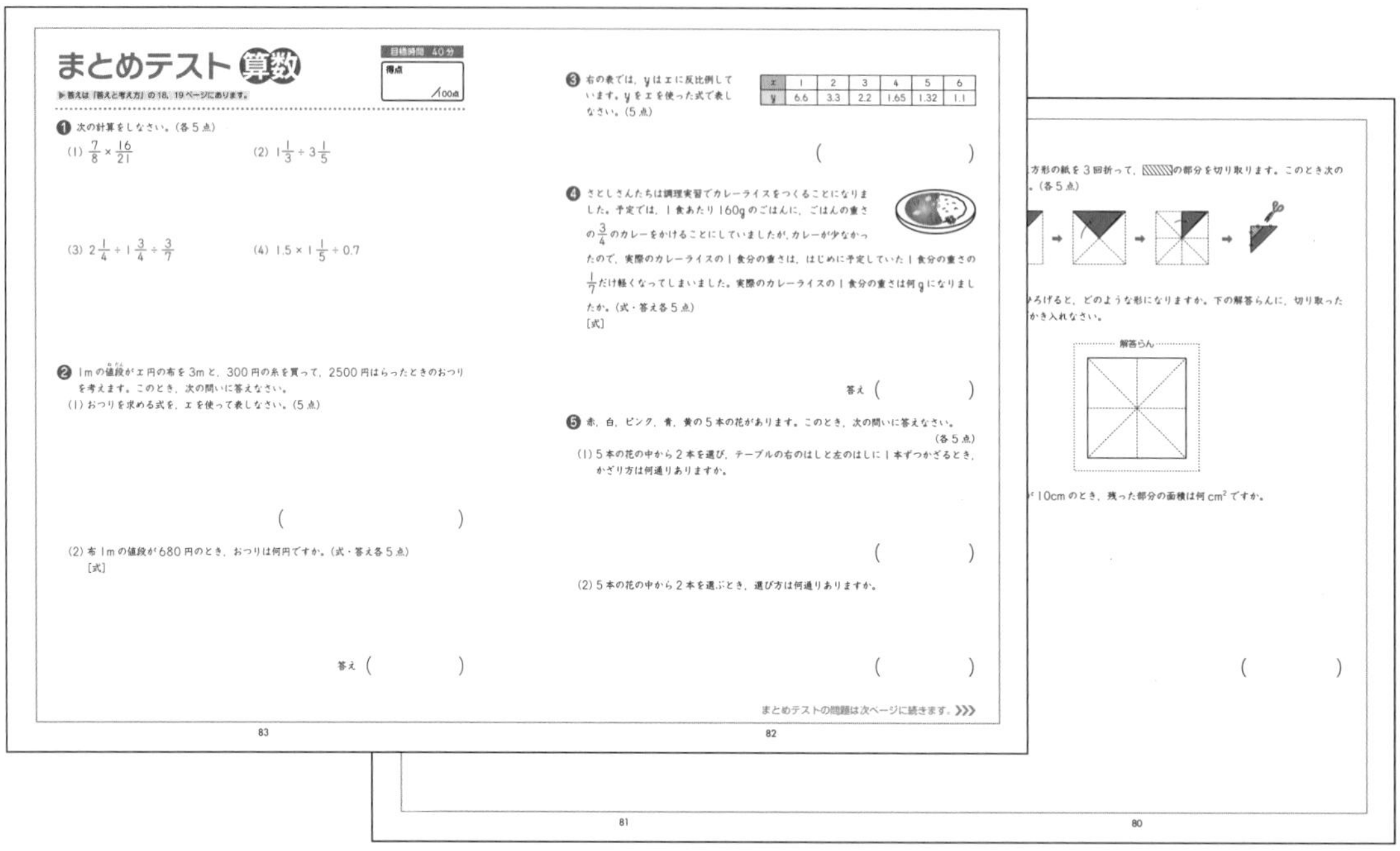

まとめテスト 算数

目標時間 40分

得点　　／100点

▶答えは『答えと考え方』の18，19ページにあります。

❶ 次の計算をしなさい。(各5点)

(1) $\frac{7}{8} \times \frac{16}{21}$　　(2) $1\frac{1}{3} \div 3\frac{1}{5}$

(3) $2\frac{1}{4} \div 1\frac{3}{4} \div \frac{3}{7}$　　(4) $1.5 \times 1\frac{1}{5} \div 0.7$

❷ 1mの値段《ねだん》がx円の布を3mと，300円の糸を買って，2500円はらったときのおつりを考えます。このとき，次の問いに答えなさい。

(1) おつりを求める式を，xを使って表しなさい。(5点)

(　　　　　)

(2) 布1mの値段が680円のとき，おつりは何円ですか。(式・答え各5点)

[式]

答え (　　　　)

❸ 右の表では，yはxに反比例しています。yをxを使った式で表しなさい。(5点)

x	1	2	3	4	5	6
y	6.6	3.3	2.2	1.65	1.32	1.1

(　　　　　)

❹ さとしさんたちは調理実習でカレーライスをつくることになりました。予定では，1食あたり160gのごはんに，ごはんの重さの$\frac{3}{4}$のカレーをかけることにしていましたが，カレーが少なかったので，実際のカレーライスの1食分の重さは，はじめに予定していた1食分の重さの$\frac{1}{7}$だけ軽くなってしまいました。実際のカレーライスの1食分の重さは何gになりましたか。(式・答え各5点)

[式]

答え (　　　　)

❺ 赤，白，ピンク，青，黄の5本の花があります。このとき，次の問いに答えなさい。(各5点)

(1) 5本の花の中から2本を選び，テーブルの右のはしと左のはしに1本ずつかざるとき，かざり方は何通りありますか。

(　　　　)

(2) 5本の花の中から2本を選ぶとき，選び方は何通りありますか。

(　　　　)

まとめテストの問題は次ページに続きます。»»

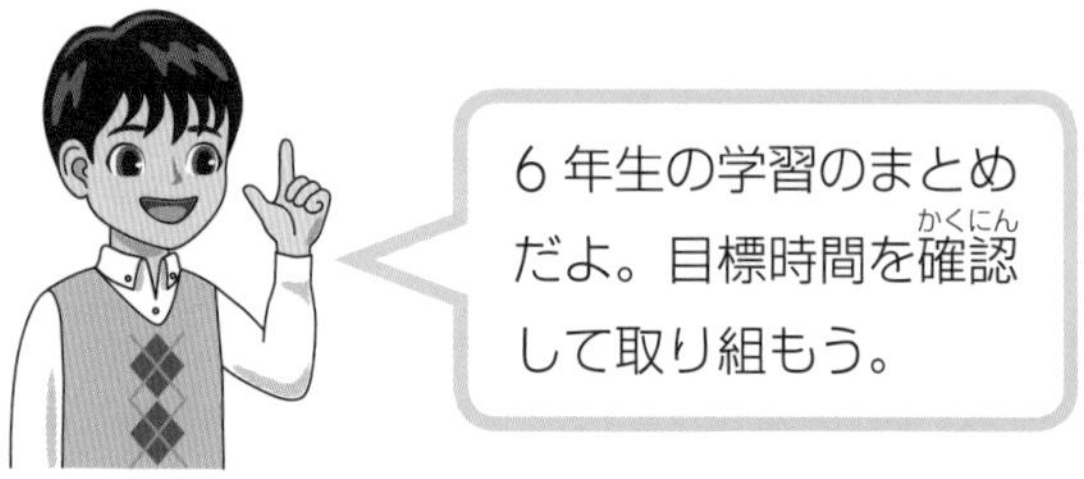
6年生の学習のまとめだよ。目標時間を確認《かくにん》して取り組もう。

			目標時間
■ 国語	……………	72 ～ 75 ページ	《50 分》
■ 社会	……………	77 ～ 76 ページ	《30 分》
■ 理科	……………	79 ～ 78 ページ	《30 分》
■ 算数	……………	83 ～ 80 ページ	《40 分》

「まとめテスト」の取り組み方

・全部の回が終わったら「まとめテスト」に取り組もう。
・テストは，国語・算数・理科・社会の４教科あるよ。
・４教科まとめてやってもいいし，何日かに分けて取り組んでもいいよ。
・わからないところは，調べながら解いてもいいよ。
・終わったら，『答えと考え方』を参考にして自分で丸をつけてみよう。

これで中学生になってもバッチリだね。

第4回　将来《しょうらい》の夢をスピーチしよう

学習日
月　日

なりたい職業について，けんたがスピーチをしているよ。まずは，英文を見ながら聞いてね。そのあと，英文を一文ずつ読むので，あとに続けてくり返そう。

音声DL 06
聞いてみよう

Hi, class.
What do you want to be?
I want to be a chef.
I can cook well.
Thank you.

こんにちは，クラスのみんな。
みんなは何になりたいですか？
ぼくはシェフになりたいです。
ぼくは上手に料理をすることができます。
（スピーチを聞いてくれて）ありがとう。

I can ～ . は，「わたしは／ぼくは～することができます。」と言うときに使う表現だよ。

✱書いてみよう，話してみよう

きみは将来，何になりたいかな？　上の英文を参考にして完成させよう。なりたい職業は，88～89ページを参考にして書き写そう。のっていない場合は，自分で調べて書いてみよう！

Hi, class.
What do you want to be?
I want to be [　　　　　　　　　　].
Thank you.

「a・e・i・o・u」に似た音で始まる場合には，前に a ではなく，an をつけるよ。

＊くわしく見てみよう！

音声DL 05 聞いてみよう

■ What do you want to be? は，将来について「何になりたいですか？」とたずねる表現だよ。

What do you want to be?

意味 何になりたいですか？

たずねる文には？「クエスチョンマーク」をつけるよ。

ココも大切！

What は「何」とたずねるときによく使うよ。

■ 答えるときは，I want to be ～. を使ってこう言うことができるよ。

I want to be
- **a soccer player.**
  意味 サッカー選手になりたいです。
- **a teacher.**
  意味 先生になりたいです。
- **an announcer.**
  意味 アナウンサーになりたいです。

ふつうの文には．「ピリオド」をつけるよ。

ココも大切！

・なりたい職業を表す単語の前に，「１人の」を表す a をつけるよ。
・「a・e・i・o・u」に似た音で始まる単語の前は an をつけるよ。

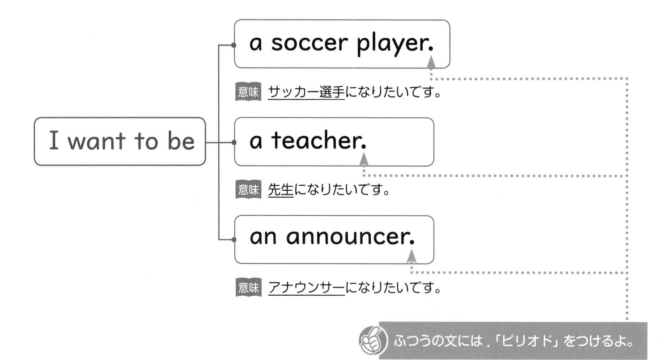

第3回 将《しょう》来《らい》の夢について話そう

学習日　月　日

ALTの先生とクラスのみんなが，将来の夢について話しているよ。みんなは大人になったら，何になりたいのかな？

音声DL 04 聞いてみよう

⑨ mechanic

機械工

mechanic

⑩ nurse

看護師《かんごし》

nurse

⑪ pastry chef

パティシエ

pastry chef

⑫ pilot

パイロット

pilot

⑬ police officer

警察官《けいさつかん》

police officer

⑭ singer

歌手

singer

⑮ soccer player

サッカー選手

soccer player

⑯ teacher

先生

teacher

■ 職業を表す単語は，どれも男の人，女の人の両方に使えるよ。
男性の警察官も police officer だし，男性の看護師も nurse だよ。

■ 人気の職業，保育士は，
nursery school teacher と言うよ。
nursery school は「保育園」という意味だよ。

英語

第2回 職業を表す単語

学習日　　月　　日

いろいろな職業を，英語ではこんなふうに言うよ。音声といっしょに発音し，うすい文字をなぞってみよう。そのあとで，4 線に書いてみよう。

書いてみよう　音声DL 03 聞いてみよう

❶ announcer

アナウンサー

announcer

❷ astronaut

宇《う》宙《ちゅう》飛行士

astronaut

❸ baker

パン屋さん，パンを焼く人

baker

❹ carpenter

大工

carpenter

❺ chef

シェフ

chef

❻ dentist

歯科医

dentist

❼ doctor

医者

doctor

❽ firefighter

消防士

firefighter

＊英語の文の書き方のきまり

英語の文を書くときのルールを見てみよう。うすい文字をなぞってみてね。

音声DL 02 聞いてみよう

単語の書き方

cat （ねこ）

単語は小文字で書きます。文字の間をつめすぎたり，あけすぎたりしないようにしましょう。

Mary （メアリー：女の子の名前）

人の名前や国名，地名などは，大文字で書き始めます。

英文を書くときの基本的なきまり

単語と単語の間は小文字 1 文字分くらいあけます。

How are you? （元気？）

最初の文字は，大文字で書き始めます。

質問する文の終わりには，？(クエスチョンマーク) をつけます。

2 つの単語をまとめて 1 つに書くときには，’(アポストロフィ) をつけます。

例）I am → I’m

I’m fine, thank you. （元気だよ。ありがとう。）

文の終わりには，.(ピリオド) をつけます。

「わたしは」を表す I は，文の最初だけでなく，文のどこにあっても大文字で書きます。

Yes, I am.

Yes ／ No のあとに I am ／ I’m not などが続く場合は，,(カンマ) がつきます。

上の文は，Are you ～？（あなたは～ですか？）と聞かれたときに，「はい，そうです。」と答える文だよ。

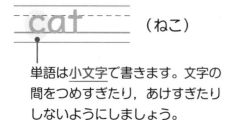

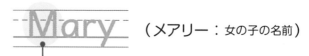

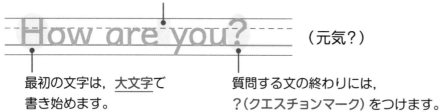

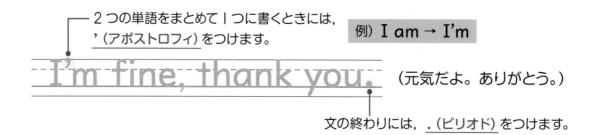

第1回 アルファベット・書き方

学習日

月　日

書いてみよう

「アルファベット」には，大文字と小文字があるよ。まずは，うすい文字をなぞってみよう。その次に，書いてみよう。

音声DL 01 聞いてみよう

A a A a

C c C c

E e E e

G g G g

I i I i

K k K k

M m M m

O o O o

Q q Q q

S s S s

U u U u

W w W w

Y y Y y

B b B b

D d D d

F f F f

H h H h

J j J j

L l L l

N n N n

P p P p

R r R r

T t T t

V v V v

X x X x

Z z Z z

※大文字と小文字で同じ形のものは，書き順を省略《しょうりゃく》しています。

※書き順にきまりはなく，ここでは１つの例を示しています。

英語

※英語はワーク形式のため『答えと考え方』はありません。

マークについて

音声DL 01 聞いてみよう …… 音声を聞いてみましょう。
音声の聞き方については下記をご覧《らん》ください。

書いてみよう …… 文字をなぞったり，４線に書いてみたりしましょう。

…… おさえておきたいポイントです。

ココも大切！ …… さらに，覚えておきたい注意点をまとめました。

音声の再生方法について（おうちの方へ）

■ ダウンロード（パソコン）
https://www.zkai.co.jp/books/wkwk-6onsei/
お手持ちのパソコンからアクセスしてください。

■ ストリーミング（タブレット・スマートフォン）
右記のコードからアクセスしてください。

音声DL 01 聞いてみよう は音声ファイルのファイル番号に対応しています。マークの数字が「01」の場合は音声ファイル 01 をお聞きください。

おうちの方へ

算数　教科書内容対照表

授業動画は
こちらから

まだ習っていないところは，学校で習ってから復習としてお使いください。

	教科書のページ					
	東京書籍	啓林館	学校図書	日本文教出版	教育出版	大日本図書
第 1 回 文字と式	24～32 ページ	26～35 ページ	22～33 ページ	34～40 ページ	10～19 ページ	51～59 ページ
第 2 回 分数と整数のかけ算とわり算	34～40 ページ	36～39 ページ	34～46 ページ	10～16 ページ	22～33 ページ	26～38 ページ
第 3 回 分数のかけ算とわり算	41～52 ページ 54～74 ページ	42～57 ページ 58～71 ページ	47～76 ページ 80～81 ページ	42～56 ページ 58～74 ページ	52～79 ページ	91～105 ページ 107～124 ページ
第 4 回 比	76～88 ページ	112～123 ページ	132～143 ページ	112～124 ページ	149～159 ページ	138～149 ページ
第 5 回 拡大図と縮図	92～103 ページ	128～143 ページ	144～159 ページ	126～141 ページ	160～173 ページ	152～167 ページ
第 6 回 比例と反比例	138～162 ページ	148～177 ページ	160～181 ページ	144～165 ページ	116～138 ページ	169～190 ページ
第 7 回 対称な図形	8～23 ページ	10～25 ページ	86～103 ページ	18～32 ページ	34～48 ページ	10～25 ページ
第 8 回 円の面積	104～118 ページ	94～103 ページ	104～119 ページ	76～86 ページ	100～115 ページ	39～49 ページ
第 9 回 場合の数	164～173 ページ	186～197 ページ	10～21 ページ	88～97 ページ	180～191 ページ	125～134 ページ
第 10 回 資料の調べ方	176～197 ページ	72～87 ページ	184～207 ページ	170～193 ページ	82～99 ページ	60～80 ページ
第 11 回 立体の体積	120～127 ページ	104～111 ページ	120～131 ページ	104～110 ページ	140～147 ページ	81～88 ページ

答えと考え方

Z会 小学生わくわくワーク

総復習&中学さきどり編 6年生

冊子《さっし》をつかんで，
少し力を入れて引っぱってね。
別冊《べっさつ》として使《つか》えるよ。

答えと考え方

★ 自分の答えと『答えと考え方』をくらべて，どのようなまちがいをしたのかや，正しい考え方を確認《かくにん》しましょう。

★ 正解した問題も，考え方が合っているか，ほかの考え方があるかなどを確かめるために，「考え方」を読みましょう。

★ 答え合わせが終わったら，「得点」を記入しましょう。

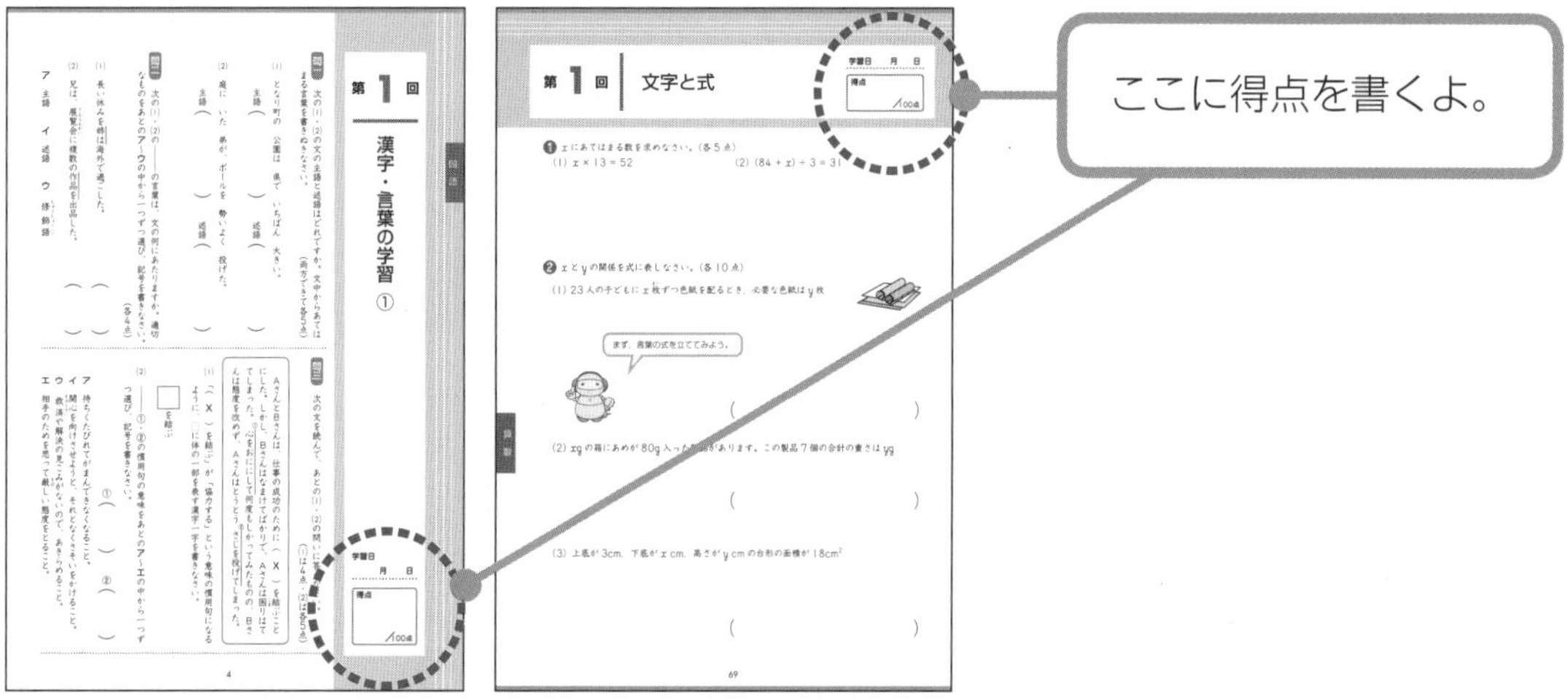

目次

算数・理科・社会は後ろから始まるよ。

国語 第1回 漢字・言葉の学習①

考え方

問一　文の中の「何が（は）」「だれが（は）」にあたる言葉を主語、「どうする」「どんなだ」「何だ」「ある（ない）」にあたる言葉を述語といいます。主語と述語を同時に考える問題では、述語を先に探《さが》し、そのあとでそれに対応する主語を探すようにするとよいでしょう。

多くの場合、述語は文の終わりにあるから探しやすいよ。

問二　(1)「姉は」は、文の中で「だれは」にあたる言葉なので主語ですね。

(2)「修飾語《しゅうしょくご》」とは、「どんな」「どのように」「どこに」「いつ」「何を」など、主語や述語にかかって、それをくわしくして意味をはっきりさせる言葉です。「作品を」という言葉は、述語である「出品した」をくわしくしている修飾語です。

問三　(1)慣用句とは、二つ以上の語がひとかたまりになって、ある特別な意味を表す言葉です。「手を結ぶ」は、協力して物事を行うという意味の慣用句です。体の一部を表す漢字を使った慣用句はたくさんありますが、ここで「手」を使った慣用句を確認《かくにん》しておきましょう。

・手に余る…自分の力では解決できない。
・手を切る…今まであった関係を断つ。
・手をぬく…しなければならないことをしっかりとせず、いいかげんに済《す》ます。

(2)慣用句の意味を知らない場合は、それぞれの言葉が文の中でどのように使われているのかをふまえて考えます。

「AさんとBさんが手を組むが、Bさんがなまけてばかりいる→心をおににしてしかる」という文脈ですから、①の意味は**エ**「相手のためを思って厳しい態度をとること」です。そのあと「Bさんをしかるが、態度が改まらない→Aさんはさじを投げる」という流れなので、②の意味は**ウ**「救済や解決の見こみがないので、あきらめること」です。これを機に意味を覚えておきましょう。

問四　(1)の意味のことわざは**イ**「えびでたいをつる」、(2)の意味のことわざは**エ**「能あるたかはつめをかくす」です。**ア・ウ**も確認しましょう。

・あぶはちとらず…あれもこれもと欲《よく》ばると、結局何も得られないということ。
・弘法《こうぼう》は筆をえらばず…名人や達人は道具のよしあしによらず、優《すぐ》れた仕事をするものだということ。

なお、「あぶはちとらず」とほぼ同じ意味を表すことわざとして「二《に》兎《と》を追う者は一兎をも得ず」があります。

問五　例文を作るのが難《むずか》しい場合は、国語辞典にのっている文を参考にしてもよいでしょう。

問六　音読みが同じ漢字は、「欲（ヨク）」と「浴（ヨク）」、「批（ヒ）」と「比（ヒ）」、「簡（カン）」と「間（カン）」のように、漢字の中に同じ部分をもつ場合があります。今回の問題にはありませんが、書きまちがえないように注意しましょう。

答え

問一　(1)（主語）公園は　（述語）大きい
(2)（主語）弟が　（述語）投げた

問二　(1)**ア**　(2)**ウ**

問三　(1)手　(2)①**エ**　②**ウ**

問四　(1)**イ**　(2)**エ**

問五　(1)例弟には勝てるだろうと高をくくっていたら、負けてしまった。
(2)例長い時間をかけて立てた計画が水のあわになった。

問六　(1)①欲　②翌
(2)①優　②郵
(3)①批　②秘
(4)①簡　②巻

国語　第2回　説明文の読み取り①

考え方

問一　接続語の問題では、前後の文のつながりに注目するようにしましょう。

（　Ａ　）の前では「犬には発声学習（＝耳から聞いた音声をまねて発音する行動）ができない」と述べ、あとでは「オウムや九官鳥は人間のことばをまねする能力がある」と述べています。反対の内容になっていますから、「しかし」があてはまります。また、（　Ｂ　）のあとでは、（　Ｂ　）の前の段落《だんらく》内容を端的《たんてき》にまとめていますから、「つまり」があてはまります。

問二　(1)「発声学習の能力をもつことがはっきりしている動物」は鳥類・鯨類《げいるい》・ヒトであり、これらの動物は、発声学習の能力をもたない動物にはできないことができるのですね。読み進めていくと、次の一文が見つかります。

> 発声学習できる動物とできない動物とでは、どこがどうちがうのでしょう？（24〜25行目）

この問題提起の一文を手がかりに、発声学習できる動物の共通点をとらえましょう。この一文の直後だけでなく、26行目からの段落全体から読み取ることが大切です。

> ・じつは、発声学習できる動物には「息を止めることができる」という共通点があります。（26〜27行目）
> ・……発声学習しない動物はみな、自分の意思で息を止めることができないのです。一方、発声学習できるオウムや九官鳥、イルカ、クジラ、ヒトなどは、自分の意思で自由に息を止めたり吸ったりできます。（29〜32行目）

ここから、発声学習できる動物は「自分の意思で自由に息を止めたり吸ったりすること」ができるのだとわかります。「自由に呼吸を制御《せいぎょ》すること」「呼吸をコントロールすること」など、同じ内容を書けていれば正解です。「息を止めること」としても正解ですが、「自分の意思で」「息を吸う」という要素をふくめるとよりよいでしょう。

(2)33行目からの段落に注目しましょう。

> なぜ発声学習できる動物だけが自由に呼吸を制御できるのでしょう？　その理由として、「息を止める機能をもつことで、生存に有利になった」からだと考えられます。（33〜35行目）

また、この次の段落には、鳥やクジラの具体的な例が述べられています。鳥やクジラは、(1)のような機能がなければ生き残ることが難《むずか》しい環境《かんきょう》で生きており、この能力が高いほど「生存に有利」になるのです。

問三　発声学習ができるということは、耳から聞いた音声をまねて発音することができるということです。この能力をもつ動物について述べた10行目からの段落をもう一度見てみましょう。

> ……オウムや九官鳥は人間のことばをまねする能力があります。……オウムや九官鳥は「おすわり」という鳴き声の出し方を学習できるのです。

自由に呼吸を制御できれば「鳴き声」をコントロールすることができ、だから発声学習が可能になるのですね。答えは「鳴き声」です。

問四　**ア・イ**については、問題文に記述がありません。「サルの仲間である霊長類《れいちょうるい》のなかでは、ヒトだけしか発声学習ができません」（22〜23行目）とありますから、**ウ**も誤《あやま》りです。**エ**については、「多くの動物は、生まれつき出せる鳴き声が決まっており、新たな鳴き声の出し方を学ぶことはできません」（5〜7行目）と述べられていますね。**エ**が答えです。

答え

問一　**ウ**

問二　(1)自分の意思で自由に息を止めたり吸ったりすること。　(2)生存に有利

問三　鳴き声

問四　**エ**

国語 第3回 漢字・言葉の学習②

考え方

問一　二字熟語の組み立てを考えるときは、上の漢字と下の漢字の関係に注目します。

(1)の「新緑」は「新しい緑」、(7)の「曲線」は「曲がった線」という意味ですから、上の漢字が下の漢字を修飾《しゅうしょく》（説明）する関係にあります。

(2)の「開閉」は、「開ける」と「閉める」という反対の意味の漢字を組み合わせていますね。

(3)の「道路」の「道」と「路」は、どちらも「みち」という意味の漢字です。「国道」「道程」、「路面」「迷路」など、熟語を思いうかべると漢字の意味がとらえやすくなります。また、(9)の「豊富」の「豊」と「富」は、どちらも「たくさんある」「ゆたか」という意味の漢字です。この二つは、似通った意味の漢字を組み合わせた熟語です。

(4)の「乗車」は「車に乗る」、(8)の「着席」は「席に着く」という意味です。下の漢字が上の漢字の目的を表していますね。

(5)の「無限」と(10)の「不便」は、「無」「不」という打ち消しの意味をもつ漢字が、下の漢字の意味を打ち消すという関係になっています。

(6)の「人造」は「人が造る」と読むことができます。「人」が主語、「造」が述語という関係になっていますね。

問二　三字熟語の組み立てには、「一字＋二字」「二字＋一字」「一字＋一字＋一字」の三つがあります。それぞれどこで意味が切れるのかを考えてみましょう。

問三　(1)この意味から、「あわててうろたえる様子」をたとえる言葉として使われます。

(2)「一日千秋」「四苦八苦」「十人十色」など、四字熟語には数字をふくむものがたくさんあります。セットにして覚えておくとよいでしょう。

(3)「単刀」を「短刀」などとまちがえないように注意しましょう。

問四　「とる」や、**問五**の「手」のように、一つの言葉（単語）で二つ以上の意味をもつ言葉を多義語といいます。どの意味で使われているかについては、文中での前後関係をよく確かめて判断する必要があります。国語辞典の用例などをヒントにしてもよいですね。

国語辞典を使って、「とる」や「手」を調べてみよう。いろいろな意味があることがわかるよ。

問五　言葉は、もともとの意味で使われる他、比《ひ》喩《ゆ》として使われる場合があります。「手」のもともとの意味は「かたから指先までをふくむ体の部分」ですが、そこから転じてさまざまな意味で使われます。他にも次のような意味がありますね。

- 手を使う動作や作業。例手を休める。
- 他人との関係。例手を結ぶ。
- 世話・めんどう。例手がかかる。
- そのことをする人。例聞き手。

問六　国語辞典を引き、それぞれの漢字をどのようなときに使うか確かめておきましょう。

答え

問一　(1)ウ　(2)ア　(3)イ　(4)エ　(5)カ　(6)オ　(7)ウ　(8)エ　(9)イ　(10)カ

問二　(1)経済／的　(2)入場／券　(3)新／発売　(4)不／注意

問三　(1)右（往）左（往）　(2)一（石）二（鳥）　(3)単刀（直入）

問四　(1)ウ　(2)ア　(3)イ

問五　①エ　②イ　③ア

問六　(1)①潮　②塩　(2)①暖　②温　(3)①誤　②謝　(4)①勤　②務　(5)①破　②敗

国語 第4回

物語の読み取り①

考え方

問一 「まるで精密機械のように走れる」という評価からは、「冷静」「おちついている」といった性格が思いうかびますが、正信《まさのぶ》自身は「自分のことをもうすこしちがう見方をしていた」のですね。この次の部分を見てみましょう。

> ほんとうはおくびょうで、ちょっとしたことでもびくびくして、きもちが動《どう》ようする。それをなんとかしたいから、一生懸命《いっしょうけんめい》おちついて、ものごとに対応しているだけだ。(3〜6行目)

正信は、自分は「おちついたふり」をしているだけで、実際は傍線《ぼうせん》部分のような性格だと思っているのです。この部分が答えです。

問二 「俊一《しゅんいち》からたすきを受けとるとき」ということは、まさにこれから自分が走らなければならないという場面です。このあとを確認《かくにん》しましょう。

> ちゃんと走れるだろうか。とちゅうで腹痛でもおこして、ぶざまなことになりはしないだろうか。そんなことばかりを、きのうからかんがえていた。(10〜12行目)

正信の心の中は、「ちゃんと走れるだろうか」という不安でいっぱいだったのですね。まずは「ちゃんと走れるだろうか」という正信の思いをおさえたうえで、「不安」「心配」「緊張《きんちょう》」などの言葉をつけ加えられていればよりよいでしょう。

「ほんとうはおくびょうな性格だから。」などの答えは、解答として十分ではありません。このとき正信の心をしめていた「ちゃんと走れるだろうか」という不安を説明しましょう。

問三 19行目からの流れをおさえましょう。

> 自分のペースをわすれ、予定よりスピードをあげていた。
> ↓ペースをもどそうとしたとき、観客の中に山《やま》本《もと》美《み》智《ち》乃《の》をふくむクラスの女子を見つけた。
> ↓スピードを、またもとにもどした。

また、このあと、正信は山本美智乃について「……ようするに、大好きだった」(25〜26行目)と述べています。つまり、スピードをもとにもどしたのは、大好きな山本美智乃が自分を見ていることに気づいたからなのですね。正信は、好きな女の子の前でよいところを見せたかったのです。

「クラスの女子が見ていることに気づいたから。」などの解答は、正信がスピードをもとにもどしたきっかけを説明してはいますが、一歩ふみこみ足りません。「好きな女の子に自分のよいところを見せたい」という心情をふくめましょう。

問四 「いっきにふたりを追いぬき、二位へとあがった」(28〜29行目)正信の気持ちを考えます。「きっと美智乃たちは、大喜びしているはずだ」(29行目)とあるように、彼女《かのじょ》たちによいところを見せることのできた正信は、内心「うまくいったぞ!」と思ったにちがいありません。(　A　)には、「思いどおりになって満足する」といった意味の**ウ**「にんまりしながら」が入ります。

「やきもき」とは、「気持ちがいらいらする様子」、「うずうず」とは、「何かをしたくておちつかない様子」を表す言葉だよ。

問五 同じ言葉のくり返しには、強調の効果があります。女の子にみえを張ったがために、走り続けることがつらくなった正信は、自分は「ばかなやつ」だとくやみ、「はずかしいことだ」と思ったのですね。「……なんて」とくり返すことにより、正信の自分をはじる心情を強調しているのです。

答え

問一 最初=おくびょう
最後=動ようする

問二 自分がちゃんと走れるだろうかとかんがえると、不安でたまらなかったから。

問三 大好きな女の子の前でよいところを見せたかったから。

問四 **ウ**

問五 **イ**

国語 第5回 漢字・言葉の学習 ③

考え方

問一 まずは、敬語の種類を確認《かくにん》しましょう。

・尊敬語
→相手や話題になっている人を高めることによって、その人に対する自分の尊敬の気持ちを表現する言葉。
・けんじょう語
→自分がへりくだって、ひかえめな態度をとる（＝けんそんする）ことによって、相手や話題になっている人を敬《うやま》う気持ちを表現する言葉。
・ていねい語
→聞き手や読み手に敬意を表して、ていねいに表現する言葉。

どの敬語を使うかを判断するときは、その動作の主語がだれかを考えましょう。それが敬うべき相手の動作であれば「尊敬語」、自分や身内の動作であれば「けんじょう語」を使います。

(1)「うかがう」は「訪《おとず》れる」のけんじょう語、(2)「おもどりになる」は「もどる」の尊敬語です。それぞれの主語もヒントになりますね。また、(3)「ます」はていねい語です。この他、「ございます」などもていねい語にあたります。

問二 (1)「母」という身内が主語の文ですから、「近所の人」に対する敬意をけんじょう語で表しましょう。「やる」のけんじょう語は、「さしあげる」です。なお、「やる」の対義語「もらう」のけんじょう語は「いただく」ですね。

(2)「読む」のは「校長先生」の動作ですから、尊敬語を使って表します。「読む」を尊敬語にすると、「お読みになる」「読まれる」となります。

動作の主語に注目すると、尊敬語・けんじょう語のどちらを使うべきかわかるね。

問三 文をよく読み、「お客様」の動作に対しては尊敬語、「私」や「母」の動作に対してはけんじょう語が使われているかを確かめましょう。

・母がうでによりをかけて作った夕食をお出しすると、それをいただいたお客様は……。
・母はうれしそうに、……とお客様にお答えになった。

母が作った夕食を食べたのはお客様ですから、「いただいた」ではなく、「めしあがった」とするのが適切です。また、お客様の問いに答えたのは母ですね。したがって、「お答えになった」ではなく、「お答えした」とするのが適切です。

問四 (1)接続語の問題は、その前後のつながりを考えましょう。（ X ）の前後では、「いっしょに練習をしてくれるうえに、ぼくの家までむかえにきてくれる」と、前に書かれている事柄《ことがら》にあとの事柄をつけ加えていますから、「しかも」があてはまります。

(2)「すると」は、前の事柄があとの事柄の理由・原因となり、そこから予想される結果があとに続く接続語です。「マラソンが苦手なぼくが毎朝走る練習をしたら、走ることが好きになった」というのが、予想される結果ですね。

(3)最後の一文の「ところで」が誤《あやま》りです。「後藤くんとの練習のおかげで、ぼくは楽しく走ることができた。だから、後藤くんに感謝している」など、順接の接続語でつなぐのが適切ですね。

問五 まちがえたものはしっかり復習しましょう。

答え

問一 (1)イ (2)ア (3)ウ

問二 (1)さしあげました (2)お読みになる（読まれる）

問三 ・いただいた→めしあがった ・お答えになった→お答えした

問四 (1)イ (2)ア (3)ところで→例だから

問五 (1)異なる (2)疑う (3)厳しい (4)染まる (5)縮まる (6)届く (7)補う (8)痛い (9)忘れる

国語 第6回 説明文の読み取り②

考え方

問一 穀物の定義について「はっきりしていることは次の二つです」（5行目）とありますから、この二つを探《さが》しながら読み進めましょう。波線を引いた言葉がヒントになりますね。

> ・一つは、いま述べたように、穀物と呼ばれる植物たちは、どれもさいばい植物、つまり人間が作った植物だということです。（6～7行目）
>
> ・さて、穀物と呼ばれる植物に共通なもう一つの性質は、彼《かれ》らがどれも一年生植物（一年草）だということです。（21～22行目）

傍線《ぼうせん》部分が答えです。「～こと。」「～性質。」などとまとめましょう。

問二 「共存」とは、「二つ以上のものがいっしょに生きていること」です。直前に「その意味で」とありますから、この前の部分を確認《かくにん》します。

> さいばい植物は、自力では生きてはゆけません。人間が種子をまき、そして収穫《しゅうかく》してまたそれをまくというじゅんかんができてはじめて、世代をこえて生きてゆくことができるのです。（7～10行目）

人間がさいばい植物を育てているのは、収穫した作物を食べるためです。いっぽう、作物は人間が手を貸すことで世代をこえて生きていけるのですね。つまりここでは、人間と作物が協力し合いながら生きていることを「共存関係」と言っているのです。したがって、**エ**が答えです。

問三 ――③のあとを見ていきましょう。

> 彼らは、その生存に、人間の手助けを必要としません。とはいえ……どんな野生植物も多少なりとも人間とのかかわり（＝**Y**）の中で生きています。人間とまったく無関係（＝**X**）に生きている完全な野生植物は、今はもうほとんど存在しません。（16～20行目）

野生植物は本来、人間の手助けなしに生きられる植物ですが、自然環境《かんきょう》の変化とともに生き方が変わってきたのですね。傍線部分が答えです。

問四 （ **A** ）の前後を確認しましょう。

> どんぐりができるカシやシイなどはその代表的なものです。（ **A** ）、コムギなどは年をまたいでさいばいされるので、越年生《えつねんせい》あるいは二年生などといわれることもありますが……。（25～27行目）

種子にデンプンをたくわえる植物として「カシやシイ」があげられ、それに続ける形で「コムギ」について述べられていますから、並立《へいりつ》（並列）を表す**イ**「また」が適切です。

問五 **問一**で、「穀物」に共通な性質として「一年生植物（一年草）であるということ」があると読み取りました。このことが「結果にすぎない」とはどういうことなのかを考えましょう。

〈穀物に適した植物の性質〉
・世代の交代が短い期間に行われるため、品種改良のスピードが速い。
・同じ面積の土地にたくさん植えられる。
↓これらの性質をもつのが一年生植物。

「人間が改良しやすく、より多くの株をさいばいできる」という穀物に適した植物を選んだ結果、それが一年生植物だったのです。

答え

問一 ・さいばい植物（人間が作った植物）であるということ。
・一年生植物（一年草）であるということ。

問二 **エ**

問三 **X**＝人間とまったく無関係
Y＝人間とのかかわり

問四 **イ**

問五 人間が改良しやすく、より多くの株をさいばいできる

国語 第7回 漢字・言葉の学習④

考え方

問一 (1)主語につく「が」「は」や、「ばかり」「こそ」など、他の言葉について語と語の関係を示したり、細かい意味をつけ加えたりする語のことを「助詞《じょし》」といいます。まず、（　X　）の前後では、「私」と「いとこ」の年齢《ねんれい》を比較《ひかく》していますね。こうした場合は「より」を使います。また、（　Y　）をふくむ一文では、「私より年下のいとこでも行けた」という例を示し、「だから、私はもちろん行ける」ということを類推《るいすい》させています。こうした場合は「でも」を使います。

(2)最後の段落《だんらく》に「時間どおりに起きれるかどうかが……」とありますが、「起きれる」ではなく、「起きられる」とするのが正しいですね。「起きれる」は、本来入るべき「ら」がぬけている「らぬき言葉」にあたります。

問二 「ちっとも」や「もし」などは、下に決まった言い方が続く言葉です。「ちっとも…ない」「もし…たら（なら）」という組み合わせになるように、言葉の形を変えましょう。下に決まった言い方が続く言葉には、他に次のようなものがあります。

〈下に決まった言い方が続く言葉〉
- 少しも…ない
  - 例 外の景色が少しも見えない。
- まるで…ようだ
  - 例 兄の泳ぐ姿《すがた》はまるで魚のようだ。
- たとえ…ても（とも）
  - 例 たとえ苦しくてもあきらめない。
- なぜ…か
  - 例 なぜ君は努力をしないのか。
- たぶん…だろう
  - 例 明日はたぶん晴れるだろう。

問三 (1)主語と述語が対応していないことを「ねじれ」といいます。この文の主語は「スポーツは」ですから、それに対応するように直す場合、述語は「野球です」とするのが適切です。

(2)主語は「私は」ですから、それに対応する「思う」「考える」などの述語を補《おぎな》う必要があります。この文には、「私は↓思う」「みんなが↓反対した」「意見は↓正しい」と、三組みの主語・述語があります。主語と述語の組みが多い文はねじれやすいため、気をつけましょう。

問四 音読みが同じ漢字は、「暑・署《しょ》（「者」が共通）」のように共通する部分をもっている場合があります。書きまちがいに注意しましょう。

問五 たとえば「迷子《まいご》」の場合、「迷」の漢字を「まい」と読むわけではありません。あくまでも「迷子」という熟語の単位で「まいご」と読むのです。出てくるたびごとに、一つずつ覚えていきましょう。

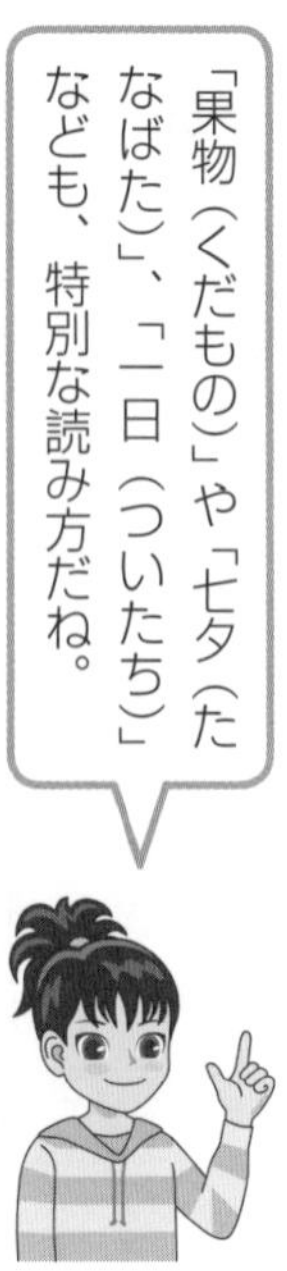
「果物（くだもの）」や「七夕（たなばた）」、「一日（ついたち）」なども、特別な読み方だね。

問六 (1)は「貝」、(2)は「月」、(3)は「隹」、(4)は「阝」の部分がそれぞれ共通しています。

答え

問一 (1) X＝ウ　Y＝エ　(2) 起きれる↓起きられる

問二 (1) わからない　(2) 晴れたら（晴れたならば）

問三 (1) 野球です　(2) 彼の意見は正しいと思う

問四 (1) 原↓源　(2) 暑↓署　(3) 臓↓蔵　(4) 拝↓俳

問五 (1) まいご　(2) かわら　(3) まじめ　(4) えがお　(5) めがね

問六 (1) エ・①貴　②賃　(2) ア・①胸　②脳　(3) イ・①雑　②難　(4) ウ・①陛　②除

国語 第8回 物語の読み取り②

考え方

問一 (1)ハルは、今までキャッチャーボックスから樹里《じゅり》を見ていましたが、外野に立ったとき、今までの樹里に対する印象が変わったのです。ハルにとっての「今までの樹里」と、「初めて見えてきた樹里」とを対比して考えましょう。

マウンドに一人立つ樹里の後ろ姿は孤独《こどく》だった。勝気なひとみが見えないぶん、素《す》の樹里がすけて見える気がした。まるで、迷子《まいご》の子どもが懸《けん》命《めい》にかたをいからせて、泣くのをがまんしているように見える。（3～6行目）

外野に立ち、後ろから樹里を見たハルは、初めて樹里の「孤独」に気づきます。「迷子の子ども」という表現から、本当は不安で泣き出しそうな姿が思いうかびますね。一方、キャッチャーボックスから樹里の顔を正面に見ると、樹里の「勝気なひとみ」が見えるため、ハルは今まで樹里のことを「勝気」だと思っていたのです。「迷子の子ども」と対照的であり、「勝気」と並《なら》ぶ六字の表現を探《さが》すと、次の部分が見つかります。

いつもクールで無口な樹里が、こんなに熱くなるのを初めて見た。（25～26行目）

「クール」とは、「冷静で物事に動じない様子」を表す言葉です。「迷子の子ども」とは対照的な表現ですね。「クールで無口」が答えです。

(2)「まるで、迷子の子どもが懸命にかたをいからせて、泣くのをがまんしているように見える」という表現から、ハルの考えている「樹里の別の姿」を読み取ります。ハルは、「クールで無口」な樹里の姿は部員たちの前でとりつくろったものに過ぎず、樹里が本当は心細い気持ちでマウンドに立っているのではないかと思ったのですね。答えは**ア**です。

問二 「ギョッとする」とは、思いがけないことに対するおどろきや動揺《どうよう》を表す表現です。樹里は、「かた、痛いんちゃうん？」（12行目）とハルに声をかけられたことに対しておどろき、動揺したのです。ただ、それだけでは解答となりません。

樹里のかたの痛みについては、「トンコはまったく気づいていないようだ」（9行目）とあるように、他の部員は気づいていません。また、ハルに対して「なんで？」と問い返したり、反発したりしていることから、樹里は、自分がかたを痛めていること（＝自分の弱いところ）を周囲に知られたくなかったのだと考えられますね。つまり樹里は、自分がかくしていたことをハルに気づかれてしまったために「ギョッとした」のです。

自分のかたの痛みを「かくしていた」「気づかれたくなかった」「気づかれると思わなかった」という樹里の心情をふまえてまとめましょう。

問三 ハルは、かたを痛めた樹里の姿を「痛々しかった（＝見ていられないほどかわいそう。いたましい。）」（9行目）と感じています。つまり、樹里を純粋《じゅんすい》に心配したのだと考えられます。（ **A** ）には、「心配した」「気づかった」など、樹里に対する心配を書けていれば正解です。

一方、こうしたハルの思いに反して、樹里はハルが別の思惑《おもわく》から声をかけてきたのではないかと考えたのです。

ささの葉のような目がハルをにらむ。思わずあとずさったほどの強さだった。
「なにが言いたいん？　うちをピッチャーの座から引きずり下ろしたいわけ？」（17～20行目）

この部分からは、ハルに対する樹里の反発が感じられますね。「樹里の思考回路」では、ハルが自分をピッチャーの座から引きずり下ろそうとして声をかけてきたということになったのです。ハルにしてみればこのように樹里に疑われたことが予想外だったため、「心底おどろいた」のです。

ハルの気持ちは、樹里にはまっすぐ伝わらないんだなあ。

問四 「沸点《ふってん》」とは、液体が沸騰《ふっとう》するときの温度のことです。ここでは、実際に液体が沸騰しているわけではないため、感情が限界に達したことの比喩《ひゆ》（たとえ）として使われていることがわかります。

この前の部分を見てみましょう。

> 「うちはやめんよ。ハルみたいにすぐににげだすような弱虫とはちがうよ！」
> いつもクールで無口な樹里が、こんなに熱くなるのを初めて見た。パラパラと部員が集まってきた。（23〜26行目）

前書きにあるように、ハルは一度、部活動を休んでいます。樹里は、そのことを「ハルみたいにすぐににげだすような弱虫」と、部員が集まってくるほどの声で非難《ひなん》しているのですね。このときの樹里の様子にあうものを選びましょう。

「はずかしさのあまり、顔が真っ赤になっている」という記述はありませんから、**ア**は誤《あやま》りです。樹里は感情を表に出しているので、「熱い気持ちを内に秘めている」とある**ウ**も適切ではありません。また、実際に「ピッチャーの座を追われた」わけではないですから、**エ**も誤りです。

樹里はこのとき、「いったんにげだしたくせに、またのこのこもどって」きたハルへのいかり、かたの痛みをハルに気づかれたことへのいら立ちなどが積み重なり、八つ当たりのようにハルに感情を爆発《ばくはつ》させてしまったのです。答えは**イ**です。

問五　まずは場面を確認《かくにん》しましょう。

> パラパラと部員が集まってきた。ハルはその場に棒立《ぼうだ》ちになって、ただただ沸点に達している樹里を見つめるだけだった。
> 「敵に、背中を見せたら、やられるんだよ！なによ、いったんにげだしたくせに、またのこのこもどってきて。ウザイよ！」
> ハルの目からなみだがあふれだした。（26〜30行目）

部員たちの前で、樹里は一方的にハルを非難し、ハルはきつい言葉を投げつけられたショックでなみだをこぼしています。「樹里、言いすぎちゃう？」（34行目）と樹里をなだめていることから、この光景を見た部員たちの目には、樹里が悪いように見えているのだとわかります。

「まずい。ここで泣くのはひきょうだ」（30〜31行目）とあるように、ハルには、自分が泣くと部員たちは自分の味方になることがわかっていたのですね。必死でなみだを止めようとしていますから、ハルは樹里を責めるつもりはないのです。

ハルにそのつもりはないにもかかわらず、「部員たちの前で自分が泣くことで」「樹里が一方的な加害者にされてしまう」という内容をおさえていれば正解です。表現はさまざまでかまいません。

問六　最後の段落《だんらく》の内容をおさえましょう。

> ・樹里の、過剰《かじょう》な反応におどろき、きつい言葉に傷つきもしたが、樹里の泣きだす寸前の子どものようなひとみに心を動かされた。
> ・考えていることがわからないより、ずっといい。樹里は心のうちをさらけだしてくれた。

ハルがなみだを流したのは、樹里から思いがけずきつい言葉を投げつけられたことにおどろき、傷ついたことが一つの理由です。しかし、樹里が「心のうちをさらけだしてくれた」姿に「心を動かされた」からでもあったのですね。

答え

問一　(1) クールで無口　(2) **ア**

問二　かたを痛めていることをかくしていたのに、ハルに気づかれてしまったこと。

問三　**X**＝心配した（4字）
Y＝自分をピッチャーの座から引きずり下ろそう（20字）

問四　**イ**

問五　自分は樹里が悪いとは思っていないのに、部員たちの前で樹里に責められて泣く自分の姿をさらすことで、樹里が一方的な加害者にされてしまうということ。

問六　樹里にきつい言葉を投げつけられたことにおどろき、傷ついたが、それと同時に、樹里が心のうちをさらけだしてくれたことに心を動かされたから。

国語 第9回 説明文の読み取り③

考え方

問一 ――①の直後に「なぜでしょうか？」とありますね。この問いに対する答えは、次の第二段落で説明されています。段落全体から、解答に必要な点をおさえることが大切です。

> ……町人、とくに商人たちが力をつけるようになります。江戸《えど》や大阪《おおさか》、京都《きょうと》のような大きな都市では商売がさかんになり、商売に欠かせない、文字を読み書きしたり、帳簿《ちょうぼ》をつけたり、そろばんを使って計算したりする力をつける場所が必要になってきたのです。町人たちは、自分の子どもが勉強する学校として寺子屋をつくっていきましたが……。（7～13行目）

「江戸時代には商売がさかんになった」「（町人の子どもが）商売に欠かせない力をつける場所が必要になった」という二つの点をおさえましょう。「町人」は、「商人」としてもかまいません。

説明文は段落ごとに内容がまとまっているから、段落の最初に番号をふっておくと文章の構成を考えやすいよ。この問題文は、八段落で構成されているね。

問二 （ A ）をふくむ第三段落では、寺子屋の運営について述べられています。

- 寺子屋の運営に、幕府や藩《はん》はまったく関わっていなかった。町人や村人、おぼうさんや医者が自分たちで寺子屋を開いていた。
- 今でいう「塾《じゅく》」であり、行かなければいけない決まりはなかった。

寺子屋は、町人たちが自ら運営していたのですね。したがって、（ A ）には**ア**「自主的」があてはまります。それぞれの言葉の意味を確認《かくにん》しておきましょう。

- 自主的＝自分で考え、行っていく様子。
- 画一的＝すべて同じにそろっている様子。
- 強制的＝無理にさせる様子。
- 一方的＝一方にかたよる様子。

問三 三つの言葉に注目し、構成をとらえます。

第四段落　「まずは」（21行目）
↓(1) 今でいう「個別指導」の方法をとっていたこと。
第五段落　「ふたつめの特徴《とくちょう》は」（30行目）
↓(2) 大人になって役に立つことを優先的に教えていたこと。
第六段落　「最後の特徴は」（36行目）
↓(3) 徹底的《てっていてき》にくりかえして勉強したこと。

ラインを引こう

21行目　まずは
30行目　ふたつめの特徴は
36行目　最後の特徴は

設問では、「……こと。」という形で特徴をまとめたあと、それぞれ具体的に説明しています。問題文と照らし合わせながら、（　）にあてはまる内容を答えましょう。なお、解答と多少表現が異《こと》なっていてもかまいません。

(1)の（ a ）と（ b ）には、「今でいう『個別指導』」の具体的な内容があてはまります。（ a ）には「それぞれの子どもの進み具合に合わせて」、（ b ）には「別々の勉強をしていた」という内容を入れるのが適切です。

(2)の（ c ）には、第五段落の一行目「大人になって役に立つことを優先的に教えていた」という内容を入れましょう。

問四 文章を並べかえる問題では、指示語と、直前・直後の一文との内容のつながりに注目するとよいでしょう。

B の直前には、「寺子屋が開いていたのは、だいたい午前8時ごろから午後3時ごろまで」とあります。この一文と関係のありそうな文は、**イ**「江戸時代の時刻では、午後3時前後は『八つ』とよばれていました。」ですね。「午後3時」という言葉でつながっています。

イと関係のある文は、**ウ**「今でも学校から帰ってきて午後に食べるお菓子《かし》を「おやつ」といいますね。」です。「今でも」という言葉に注目すると、江戸時代の時刻の「八つ（やつ）」と、現代の「おやつ」がつながっていることがわかります。

　最後の一つは**ア**「それはこの『八つ』が由来になっています。」です。「それ」とは**ウ**で述べられている現代の「おやつ」、「この」とは**イ**で述べられている江戸時代の時刻である「八つ」を指しています。

　つまり、この三つの文章は、現代の「おやつ」の名前の由来を説明しているのですね。答えは**イ→ウ→ア**の順番です。

問五　当時の識字率については、第七・八段落で説明されています。内容をまとめてみましょう。

〈世界の国々〉
・だれでも教育が受けられたわけではありませんでした。（41〜42行目）
・世界的に教育を受ける権利があまりなかった女性（51行目）
〈日本〉
・貴族や武士ではないふつうの人が読書を楽しんでいる（45〜46行目）
・商人や農民、女性たちの多くが読み書きができた（54行目）

　一般的《いっぱんてき》には、教育を受ける権利は身分の高い人にあたえられます。しかし日本では、身分の高い貴族や武士だけではなく、身分の高くない商人や農民、女性たちの多くが読み書きができたのです。そのため、当時の識字率は世界最高とまでいわれていたのですね。傍線《ぼうせん》部分が答えです。

当時は、身分や性別によって教育を受けられないことがあったんだね。

問六　**ア**については、第二段落に「町人たちは……しだいに農村にも広がり、江戸時代の終わりごろには全国に1万軒《けん》以上あったといいます」とありますから、問題文の内容として適切です。

　イも、第一段落で「鎌倉《かまくら》時代からお寺で子どもたちに勉強を教えていたことが、名前の由来だそうです」と述べられていますね。

　ウについては、第七段落に「江戸時代の中ごろ以降《いこう》は、本の出版がさかんで、本屋さんが少ない農村では、都会で買ってきた本を書きうつして回し読みしたり、本屋さんが農村に訪問販売《ほうもんはんばい》したりすることもありました」とありますから、問題文の内容とあっています。

　問三でおさえたとおり、寺子屋では生徒は別々の勉強をしており、みんなで同じ授業を聞くことはなかったのですから、**エ**は問題文とあいません。これが答えです。

問七　この文章の段落ごとの内容は、次のようになっています。

第一段落＝寺子屋についての問い
第二・三段落＝問いの答えと寺子屋の概要《がいよう》
第四〜六段落＝寺子屋での勉強の特徴
第七・八段落＝当時の世界と日本の識字率

　第一〜六段落は「寺子屋」にかかわること、第七・八段落はそこから発展《はってん》した「識字率」にかかわることが話題になっています。したがって、二つめのまとまりは第七段落からですね。第七段落の最初の十字を書きぬきましょう。

答え

問一　江戸時代には商売がさかんになり、町人の子どもが商売に欠かせない力を身につけるために勉強する場所が必要になってきたから。
問二　ア
問三　a＝それぞれの子どもの進み具合に合わせて
b＝別々の勉強をしていた
c＝大人になって役に立つことを優先的に教えていた
問四　イ→ウ→ア
問五　X＝貴族や武士
Y＝商人や農民、女性たち
問六　エ
問七　当時世界の国々では、

文節と単語・品詞
古文を読んでみよう

◆文節と単語・品詞　24－25ページ

考え方

問一　文節に分けるときは、「ネ」「サ」「ヨ」を入れてみると考えやすくなります。

問二　(1)の文を単語に分けると、「今日／は／とても／天気／が／よい」となり、単語の数は六つになります。(2)の文を単語に分けると、「公園／の／さくら／の／花／が／雨／で／散る」となり、単語の数は九つになります。

問三　名詞とは、物の名前を表し、下にどのような言葉が続いても形の変わらない言葉でしたね。そのことをヒントに探しましょう。なお、「乗って（て）」と「行っ（た）」は、言い切りの形に直すと「乗る」「行く」となりますから、動詞です。

問四　(1)～(3)の———の言葉は、動きを表し、言い切りの形がウ段の音となる動詞です。(3)の「しろ」は少し難しかったかもしれませんが、「する」という言葉を命令の形に変えたものです。

問五　(1)「暑い」と(4)「優しい」は、言い切りの形が「～い」となる形容詞、(2)「立派だ」と(3)「陽気だ」は、言い切りの形が「～だ」となる形容動詞です。

問六　①「高い」は言い切りの形が「～い」なので形容詞、②「ながめる」は言い切りの形がウ段の音なので動詞です。③「きれいな」は、言い切りの形にすると「きれいだ」となりますから、形容動詞ですね。

問題に挑戦！答え

問一　(1)親戚や／友達に／年賀状を／書く。　(2)冬に／なると／ときどき／雪が／降る。　(3)ぼくは／昨日／おもしろい／本を／読んだ。

問二　(1)六　(2)九

問三　両親・わたし・三人・新幹線・東京

問四　(1)食べる　(2)見る　(3)する

問五　(1)**ア**　(2)**イ**　(3)**イ**　(4)**ア**

問六　①**ウ**　②**イ**　③**エ**

◆古文を読んでみよう　26－27ページ

考え方

問一　(1)「ゐなか（田舎）」の「ゐ」は、現代では使わないひらがなです。「ゐ」を「い」に直しましょう。

(2)「かうし（格子）」の「かう」は「ア段＋う」の組み合わせです。「ア段＋う」を「オ段＋う」に直すと、「こうし」となります。

(3)「にほひ（匂《にお》い）」の「ほ」と「ひ」は、それぞれ「お」と「い」に直しましょう。

(4)「ぢごく（地獄《じごく》）」の「ぢ」を「じ」に直します。

(5)まず、「けふ（今日）」の「ふ」を「う」に直すと、「けう」となります。次に「エ段＋う」を「イ段＋ょう」に直すと、「きょう」となりますね。

問二　(1)「わろき」の言い切りの形は「わろし」であり、「悪い」という意味の言葉です。「わろき者」のあとには「が（は）」が省略されています。古文では「が」や「の」などの言葉が省略されやすいことを覚えておくとよいでしょう。

(2)「寸」は昔の長さの単位で、一寸は約三センチメートルです。「いと」は、「たいそう・とても」という意味ですが、現代では使われていない言葉です。また、「うつくしう」の言い切りの形は「うつくし」で、この文では「かわいらしい」という意味で用いられています。

問題に挑戦！答え

問一　(1)いなか　(2)こうし　(3)におい　(4)じごく　(5)きょう

問二　(1)**ウ**　(2)**ア**

まとめテスト 国語

考え方

一

問一 漢字は、とめ・はね・はらいにまで注意をはらって書くようにしましょう。

問二 この文には、「父は―好きだ」、「(父は)―収集した」という二組みの主語・述語がありますが、二組みめの「父は」は省略されています。**イ**「父は」は主語、**オ**「収集した」は述語です。また、**ア**「郵便局に」は「勤めている」を、**ウ**「めずらしい」は「切手が」を、**エ**「これまでに」は「収集した」をくわしくしている修飾語《しゅうしょくご》です。

「どんな」「どのように」「どこに」など、主語や述語にかかって、それをくわしくして意味をはっきりさせる言葉を修飾語と言うんだよ。

問三 「耳にたこができる」「きもをつぶす」の意味を確認《かくにん》しておきましょう。

・**耳にたこができる**…何度も同じことを聞かされてうんざりする。
・**きもをつぶす**…ひどくおどろく。

この意味にあう文は、(1)は**イ**、(2)は**ア**です。

問四 四字熟語《よじじゅくご》の意味も確認しておきましょう。

・**自画自賛**…自分で自分をほめること。
・**完全無欠**…欠点がなく完全であること。

問五 「大きな広告が人の目を引く」の「引く」は、「注意や関心を向けさせる」という意味で使われています。したがって、同じ意味で使われているのは**イ**の「引く」です。**ア**の「引く」は、「探《さが》す。ぬき出す」、**ウ**の「引く」は「はなれていく」という意味で使われています。

問六 相手が「先生」に変わると、どのような敬語を使うのが適切でしょうか。

この場合、「考えを言う」のは「私」ですから、自分の動作をへりくだって表現する「けんじょう語」を使います。「言う」をけんじょう語の「申しあげる」に改めましょう。

問七 (1)「まったく成果が出なかった」という結果は、「一か月におよぶ厳しい訓練にたえた」ことから予想される事柄《ことがら》とはちがっていますね。逆接の接続語である**ウ**「しかし」が適切です。

(2)（　）のあとの文で、前の文で述べたことの理由を説明しています。また、あとの文の「……からだ」という文末をヒントにすると、**イ**「なぜなら」が答えであるとわかります。

問八 (1)・(2)には、「れる・られる」「せる・させる」のまちがいがあります。原則を確認しておきましょう。

〈言葉のあとに「ない」をつけたとき〉
・「ない」の直前がア段《だん》の音→「れる」「せる」
・それ以外の音→「られる」「させる」

(1)「見る」に「ない」をつけると「見ない」となります。「ない」の直前がア段以外の音ですから、「見られる」とするのが適切です。

(2)「解く」に「ない」をつけると「解かない」となります。「ない」の直前がア段の音ですから、「解かせる」とするのが適切ですね。

二

問一 (1)「背筋に冷たいものがすべりおちる」とは、「ぞっとする」「背筋が凍《こお》る」「悪寒《おかん》が走る」などと同じく、「恐怖《きょうふ》などの気持ちから、寒さに似た感覚を覚えること」を表す慣用的な表現です。このときのマチの状況《じょうきょう》をおさえましょう。

「書記に塚原《つかはら》マチさんを推せんします」
一年五組の教室で、威勢《いせい》よく手を挙げた光田《こうだ》琴穂《ことほ》の口からその声が出た瞬間《しゅんかん》、背筋に冷たいものがすべりおちた気がした。（1〜3行目）

マチは思いがけず書記に推せんされたことにおどろき、ぞっとしたのですね。（ **X** ）には「書記に推せんされた」という内容が入ります。

(2) このときのマチの気持ちとしては、**イ**「おびえている」が適切です。**ウ**を選んだ人もいるかもしれませんが、「ためらう」とは「迷う」という意味ですから、このときの気持ちにあいません。

問二 (1) マチが書記に推せんされたことを受け、「じゃあ、塚原さん、どうですか」(13行目)とマチに問いかけたのが守口《もりぐち》みなみです。このあとにえがかれた彼女《かのじょ》の人物像を読み取りましょう。

「首筋までのショートカットのかみ」(18行目)、「そのはきはきした物言い」(19行目)、「入学して二週間足らずの新学期の教室で、堂々と手を上げて委員長に立候補するなんて……」(20〜21行目)という部分から、**ア・イ・ウ**は適切であるとわかります。

一方、守口みなみとマチの小学校がちがうというのは正しいですが、マチを書記に推せんしたのは光田琴穂ですから**エ**は問題文とあいません。したがって、**エ**が答えです。

(2) まずは、マチの性格を読み取ります。

> 自分の意見がはっきり主張できないことを、両親や先生から注意されていたし、だれかからたのまれごとをされると、マチはそれをなかなか断ることができない。(27〜30行目)

マチは内気な性格なのですね。守口みなみの「活発さ」が「マチには想像もできない」のは、あまりに自分とかけはなれているからです。マチの性格に加え、「マチ」(自分)とはあまりにもちがう」ということを書けているとよりよいでしょう。

問三 内気なマチにとって、「クラスの全員が自分を見る」ような状況がどのようなものなのかを考えましょう。選択肢《せんたくし》の意味を見ていきます。

> ・**かたの荷が下りる**…負担や責任から解放されてほっとする。
> ・**気が立つ**…感情が高ぶって、興奮《こうふん》する。いらだつ。
> ・**心をうばう**…強くひきつけ、夢中にさせる。
> ・**足がすくむ**…恐怖や緊張《きんちょう》によって足が動かなくなる。

直前の「気後れ(=おそれて心がひるむこと)」という言葉もヒントになります。マチは、クラス中が自分に注目しているという状況にひるんでいるのですね。答えは**エ**です。

問四 「やります」と言うかわりにマチが本当はどうしたかったのか、直前の一文から読み取りましょう。

> 仕事がいやなのではなくて、こうやって流されてしまうのがいやなのだと告げようとするが、大勢の人を前にしたら、どう言えばいいのかわからなくなった。(34〜36行目)

傍線《ぼうせん》部分を答えとしてまとめます。「こうやって流される」の部分は、「自分の意思でなく」「周囲のたのみを断れずに」など、指示語をふくまない形で言いかえましょう。

答え

一

問一 (1)危 (2)激 (3)砂糖 (4)操作 (5)討論 (6)展覧会

問二 (主語)**イ** (述語)**オ** (修飾語)**ア・ウ・エ**

問三 (1)**イ** (2)**ア**

問四 (1)自画自賛 (2)完全無欠

問五 **イ**

問六 私は、先生に自分の考えを申しあげる。

問七 (1)**ウ** (2)**イ**

問八 (1)見れなかった→見られなかった (2)解かさせる→解かせる

二

問一 (1)書記に推せんされた(9字) (2)**イ**

問二 (1)**エ** (2)自分の意見がはっきり主張できず、だれかからたのまれごとをされるとなかなか断ることができない内気なマチとは、あまりにもちがうから。

問三 **エ**

問四 仕事がいやなのではなく、周囲のたのみを断れずに仕事を引き受けることがいやなのだと告げたかった。(47字)

まとめテスト 社会

答え

❶ (1) **ア**　(2) 紫式部《むらさきしきぶ》

(3) ① **ウ**　② **カ**　③ **イ**

(4) 例）大名は妻子を江戸《えど》に住まわせ，領地と江戸を１年おきに行き来する。

❷ (1) ① ○　② ×　③ ○

(2) ① **イ**　② **ウ**

❸ (1) ① 国民主権《こくみんしゅけん》　② **ア**

(2) **ウ**

《採点の仕方》

❶ (4) 大名の妻子を江戸に住まわせたことが書けて８点，大名が領地と江戸を行き来したことが書けて８点です。解答に「妻子」「領地」を用いていない場合は，それぞれ４点の減点です。

考え方

❶ (1) 聖徳太子《しょうとくたいし》は，推古天皇《すいこてんのう》のときに，蘇《そ》我氏《がし》と協力して天皇中心の国づくりをしました。推古天皇のもとで，使者を送った国は隋《ずい》です。607年に小野妹子《おののいもこ》が遣隋使《けんずいし》として送られました。なお，唐《とう》は隋のあとに中国につくられた国です。

(4) 江戸幕府《えどばくふ》は，武家諸法度《ぶけしょはっと》を定めて全国の大名を支配しました。３代将軍《しょうぐん》の徳川家光《とくがわいえみつ》は，武家諸法度で参勤交代《さんきんこうたい》の制度を定めました。

参勤交代のおもな目的は，将軍と大名の主従関係《しゅじゅうかんけい》を確かにすることだよ。江戸と領地を往復する費用や江戸での生活費などによって，大名の力は経済的《けいざいてき》に弱くなったんだ。

❷ (1) ① 1894（明治27）年に始まった日清《にっしん》戦争に勝利した日本は，賠償金《ばいしょうきん》を使って福岡《ふくおか》県に八幡製鉄所《やはたせいてつじょ》をつくり，1901（明治34）年から操業《そうぎょう》しました。

② 士農工商は，江戸幕府のもとでの身分制度です。明治政府は，1871（明治4）年に江戸時代の身分制度を改める法令を出し，すべての国民を平等としました。

③ 明治《めいじ》政府は，西洋の国々に追いつくため，経済力と軍事力の強化をめざす富国強《ふこくきょう》兵《へい》の政策《せいさく》をとりました。1872（明治5）年に出された徴兵令《ちょうへいれい》はその一つで，兵役《へいえき》を義務づけて軍隊を整備しました。

地租改正《ちそかいせい》も，富国強兵の政策の一つなんだって。税を現金で納めさせることで，政府の収入を安定させようとしたんだよ。

(2) ② 日本は，1960年代前後から急速に産業が発展し，高度経済成長期をむかえました。産業が発展する一方で，環境《かんきょう》の破壊《はかい》や健康被害《ひがい》といった公害問題が起こりました。現在も裁判《さいばん》が行われるなど，解決していない公害問題があります。したがって，**ウ**はまちがいです。

日本では，1967年に公害対策基本法が制定され，1971年には環境庁《かんきょうちょう》が設置され，公害問題の対策が本格化しました。

❸ (1) ① 日本国憲法には，国民主権，平和主義，基本的人権の尊重《そんちょう》という３つの原則があります。国会議員となる人を選挙で決めるのは国民であり，これは国民主権の原則にもとづいています。

② 国会は衆議院《しゅうぎいん》と参議院の２つの議院があり，話し合って政治の方針《ほうしん》を決めます。**イ**は内閣《ないかく》，**ウ**は裁判所の役割《やくわり》です。

(2) **X**の国は，日本の最大の石油輸入相手国であるサウジアラビアです。中東《ちゅうとう》に位置するサウジアラビアは，乾燥《かんそう》した気候で国土の大半が砂漠《さばく》です。国民の大多数はイスラム教徒です。なお，**ア**はアメリカ合衆国《がっしゅうこく》，**イ**は中華人民共和国《ちゅうかじんみんきょうわこく》の説明です。

中東には，サウジアラビアをはじめ，石油を産出する国がたくさんあるよね。

まとめテスト 理科

答え

❶ A…酸素《さんそ》　B…入れかわった

❷ ア…赤くなる　イ…変化なし
ウ…とけない　エ…とけない
オ…あわを出してとける

❸

❹ 電気をつくるときに，二酸化炭素《にさんかたんそ》を出さない点。

❺ イ

❻ 6

❼ 明るく光る…イ　長く光る…イ

❽ 位置…①　形…ウ

❾ 角ばったつぶ

考え方

❶ ものが燃えるためには，酸素が必要です。①にはすき間がなく，新しい空気が入ってこないため，びんの中の酸素が減っていきます。また，あたためられた空気は上へ動くため，②では次の図のようにびんの中の空気が入れかわり，ろうそくの火は燃え続けます。

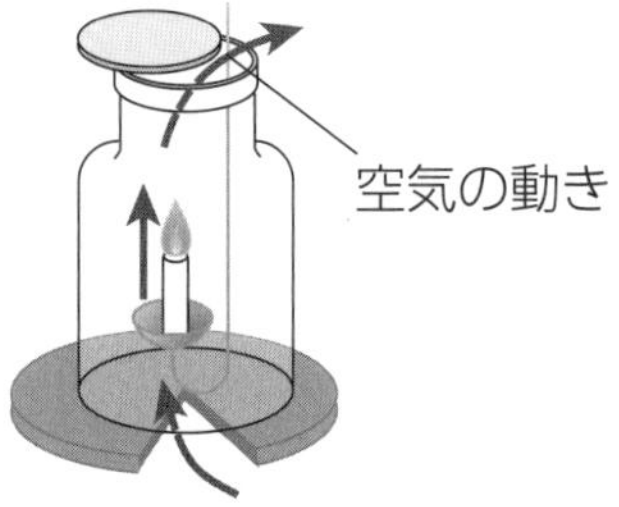
空気の動き

❷ 3種類の水よう液の中で，赤色リトマス紙を青色にかえるのはアルカリ性の水酸化ナトリウムの水よう液だけなので，②は水酸化ナトリムの水よう液です。また，鉄があわを出してとけるのは，塩酸に入れたときだけなので，①は塩酸です。残りの③は食塩水です。

❸ 日光が当たらない部分ではでんぷんが作られないため，アルミニウムはくをまいた部分は，ヨウ素液につけても青むらさき色にはなりません。

❹ 水力発電は高い所から落ちてくる水の勢いを利用することで電気をつくるため，二酸化炭素を出しません。一方，日本の電気の半分以上をつくっている火力発電《かりょくはつでん》は，石油や石炭，天然ガスなどを燃やすことで電気をつくるので，二酸化炭素を出しています。

❺ 食べ物は口→食道→胃→小腸→大腸→こう門の順に通ります。この道筋を消化管《しょうかかん》といいます。肺では，呼吸《こきゅう》をするとき，酸素を血液《けつえき》中にとり入れ，血液中の二酸化炭素を出しています。心臓は，ポンプのように動いて，全身に血液を送り出すはたらきをします。

❻ 右のうでの目盛り3につるしてあるおもり1個を左のうでの目盛り6に移すと，次の図のようになり，つり合います。

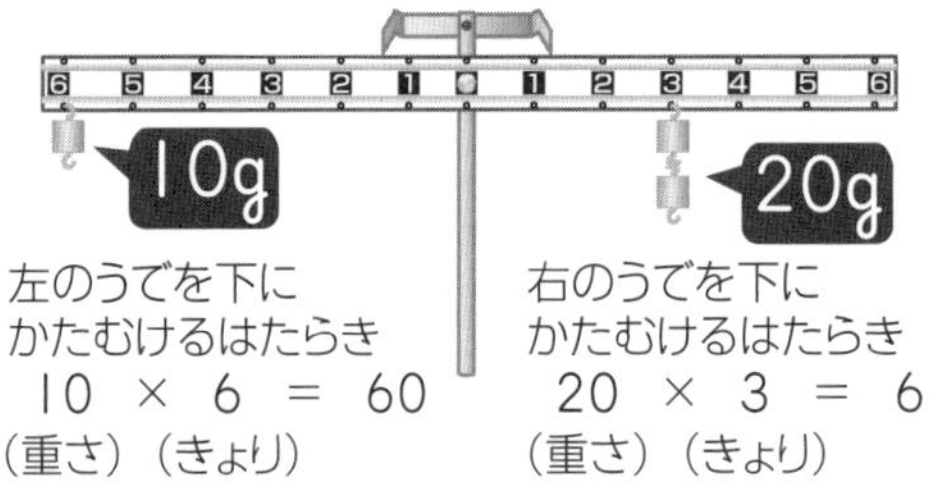
6 5 4 3 2 1 0 1 2 3 4 5 6
10g
20g
左のうでを下に
かたむけるはたらき
10 × 6 = 60
(重さ)(きょり)
右のうでを下に
かたむけるはたらき
20 × 3 = 60
(重さ)(きょり)

❼ 手回し発電機のハンドルを回すほどコンデンサーにたまる電気の量が多くなるため，豆電球が明るく，かつ長く光ります。

❽ 月の見える位置は日がたつにつれて西のほうから東のほうへと移動していきます。また，月の形は日がたつにつれて右側から太って満《まん》月《げつ》になり，その後，右側から欠けていきます。

❾ 火山のはたらきでできた層は，火山がふん火《か》して火山灰《かざんばい》が降《ふ》り積《つ》もってできているので，角がけずられず，角ばったつぶになります。

❺ (1) テーブルの右のはしにかざる花を赤にしたとき，左のはしにかざる花の選び方を樹形《じゅけい》図《ず》にかくと，右のようになるので，かざり方は4通りあります。ほかの4色の花を右のはしにかざったときも，それぞれ4通りあるので，かざり方は全部で，

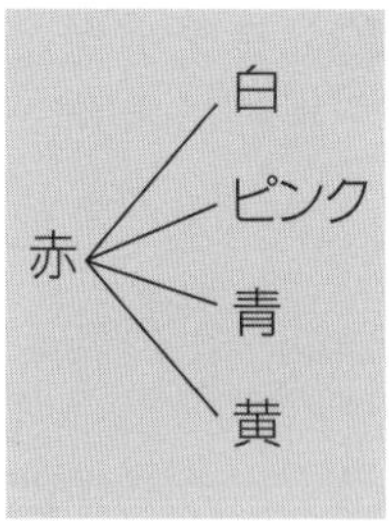

4 × 5 = 20（通り）

(2) (1) とちがい，選ぶ順番は考えなくてよいので，右の図の辺と対角線の数を数えて，10通りです。

(1) では，たとえば「赤 - 白」と「白 - 赤」はちがうかざり方になりますが，(2) では同じ選び方になることに気をつけましょう。

❻ (1) 大きさのちがう3つの半円を下の図のようにそれぞれA，B，Cとします。

色のついた部分の面積は，半円Bの面積から半円Cの面積をひけば求めることができます。

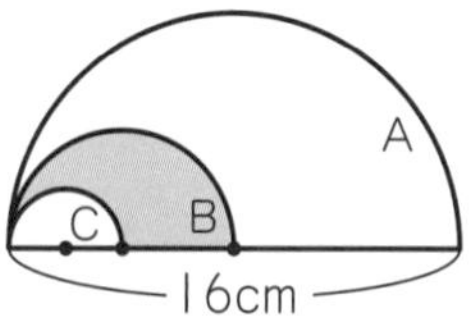

半円Bの半径は，

16 ÷ 2 ÷ 2 = 4（cm）

半円Cの半径は，

4 ÷ 2 = 2（cm）

よって，半円Bの面積は，

4 × 4 × 3.14 ÷ 2 = 25.12（cm^2）

半円Cの面積は，

2 × 2 × 3.14 ÷ 2 = 6.28（cm^2）

したがって，求める面積は，

25.12 − 6.28 = 18.84（cm^2）

(2) 角柱の体積＝底面積×高さ　だから，この角柱の体積は，

8 × 25 ÷ 2 × 23 = 2300（cm^3）

1000 cm^3 = 1L　だから，

2300 cm^3 =（2300 ÷ 1000）L = 2.3L

❼ この縮図では，

1km = 1000m = 100000cm

を50cmに縮小しているので，縮尺は

$\frac{50}{100000}=\frac{1}{2000}$

です。したがって，この長方形の土地の，実際の縦《たて》と横の長さは，どちらも縮図での長方形の縦と横の長さの2000倍の長さになります。

だから，実際の面積は，

45×2000×2000=180000000（cm^2）

1ha = 10000m^2 = 100000000 cm^2

よって，

180000000cm^2

=（180000000÷100000000）ha

=1.8ha

❽ (1) 下の図のように，1回ひろげるごとに考えていきます。

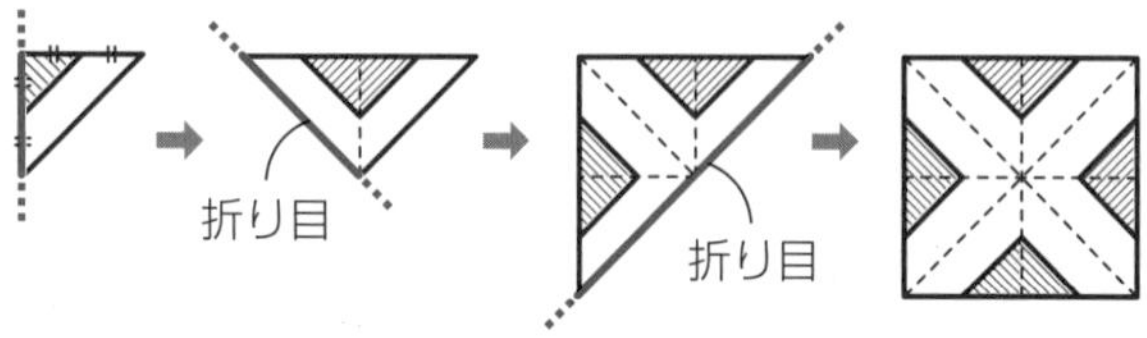

(2) 残った部分の面積は，1辺が10cmの正方形の面積から，底辺が5cm，高さが2.5cmの三角形を4つ分ひいたものです。

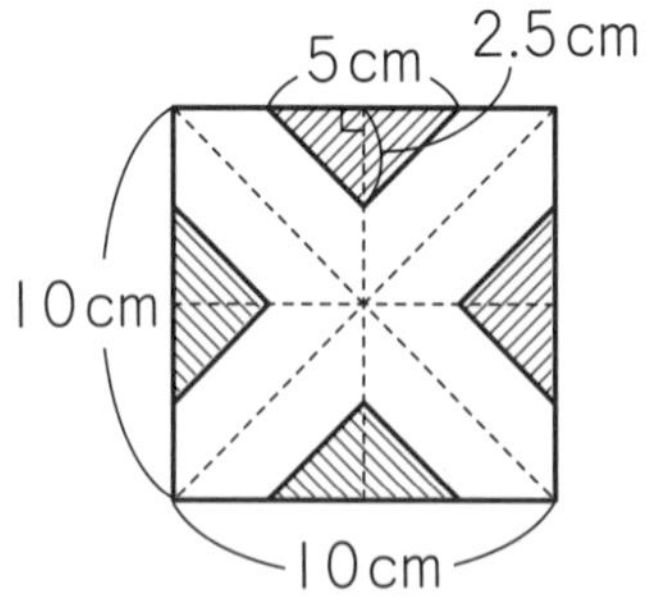

だから，残った部分の面積は，

10 × 10 − 5 × 2.5 ÷ 2 × 4

= 100 − 25

= 75（cm^2）

まとめテスト 算数

答え

❶ (1) $\frac{2}{3}$ (2) $\frac{5}{12}$ (3) 3 (4) $\frac{18}{7}\left(2\frac{4}{7}\right)$

❷ (1) $2500-(x\times3+300)$

(2) [式] $2500-(680\times3+300)=160$

[答え] 160 円

❸ $y=6.6\div x$

❹ [式] $160\times\left(1+\frac{3}{4}\right)=280$

$280\times\left(1-\frac{1}{7}\right)=240$ [答え]240g

❺ (1) 20 通り　(2) 10 通り

❻ (1) [式] $4\times4\times3.14\div2=25.12$

$2\times2\times3.14\div2=6.28$

$25.12-6.28=18.84$

[答え] $18.84cm^2$

(2) [式] $8\times25\div2\times23=2300$

$2300cm^3=(2300\div1000)L=2.3L$

[答え] 2.3L

❼ [式] $45\times2000\times2000=180000000$

$1ha=100000000cm^2$

$180000000cm^2=1.8ha$

[答え] 1.8ha

❽ (1) 右の図

(2) $75cm^2$

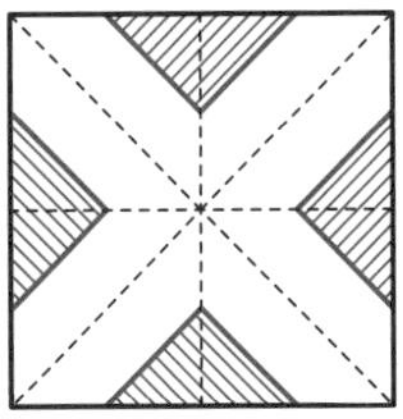

考え方

❶ (1) $\frac{7}{8}\times\frac{16}{21}=\frac{\cancel{7}^{1}\times\cancel{16}^{2}}{\cancel{8}_{1}\times\cancel{21}_{3}}=\frac{2}{3}$

(2) $1\frac{1}{3}\div3\frac{1}{5}=\frac{4}{3}\div\frac{16}{5}=\frac{4}{3}\times\frac{5}{16}$

$=\frac{\cancel{4}^{1}\times5}{3\times\cancel{16}_{4}}=\frac{5}{12}$

(3) $2\frac{1}{4}\div1\frac{3}{4}\div\frac{3}{7}=\frac{9}{4}\div\frac{7}{4}\div\frac{3}{7}$

$=\frac{9}{4}\times\frac{4}{7}\times\frac{7}{3}=\frac{\cancel{9}^{3}\times\cancel{4}^{1}\times\cancel{7}^{1}}{\cancel{4}_{1}\times\cancel{7}_{1}\times\cancel{3}_{1}}=3$

(4) $1.5\times1\frac{1}{5}\div0.7=\frac{15}{10}\times\frac{6}{5}\div\frac{7}{10}$

$=\frac{15}{10}\times\frac{6}{5}\times\frac{10}{7}=\frac{\cancel{15}^{3}\times6\times\cancel{10}^{1}}{\cancel{10}_{1}\times\cancel{5}_{1}\times7}=\frac{18}{7}$

❷ (1) おつり＝はらった金額－代金 で，代金は布 3m の値段と糸の値段の合計だから，おつりは，

$2500-(x\times3+300)$

(2) (1) の式の x に 680 をあてはめて，

$2500-(680\times3+300)=160$(円)

❸ y が x に反比例しているから，$x\times y$ の値はいつもきまった数になります。表から，$x=1$ のとき，$y=6.6$ だから，$x\times y$ の値は，

$1\times6.6=6.6$

したがって，きまった数は 6.6 になるので，y を x を使った式で表すと，

$y=6.6\div x$

❹ ごはんの重さの割合《わりあい》を 1 とすると，予定していたカレーの重さの割合は $\frac{3}{4}$ だから，予定していた 1 食分のカレーライスの重さは

$160\times\left(1+\frac{3}{4}\right)=\frac{\cancel{160}^{40}\times7}{\cancel{4}_{1}}=280$(g)

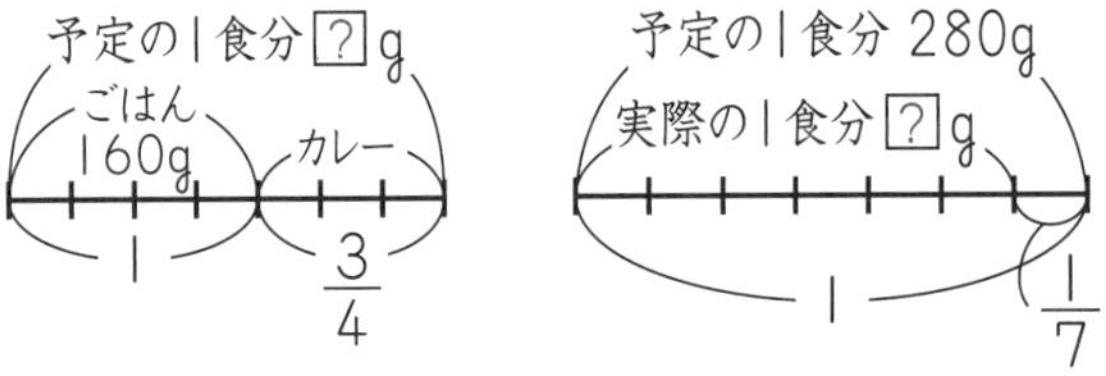

次に，予定していた 1 食分のカレーライスの重さの割合を 1 とすると，$\frac{1}{7}$ だけ軽くなったから，実際の 1 食分のカレーライスの重さは

$280\times\left(1-\frac{1}{7}\right)=\frac{\cancel{280}^{40}\times6}{\cancel{7}_{1}}=240$(g)

中学社会
さきどり

日本と韓国《かんこく》

問題に挑戦！ 答え

(1) 朝鮮民主主義《ちょうせんみんしゅしゅぎ》人民共和国《じんみんきょうわこく》（北朝鮮）
(2) ハングル　(3) 梅雨《つゆ》
(4) 豊臣秀吉《とよとみひでよし》　(5) **エ**　(6) 渡来人《とらいじん》
(7) 例1）地域《ちいき》ごとに見ると，アジアは人口・面積ともに世界で最も多い。
　例2）他の地域に比べて，アジアは面積の割《わり》に人口が多い。

《採点の仕方》

(7) 他の地域と比べた時の，アジアの人口と面積の特徴《とくちょう》を書いていれば正解です。人口が多いことではなく人口密度が高いことを書いていても正解です。

考え方

(1) 第二次世界大戦後，朝鮮半島では北に朝鮮民主主義人民共和国（北朝鮮），南に大韓民《だいかんみん》国《こく》（韓国）が成立しました。日本と韓国は，1965年に日韓基本条約を結んで国交を回復しましたが，日本と北朝鮮は現在も国交を開いていません。
(2) ハングルは，15世紀の中ごろに朝鮮半島を支配していた朝鮮国がつくった文字です。問題の文字は，「こんにちは」という意味です。
(4) 16世紀後半，日本を統一した豊臣秀吉は，中国（明《みん》）の征服を目指し，朝鮮半島に大軍を送りました。

この時，朝鮮のすぐれた焼き物の技術をもつ人が日本へ連れてこられたんだ。そこから技術が広まり，山口県の萩焼《はぎやき》など今に続く焼き物が生まれたよ。

(5) 富岡製糸場《とみおかせいしじょう》は，明治《めいじ》時代のはじめごろにあたる1872年に，官営工場として開かれました。富岡製糸場では，フランスから機械を買い入れ，技術者を招いて，生糸の生産を行いました。
(6) 古墳《こふん》時代のころ，中国や朝鮮半島から日本にわたってきた人々を渡来人といいます。
(7) 世界は，アジア・アフリカ・ヨーロッパ・北アメリカ・南アメリカ・オセアニアにわけることができます。アジアの人口は世界の約60％で，面積は25％近くをしめます。アジアに次いで面積の広いアフリカの人口は世界の約17％です。アジアは，限られた土地で，非常に多くの人が生活しているということができます。

さきどり＋《プラス》1《ワン》　日本と世界のかかわり

1500年以上前，中国や朝鮮半島から漢字や仏教，紙や筆を作る技術が日本へ伝えられました。鎌倉《かまくら》時代にはお茶を飲む習慣が中国から伝えられ，茶道《さどう》に発展《はってん》しました。このように，日本の文化は中国・朝鮮半島のえいきょうを受けているのです。また，アメリカ合衆国《がっしゅうこく》から来た4そうの黒船《くろふね》が鎖国《さこく》をうちやぶったように，日本の歴史の変わり目には世界の国々も深くかかわってきました。

現代では，テレビや新聞，インターネットを通して，世界中のニュースが飛びこんできます。社会を学ぶことで，世界中で起きていることをより身近に感じるようになるでしょう。日本と世界のかかわりを学び，世界で起きていることに対して自分なりの意見をもてるようになりましょう。

大人になったら，世界中の人たちと交流したいな。だから，世界の国のことをたくさん知りたいんだ！

社会 第3回 政治のしくみと国際社会

答え

❶ (1) ① **イ**　② **ウ**　③ **ア**

(2) 例）一つの機関に権力《けんりょく》を集中させないため。

(3) 税金

❷ (1) A **イ**　B **ウ**　C **ア**

(2) 9

(3) ① **オ**　② **カ**　③ **エ**

❸ (1) **ウ**

(2) 総会：**ウ**　ユニセフ：**イ**

(3) 中華人民共和国《ちゅうかじんみんきょうわこく》（中国）

《採点の仕方》

❶ (2)「権力を分散させるため」でも正解です。

考え方

❶ (2) 一つの機関に国の権力が集中すると，国民の自由や権利がおびやかされる可能性があります。そこで，三権分立を取り入れて権力を分散させています。

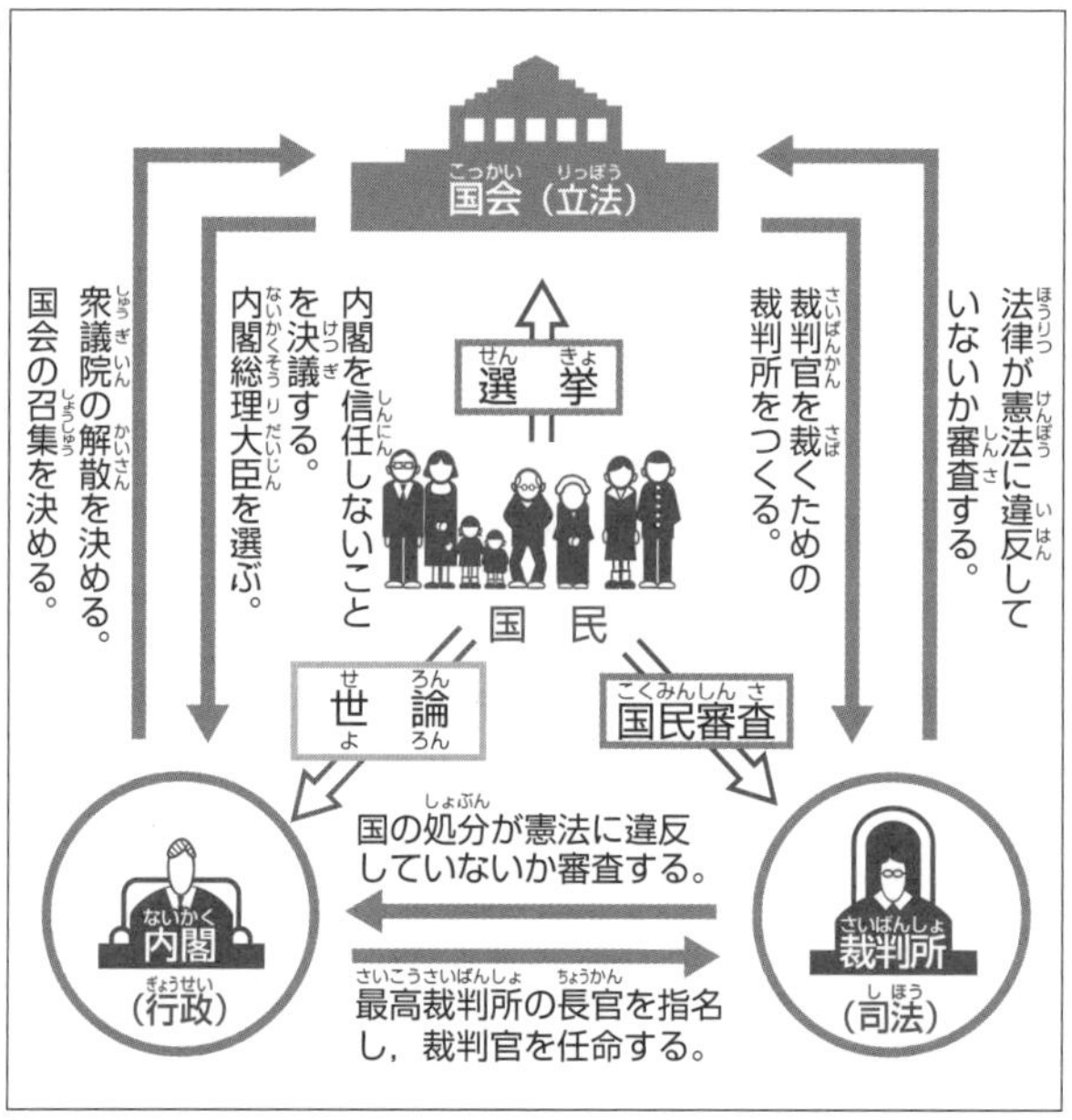
国会《こっかい》（立法《りっぽう》）
選挙《せんきょ》
国民
世論《せろん》《よろん》
国民審査《こくみんしんさ》
内閣《ないかく》
（行政《ぎょうせい》）
裁判所《さいばんしょ》
（司法《しほう》）
衆議院《しゅうぎいん》の解散《かいさん》を決める。
国会の召集《しょうしゅう》を決める。
内閣を信任《しんにん》しないことを決議《けつぎ》する。
内閣総理大臣《ないかくそうりだいじん》を選ぶ。
裁判官《さいばんかん》を裁《さば》くための裁判所をつくる。
法律《ほうりつ》が憲法《けんぽう》に違反《いはん》していないか審査《しんさ》する。
国の処分《しょぶん》が憲法に違反していないか審査する。
最高裁判所《さいこうさいばんしょ》の長官《ちょうかん》を指名し，裁判官を任命する。

三権分立のしくみ

❷ (1) (2) 日本国憲法《けんぽう》では，第1条で天皇《てんのう》は国や国民の象徴《しょうちょう》であり，国の政治を最終的に決めるのは国民であるという国民主権の考え方を示しています。第9条では，平和を願い，二度と戦争をしないという平和主義の考えが述べられています。また，第11条には人が生まれながらにして持っている基本的人権を尊重《そんちょう》することが示されています。国民主権，平和主義，基本的人権の尊重は，日本国憲法の3つの大きな原則です。

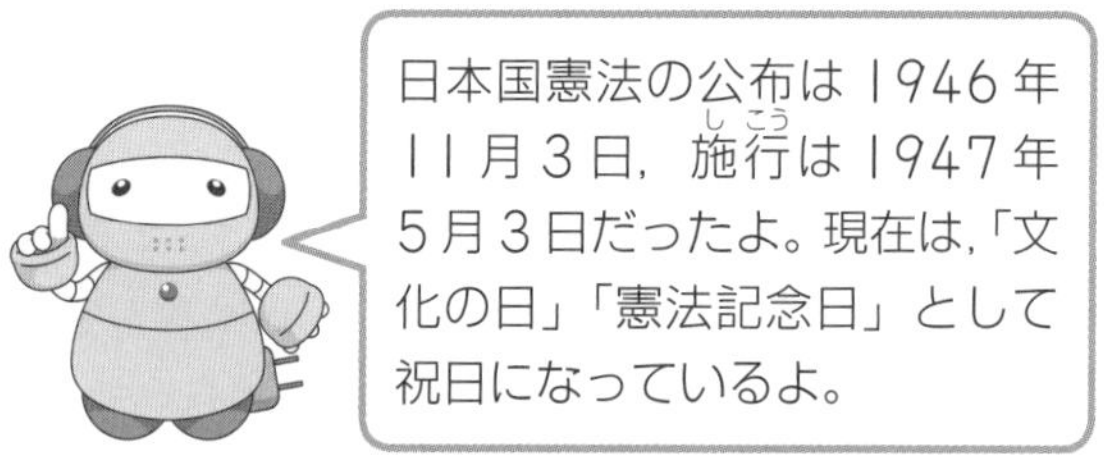
日本国憲法の公布は1946年11月3日，施行《しこう》は1947年5月3日だったよ。現在は，「文化の日」「憲法記念日」として祝日になっているよ。

(3) ① キリスト教を信じることは信教にあたるので，**オ**の信教の自由に反します。

② 村をはなれることは居住・移転にあたるので，**カ**の居住・移転，職業を選ぶ自由に反します。

③ 学校に行くことは教育を受けることなので，**エ**の教育を受ける権利にあてはまります。

❸ (1) 地球温暖化《ちきゅうおんだんか》とは，大気中に二酸化炭素などが増えて，地球全体の平均気温が上がることです。地球温暖化により，世界各地で海水面の上昇《じょうしょう》や，異常気象《いじょうきしょう》が起こるといわれています。**ア**は酸性雨による被害《ひがい》，**イ**は大気圏《たいきけん》にあるオゾン層《そう》の破壊《はかい》についての説明です。

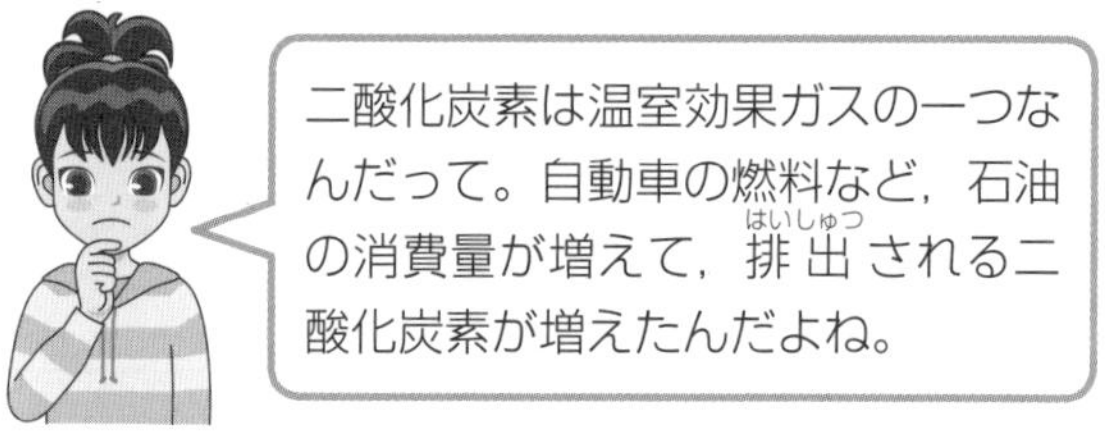
二酸化炭素は温室効果ガスの一つなんだって。自動車の燃料など，石油の消費量が増えて，排出《はいしゅつ》される二酸化炭素が増えたんだよね。

(2) **ア**はユネスコ，**イ**はユニセフ，**ウ**は総会の説明です。

(3) 経済《けいざい》が急速に発展《はってん》した中国は，日本の最大の貿易相手国です。日本は中国へ機械の部品などを輸出し，組み立てた機械や衣類，食品などを輸入しています。

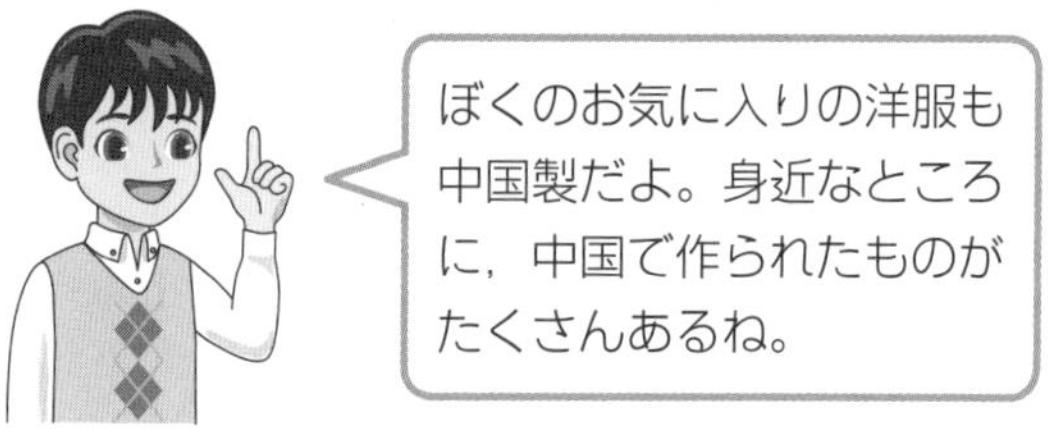
ぼくのお気に入りの洋服も中国製だよ。身近なところに，中国で作られたものがたくさんあるね。

社会 第2回 歴史のまとめ（2）

答え

❶ （1）徳川慶喜《とくがわよしのぶ》　（2）北条時宗《ほうじょうときむね》
（3）藤原道長《ふじわらのみちなが》　（4）織田信長《おだのぶなが》
（5）（3）→（2）→（4）→（1）
（6）板垣退助《いたがきたいすけ》　（7）与謝野晶子《よさのあきこ》

❷ （1）**ウ**
（2）例）中国の政治制度や文化を学ばせて，日本の政治に取り入れるため。
（3）**ウ**　（4）**ア**　（5）**イ**
（6）① 韓国《かんこく》（大韓帝国《だいかんていこく》）　② **イ**
（7）国際連合《こくさいれんごう》

《採点の仕方》

❷（2）「中国の政治制度や文化」にふれていれば７点，それを日本に取り入れようとしたことが書けていれば７点です。

考え方

❶（5）（1）の徳川慶喜は江戸《えど》時代，（2）の北条時宗は鎌倉《かまくら》時代，（3）の藤原道長は平安《へいあん》時代，（4）の織田信長は室町《むろまち》～安土桃山《あづちももやま》時代に活やくしたので，（3）→（2）→（4）→（1）となります。

（6）1874年，板垣退助らは政府へ意見書を出し，議会を開いて広く国民の意見を聞くべきだと主張しました。この意見は多くの人に支持され，自由民権《じゆうみんけん》運動が各地に広まるきっかけになりました。

年	できごと
1874年	板垣らが政府に意見書を提出
1881年	政府が国会の開設を約束
1885年	内閣《ないかく》制度を導入
1889年	大日本帝国憲法《ていこくけんぽう》を発布
1890年	国会を開設

自由民権運動と国会開設

❷（1）**ア**の米づくりは2300年以上前に中国や朝鮮《ちょうせん》半島から，**イ**の仏教は６世紀に朝鮮半島から，それぞれ日本へ伝えられました。**ウ**のかな文字は，漢字をもとにして日本で生み出された文字です。

（2）遣唐使《けんとうし》は，７世紀に始まり894年に停止されるまで，十数回にわたって派遣《はけん》されました。航海は大きな危険《きけん》をともないましたが，遣唐使とともに多くの留学生・僧《そう》が唐にわたり，中国の進んだ政治制度や文化を学び，国づくりや文化の発展に大きくこうけんしました。

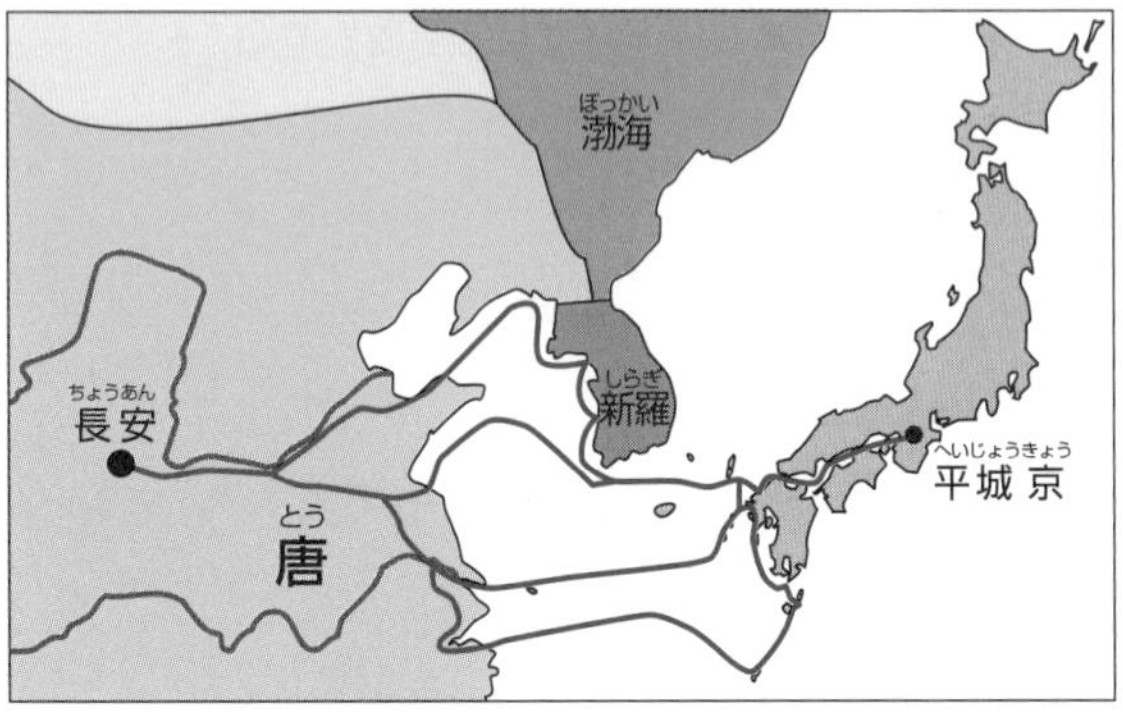

渤海《ぼっかい》
新羅《しらぎ》
長安《ちょうあん》
唐《とう》
平城京《へいじょうきょう》

遣唐使が通った航路

（3）唐の高僧であった鑑真《がんじん》は，何度も航海に失敗しながら日本にわたり，日本の寺や僧の制度を整え，唐招提寺《とうしょうだいじ》を開きました。**ア**の法隆寺《ほうりゅうじ》は聖徳太子《しょうとくたいし》が，**イ**の東大寺《とうだいじ》は聖武《しょうむ》天皇《てんのう》がつくりました。

（4）ポルトガル人によって日本に鉄砲《てっぽう》が伝えられたのは，室町時代の終わりごろの1543年なので，**ア**はまちがいです。安土桃山時代には，織田信長がスペインやポルトガルと貿易を行い，積極的にヨーロッパの文化を取り入れました。しかし，江戸時代には鎖国政策《さこくせいさく》によってスペイン・ポルトガルとの貿易が禁止されたので，**イ**・**ウ**は正しい文です。

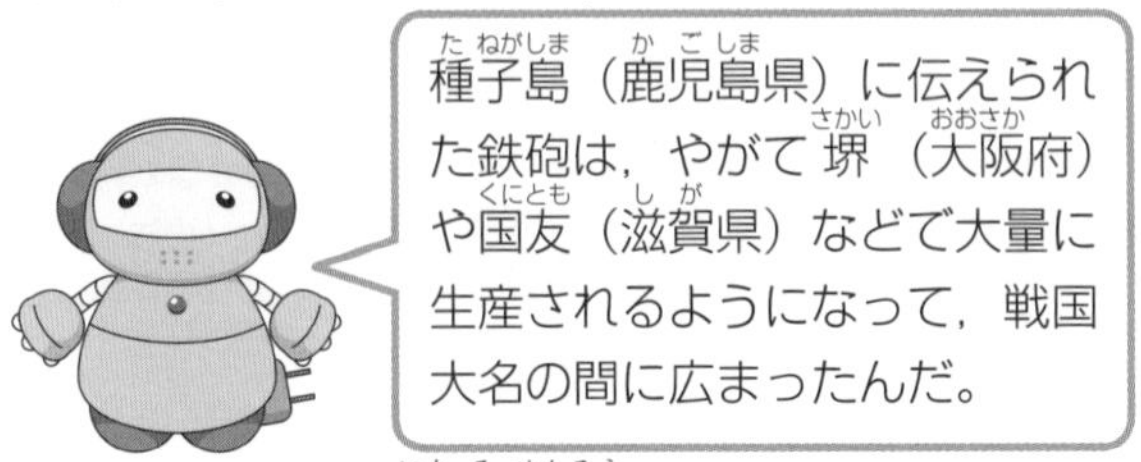

種子島《たねがしま》（鹿児島《かごしま》県）に伝えられた鉄砲は，やがて堺《さかい》（大阪《おおさか》府）や国友《くにとも》（滋賀《しが》県）などで大量に生産されるようになって，戦国大名の間に広まったんだ。

（6）1905年に日露戦争《にちろせんそう》で勝利した後，日本は韓国に対するえいきょうを強め，韓国の政治を管理する役所を置きました。そして，1910年に韓国併合《へいごう》に関する条約を結ばせ，韓国を植民地としました。

社会　第1回　歴史のまとめ（1）

答え

❶ (1) 五箇条《ごかじょう》の御誓文《ごせいもん》（五か条の御誓文）

(2) 地租改正《ちそかいせい》

(3) ① ×　② ○　③ ○

(4) 関東大震災《かんとうだいしんさい》

(5) ① **イ・エ**（順不同）

② 例）20才以上のすべての男女に選挙権《けん》があたえられたから。

(6) ① 沖縄《おきなわ》

② 広島市・長崎《ながさき》市（順不同）

(7) **ア**

❷ (1) **ア**　(2) **カ**　(3) **エ**　(4) **キ**

(5) **イ**

《採点の仕方》

❶ (5) ② 女性に選挙権が認《みと》められたことを書いていても正解です。

考え方

❶ (1) 1868年，新しい政治の方針《ほうしん》として五箇条の御誓文が発表されました。また，江《え》戸《ど》を東京と改めて首都とし，年号も明治《めいじ》に改めました。明治時代前半の，政治や社会の大きな変化を明治維新《めいじいしん》といいます。

資料　五箇条《ごかじょう》の御誓文《ごせいもん》

一　政治は会議を開いて，みんなの意見を聞いて決めよう。

一　みんなで心を1つにして，しっかりと新政策《しんせいさく》を行おう。

一　すべての国民の願いがかなえられるようにしよう。

一　これまでのよくないしきたりを改めよう。

一　新しい知識を世界から学び，国を発展《はってん》させよう。

(3) ① 衆議院《しゅうぎいん》と参議院で構成されているのは，現在の国会です。帝国議会《ていこくぎかい》は衆議院と貴族院《きぞくいん》で構成されていました。

②・③ 初代内閣総理大臣《ないかくそうりだいじん》となった伊藤博《いとうひろ》文《ぶみ》は，皇帝《こうてい》の権力が強いドイツの憲法《けんぽう》を手本に，憲法の作成を進めました。1889年に大日本帝国憲法が発布され，国を治める主権者は天皇とされました。

(5) 1925年に制定された普通選挙法《ふつうせんきょほう》によって，納税額《のうぜいがく》にかかわらず，25才以上のすべての男性に選挙権があたえられました。さらに，第二次世界大戦後の1945年には，20才以上のすべての男女に選挙権が認められ，翌年《よくねん》に行われた選挙では，女性の国会議員がたん生しました。

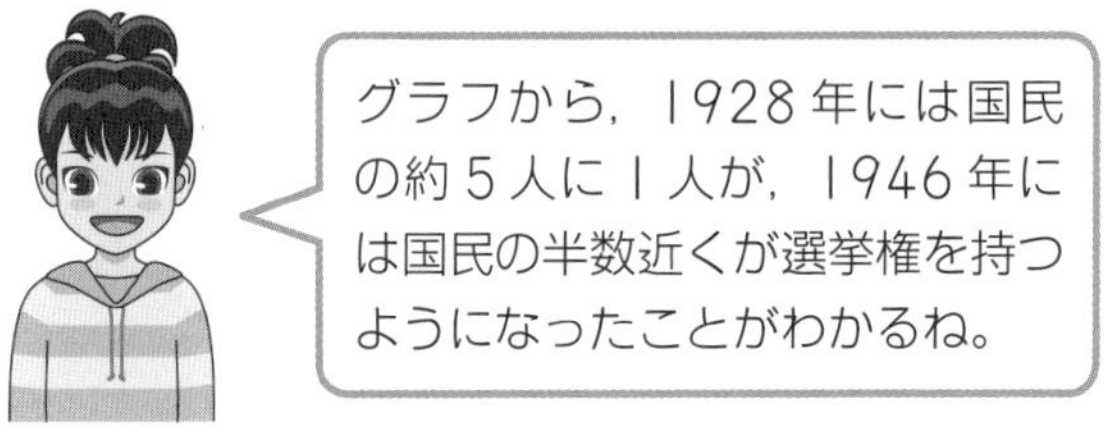
グラフから，1928年には国民の約5人に1人が，1946年には国民の半数近くが選挙権を持つようになったことがわかるね。

(7) 1950年後半から1973年まで続いた日本経済《けいざい》の急速な発展《はってん》を高度経済成長といいます。この間，企業《きぎょう》の経済活動が優先《ゆうせん》され，各地で公害による被害《ひがい》が相次ぎました。また，1960年代には，大都市間を結ぶ高速道路が整備され始めました。一方で，農村から都市に働きに出る人が増えたことで，地方の人口減少が進みました。

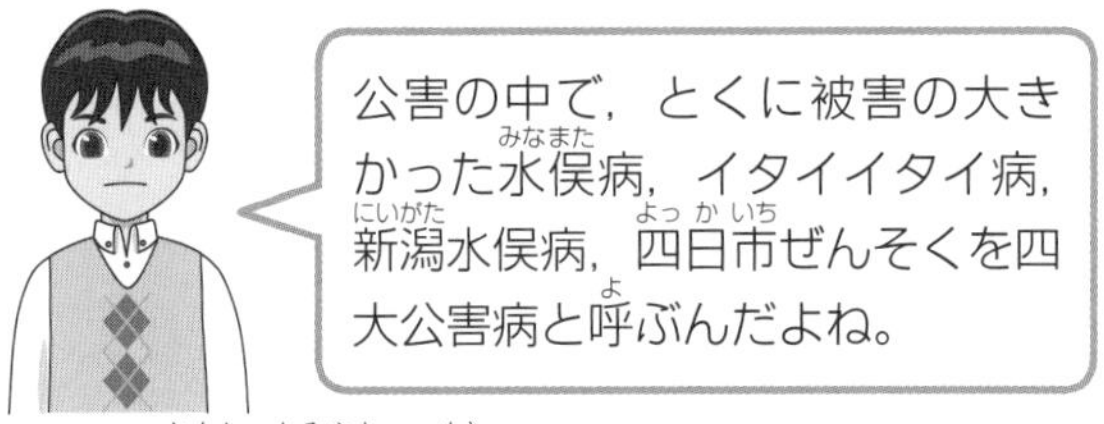
公害の中で，とくに被害の大きかった水俣《みなまた》病，イタイイタイ病，新潟《にいがた》水俣病，四日市《よっかいち》ぜんそくを四大公害病と呼《よ》ぶんだよね。

❷ (1) 三内丸山遺跡《さんないまるやまいせき》は，青森県にあります。

(2) 吉野ヶ里《よしのがり》遺跡は，佐賀《さが》県にあります。

(3) 平城京《へいじょうきょう》は，現在の奈良《なら》県にありました。

(4) 鎖国《さこく》下では，キリスト教を広めるおそれのないオランダ・中国（清《しん》）に限って，長崎《ながさき》で貿易を行いました。

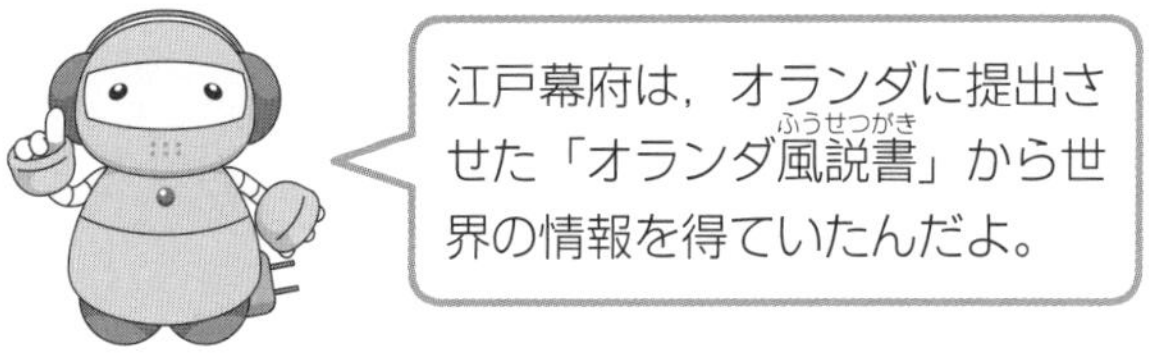
江戸幕府は，オランダに提出させた「オランダ風説書《ふうせつがき》」から世界の情報を得ていたんだよ。

(5) 1964年，東京で日本初のオリンピックが行われました。

中学理科さきどり

音の伝わり方

問題に挑戦！ 答え

❶ ア
❷ ア
❸ 850（m）

考え方

❶ 音の出ているおんさは振動しています。水面におんさがふれると，おんさの振動に合わせて波が広がっていきます。

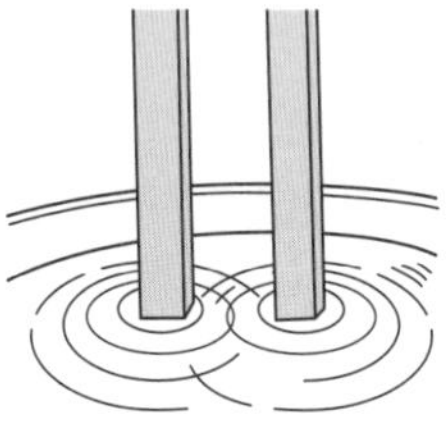

❷ ［手順１］の段階では，丸底フラスコの中は空気で満たされているため，丸底フラスコをふると，すずの音は聞こえます。すずの振動がすずのまわりの空気を振動させ，その振動が丸底フラスコ（ガラス）→丸底フラスコの外の空気→こまくの順に伝わって，音が聞こえます。

一方，［手順３］の段階では，すずのまわりに音を伝えるものがほとんどない状態なので，丸底フラスコをふっても，すずの音はほとんど聞こえません。

❸ 山びこが聞こえてくるまでに，音は山と人との間を往復しています。したがって，山びこが５秒後に聞こえたときの山と人とのきょりは，340 × 5 ÷ 2 = 850（m）です。

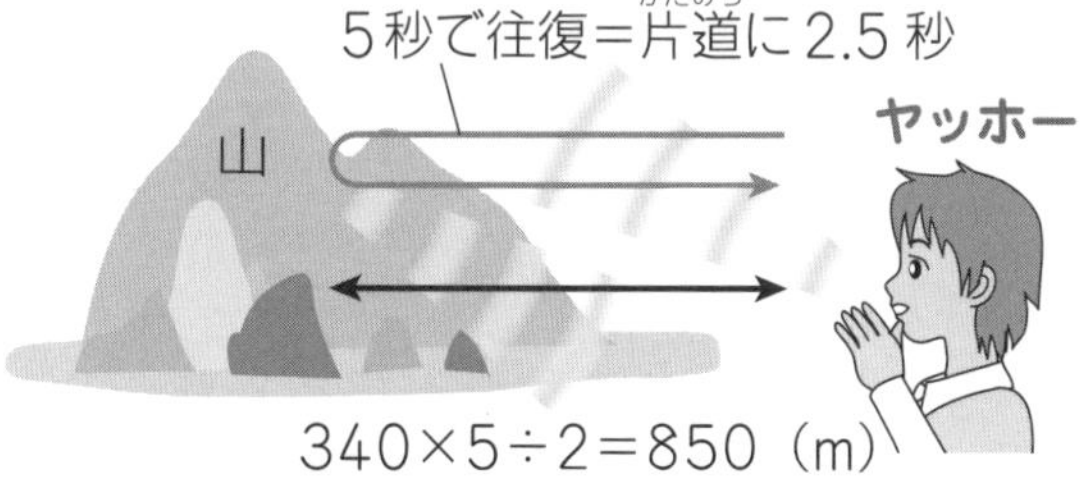
5秒で往復＝片道《かたみち》に2.5秒
山
ヤッホー
340×5÷2=850（m）

さきどり＋《プラス》1《ワン》 音の大きさと高さ

音の大きさ

ギターの弦を強くはじくほど大きな音が出ます。大きな音が出ているときほど，弦は大きく振動しています。

音源の振動のはばを**振幅**《しんぷく》といい，振幅が大きいほど大きな音が出ています。

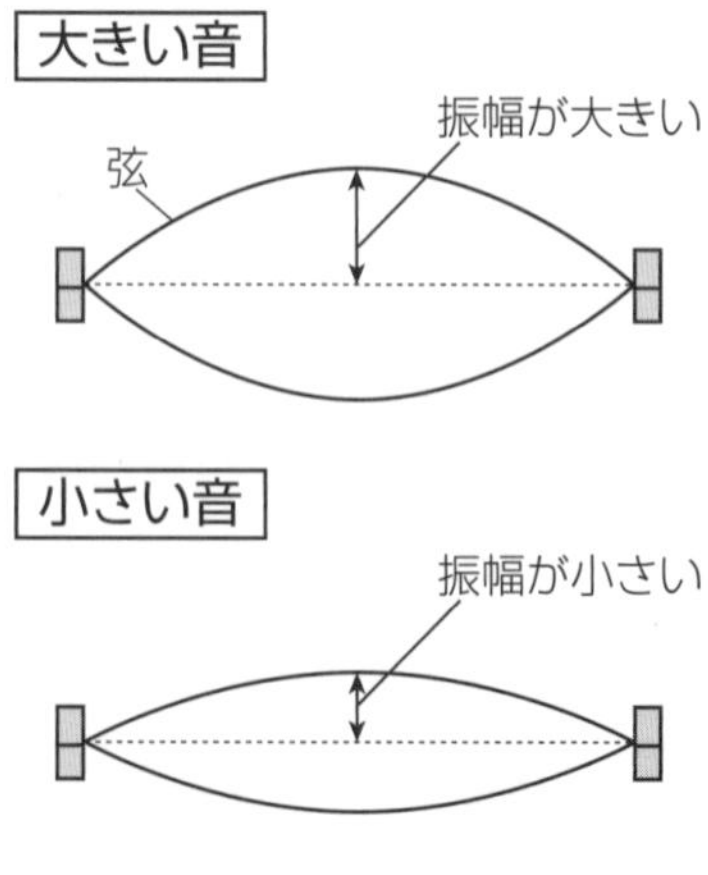
大きい音
振幅が大きい
弦
小さい音
振幅が小さい

音の高さ

ギターの高い音が出ているときと低い音が出ているときの弦を比べると，高い音が出ているときのほうが，一定時間内に振動する回数が多くなっています。

音源が１秒間に振動する回数を**振動数**《しんどうすう》といい，振動数が多いほど高い音が出ています。

理科

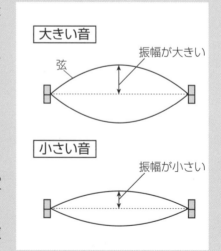

理科 第3回 月の動きと太陽／大地のつくり

答え

❶ (1) イ

(2) ④

(3)

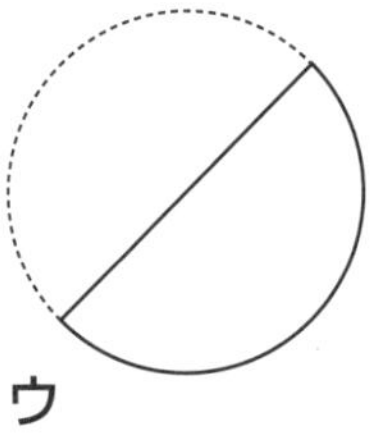

(4) ウ

❷ ウ

❸ ① れき　② 砂　③ どろ

❹ (1) ⑤

(2) 砂岩《さがん》

(3) ア

(4) ①～④の層のつぶは丸みをおびているが，⑤の層のつぶは角ばっている。

❺ イ

考え方

❶ (1) 右側が光っている半月《はんげつ》が南の空に見えるのは，夕方です。

(2) 月は，東のほうからのぼり，南の空高くを通り，西のほうにしずみます。

(3) 月は，かたむきをかえながら，東→南→西と動きます。月の光っている側には，太陽があります。

(4) 月は，約 30 日で元の形にもどって見えます。月は次の図のように形がかわります。

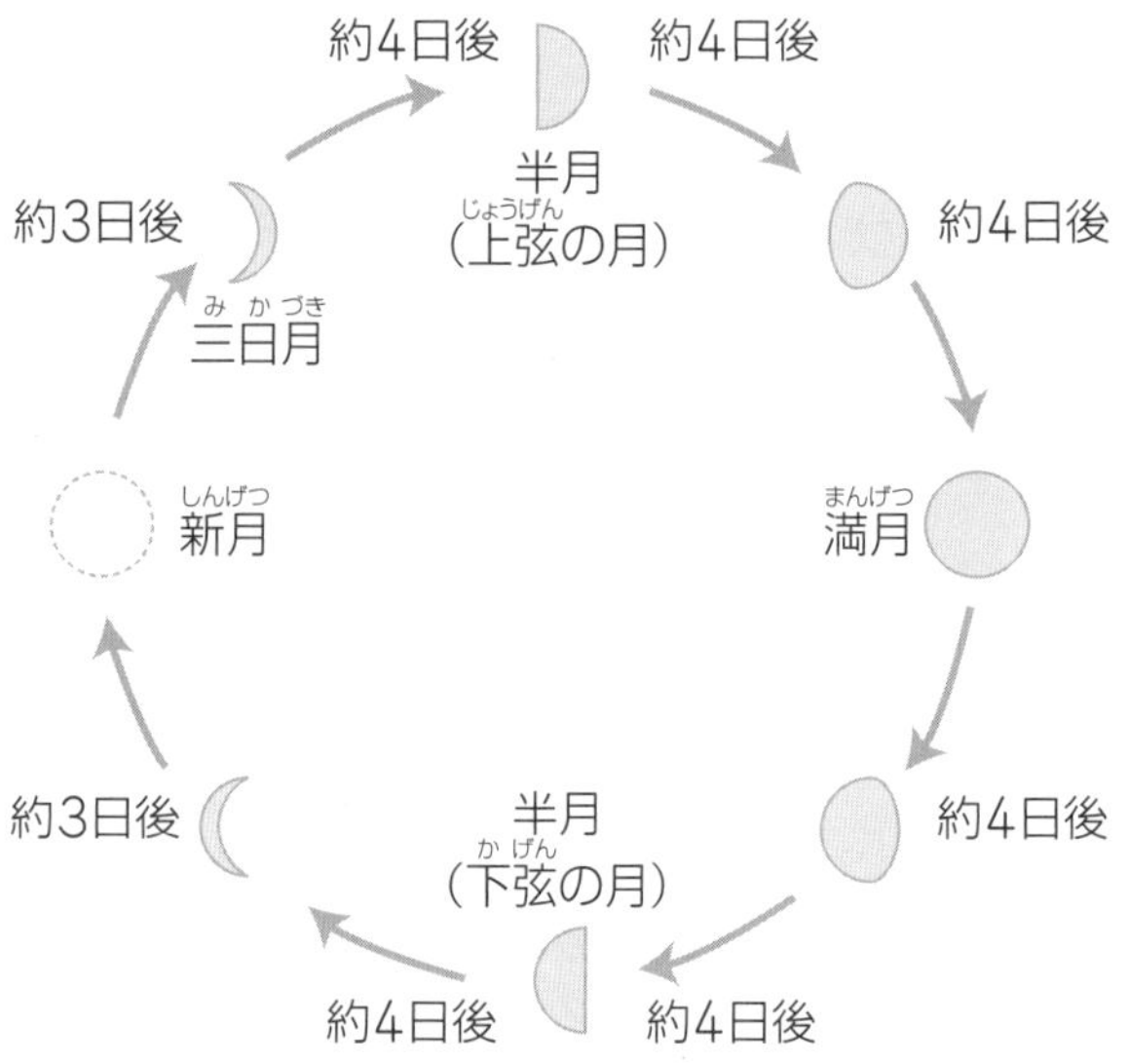

❷ ア…表面にクレーターがあるのは月です。

イ…実際の大きさは月よりも太陽のほうが大きいですが，太陽のほうが地球から遠い所にあるので，同じくらいの大きさに見えます。

ウ…月は太陽の光を反射してかがやいています。

エ…月も太陽も球形をしています。

❸ 河口が近づくと，どろ・砂・れきが積もり始めます。水の流れが比較的《ひかくてき》速い河口の近くでは，つぶが大きいれきは流されずに積もりますが，つぶが小さいどろなどはさらに流されます。河口から海のほうへ近づくにつれて，水の流れはだんだんおそくなるため，れきは河口の近くに，どろは沖合《おきあ》いのほうに積もります。

❹ (1) 地層は，下から順にできていきます。

(2) 同じような大きさの砂が固まってできた岩石を砂岩といいます。れきや砂などが固まってできた岩石はれき岩《がん》，どろなど，細かいつぶが固まってできた岩石はでい岩《がん》です。これらの岩石は，上に積み重なったものの重みなどでおし固められてできます。

(3) アサリの化石が見つかったことから，その層ができたころ，辺りにはアサリがすんでいたと考えられます。アサリがすんでいるのは浅い海です。

(4) ①～④の層は川の水の流れで運ばれたどろ・砂・れきが，つぶの大きさや重さによって分けられ，積み重なったものです。これらのつぶは，川を流れている間に角がとれたため，丸みをおびています。一方，⑤の層のつぶは火山《かざん》がふん火《か》して火山灰が降《ふ》り積《つ》もってできた層なので，角がけずられていません。

❺ 大地の動きにより，急に地層に大きな力が加わると，地層がずれることがあります。これを断層《だんそう》といいます。

理科　第2回　環境問題／てこのはたらき／電気

答え

❶ (1) ① ウ　② ア　③ イ

(2) ア

❷ (1) ア

(2) 大きくなる。

(3) 2（個）

(4) ア

❸ (1) イ

(2) 発光ダイオードの＋極とコンデンサーの＋極，発光ダイオードの－極とコンデンサーの－極をそれぞれつなぐようにする。

考え方

❶ (1) ① 地球温暖化が進行すると，海面が上がったり，砂漠化が進んだりなどして，多くの生き物にえいきょうが出ることが心配されています。地球温暖化をこれ以上進行させないために，二酸化炭素を吸収《きゅうしゅう》する森林を守ったり，二酸化炭素の排出量《はいしゅつりょう》を減らしたりする取り組みがされています。

② オゾン層は，紫外線を防ぐはたらきをしています。紫外線は，皮膚がんを引き起こしたり，植物をからしたりすることがあります。現在では，オゾン層の破壊を防ぐために，フロンの使用が規制され，フロンのかわりとなる気体の研究が進められています。

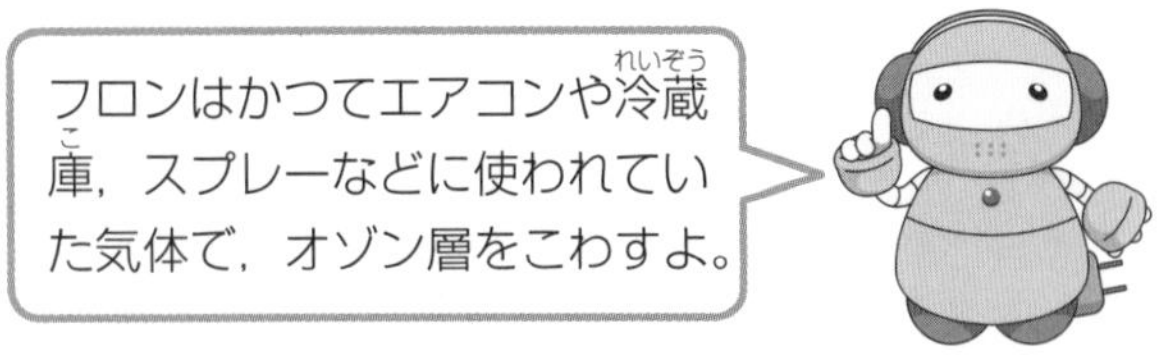

フロンはかつてエアコンや冷蔵《れいぞう》庫《こ》，スプレーなどに使われていた気体で，オゾン層をこわすよ。

③ 硫黄酸化物やちっ素酸化物などがとけこんだ水は，やがて酸性雨として地上に降《ふ》ってきます。酸性雨は建物のコンクリートをとかしたり，植物をからしたりします。また，酸性雨のえいきょうによって，水の中の魚などが死ぬこともあります。

(2) 水力発電は高い所から落ちてくる水の勢いを利用することで電気をつくるため，二酸化炭素を出しません。しかし，水の勢いを増すためにダムをつくらなければならない場合が多く，それによってさまざまな環境問題が生じています。

❷ (1)・(2) てこは，支点で支え，力点に力を加え，作用点に力がはたらくようなしくみになっています。支点から力点までのきょりが短くなるほど，ものを動かすのに大きな力が必要になるので，小さな力でものを持ち上げるためには，支点から力点までのきょりを長くします。

(3) てこがつり合う条件は，

［左のおもりの重さ］×［支点からのきょり］
＝［右のおもりの重さ］×［支点からのきょり］

です。右のうでを下にかたむけるはたらきは 30 × 4 ＝ 120 なので，まず，左のうでを下にかたむけるはたらきが［おもりの重さ］× 6 ＝ 120 となるおもりの重さを求めます。おもりの重さは 20g なので，10g のおもりは 2 個必要になります。

(4) はさみの支点・力点・作用点は次の図のとおりです。

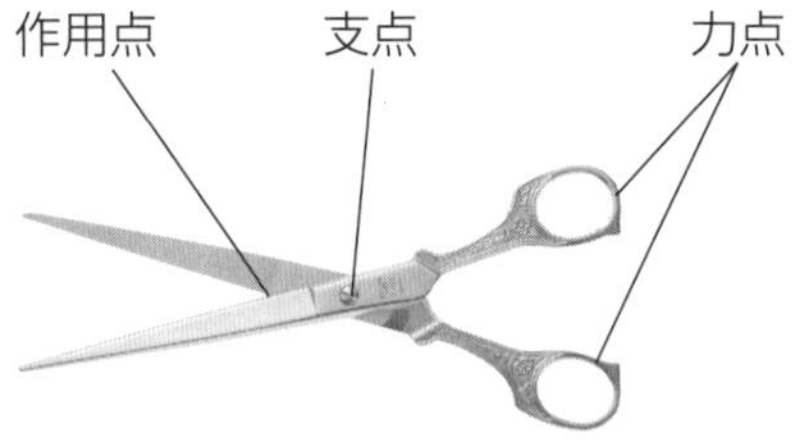

作用点
支点
力点

❸ (1) 手回し発電機のハンドルを速く回すと，モーターに強い電流が流れ，プロペラが速く回ります。反対向きに回すと，電流が流れる向きが反対になるので，モーターの回転の向きも反対になります。

(2) コンデンサーのたんしは，長いほうが＋極，短いほうが－極です。コンデンサーにたくさんの電気をためて，豆電球につなぐと，明るく，長く光ります。

理科 第1回 ものの燃え方／水よう液／生き物と環境

答え

❶ イ

❷ イ・ウ・オ

❸ (1) イ
(2) ②

❹ (1) ウ
(2) ① イ　② ウ　③ ア

❺ (1) ① 胃《い》　② 小腸《しょうちょう》　③ 大腸《だいちょう》
(2) イ

考え方

❶ 二酸化炭素やちっ素には，ものを燃やすはたらきがありませんが，酸素にはそのはたらきがあります。空気の中でおだやかにろうそくの火が燃えるのは，空気の中にふくまれている酸素の割合《わりあい》が約21％しかないためです。

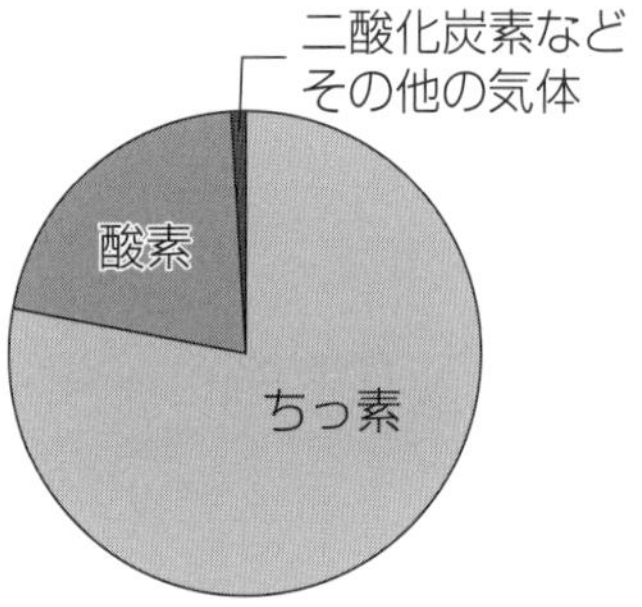

空気の成分

❷ 酸性《さんせい》の水よう液は，青色リトマス紙を赤色にかえ，アルカリ性《せい》の水よう液は，赤色リトマス紙を青色にかえます。中性《ちゅうせい》の水よう液は，赤色リトマス紙も青色リトマス紙も色をかえません。水酸化ナトリウムの水よう液とアンモニア水はアルカリ性，食塩水は中性の水よう液です。水も中性です。

❸ (1) 鉄は塩酸にとけると別のものになり，水分を蒸発させると白い粉として残ります。鉄は磁石《じしゃく》につきますが，この実験で蒸発皿に残った白い粉は，磁石につきません。また，この白い粉を塩酸に入れると，あわを出さずにとけます。

(2) アルミニウムは，塩酸にも水酸化ナトリウムの水よう液にもとけますが，鉄は塩酸にしかとけません。

❹ (1) ア…植物は，日光が当たると水と二酸化炭素から養分（でんぷん）を作り，酸素を出します。

イ…根からとり入れられた水の大部分は，葉からからだの外に出ていきます。

ウ…植物も動物と同じように呼吸をしています。植物は，昼間は光合成《こうごうせい》を行っているため，呼吸をしていることがわかりにくいですが，昼間も呼吸をしています。

エ…人の体重の約60％が水の重さです。からだの中の水はからだのすみずみまで養分などを運んだり，いらないものをからだの外に出したりするために使われます。

(2) こん虫《ちゅう》の中には植物を食べるものが多く，樹液を食べるのはアブラゼミです。草を食べるのは草食動物のシマウマ，シマウマを食べるのは肉食動物のライオンです。動物は自分で養分を作り出すことができませんが，植物は養分を作り出すことができます。草食動物は，植物を食べることによって，植物が作った養分をとり入れます。肉食動物は，ほかの動物を食べて養分をとり入れます。

❺ (1)・(2) 食べ物は，口→食道→胃《い》→小腸《しょうちょう》→大腸《だいちょう》→こう門の順に通ります。口で出ているだ液《えき》はでんぷんを，胃で出ている胃液《いえき》はたんぱく質を，小腸で出ている腸液《ちょうえき》はでんぷんとたんぱく質を消化します。

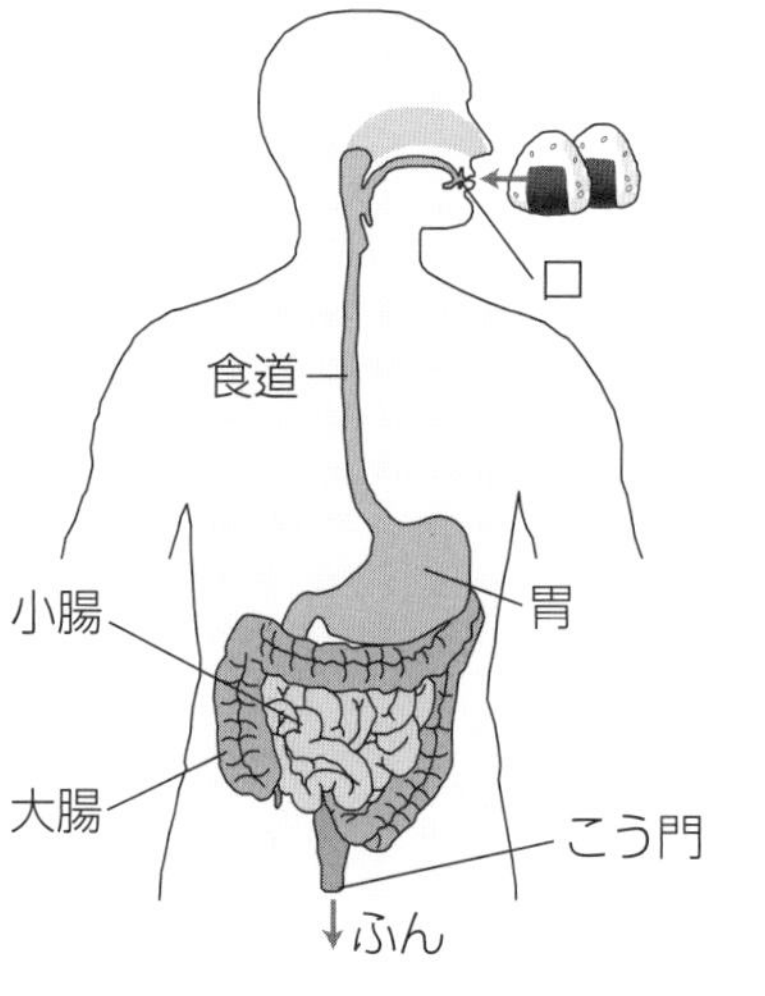

中学数学さきどり

正の数・負の数／文字と式

◆正の数・負の数

46−47ページ

問題に挑戦！ 答え

❶ (1) $+\frac{3}{4}$

(2) -3.2

❷ $+10$km

❸ -6kg重い

考え方

❶ (1) 0より大きいから「＋」をつけて表します。

(2) 0より小さいから「－」をつけて表します。

❷ 南へ進むことを「－」を使って表すから，北へ進むことは「＋」を使って表します。

❸「軽い」と「重い」など，反対の性質をもつ2つのことがらは，負の数を使うことで

「6kg軽い」「$-$6kg重い」

のように，2通りの表し方をすることができます。

「速い」⇔「おそい」
「長い」⇔「短い」
などの言葉でも使えそうだね。

◆文字と式

44−45ページ

問題に挑戦！ 答え

❶ (1) $2m$　(2) $\frac{n}{5}$

(3) $30x-7$　(4) $a-\frac{b}{2}$

❷ (1) $\frac{30}{x}$時間

(2) $(\ell-15n)$cm

考え方

❶ (1) 数は文字の前に書きます。「$m2$」と書かないようにしましょう。

(3) かけ算，わり算の記号のみ省略できるので，「－」は省略せずに書きます。

(4) ひき算とわり算の混じった式ではわり算を先に計算するので，$a-\frac{b}{2}$となります。

$(a-b)\div 2$のように，$a-b$がかっこでまとめられているならば$\frac{a-b}{2}$と表すよ。

❷ (1) $30\div x$を文字式を書くときのきまりに従って書くと$\frac{30}{x}$です。

$\frac{30}{x}$（時間）のように単位にかっこをつけて表してもよいです。

(2) $\ell-15\times n$を文字式を書くときのきまりに従って書くと

$\ell-15n$

です。

$\ell-15n$ (cm)

のように単位にかっこをつけて表してもよいです。

数学

算数　第11回　立体の体積

答え

❶ (1) [式] $6 \div 2 = 3$

$3 \times 3 \times 3.14 \times 10 = 282.6$

[答え] 282.6 cm^3

(2) [式] $6 \times 4 \div 2 \times 3 = 36$

[答え] 36 cm^3

❷ [式] $6 \times 6 \times 6 = 216$

$3 \times 4 \div 2 \times 9 = 54$

$216 \div 54 = 4$

[答え] 4 倍

❸ [式] $(3 + 5) \times 2 \div 2 \times 7 = 56$

$4 \times 5 \times 7 = 140$　$56 + 140 = 196$

[答え] 196 cm^3

❹ (1) [式] 1.5m = 150cm

$50 \times 30 \times 150 = 225000$

[答え] 225000cm^3

(2) [式] 60L = 60000cm^3

$60000 = 50 \times 30 \times x$

$x = 40$

[答え] 40cm

考え方

❶ (1) 底面の円の半径は　$6 \div 2 = 3$ (cm)

円柱の体積＝底面積×高さ　だから,

$$\underbrace{3 \times 3 \times 3.14}_{\text{底面積}} \times \underbrace{10}_{\text{高さ}} = 282.6(cm^3)$$

(2) 角柱の体積＝底面積×高さ　だから,

$$\underbrace{6 \times 4 \div 2}_{\text{底面積}} \times \underbrace{3}_{\text{高さ}} = 36(cm^3)$$

❷ 角柱の体積＝底面積×高さ　だから，立方体の体積は,

$$\underbrace{6 \times 6}_{\text{底面積}} \times \underbrace{6}_{\text{高さ}} = 216\ (cm^3)$$

三角柱の体積は,

$$\underbrace{3 \times 4 \div 2}_{\text{底面積}} \times \underbrace{9}_{\text{高さ}} = 54\ (cm^3)$$

何倍かを求めるには立方体の体積÷三角柱の体積を計算します。

したがって，$216 \div 54 = 4$ (倍)

❸ 角柱の体積＝底面積×高さ　だから，台形を底面とする角柱の体積は,

$$\underbrace{(3 + 5) \times 2 \div 2}_{\text{底面積}} \times \underbrace{7}_{\text{高さ}} = 56(cm^3)$$

直方体の体積は,

$$\underbrace{4 \times 5}_{\text{底面積}} \times \underbrace{7}_{\text{高さ}} = 140(cm^3)$$

したがって，この立体の体積は,

$56 + 140 = 196(cm^3)$

組み合わせた立体の底面積に，高さをかけてもいいよ。底面の台形と長方形の面積の合計は $(3+5) \times 2 \div 2 + 4 \times 5 = 28(cm^2)$ だね。

❹(1) 1.5m＝150cmだから，この水そうの容積は,

$50 \times 30 \times 150 = 225000\ (cm^3)$

(2) 1L＝1000 cm^3 だから,

60L＝(60×1000) cm^3＝60000 cm^3

この水そうに60L＝60000 cm^3 の水を入れたときの水の深さを $x$cm とすると,

角柱の体積＝底面積×高さ

にあてはめて,

$60000 = 50 \times 30 \times x$

$60000 = 1500 \times x$

$x = 60000 \div 1500$

$x = 40$ (cm)

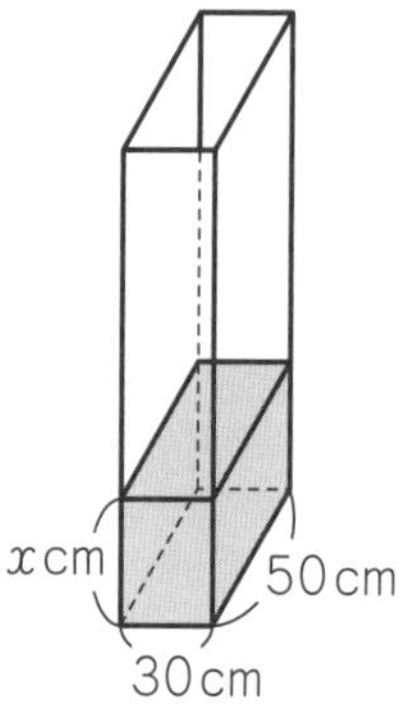

算数 第10回 資料の調べ方

答え

❶ (1) **ア** (2) **ウ** (3) **イ** (4) **エ**

❷ ①2010 ②増えた ③かき

❸ 86点

❹ (1) 35人 (2) 9秒以上9.5秒未満
(3) 20% (4) 10番目から16番目

考え方

❶ (1) 大小を比べるので，棒グラフを使います。(**図1**)

(2) ちらばりの様子をみるので，柱状グラフを使います。(**図2**)

(3) 割合を表すので，円グラフまたは帯グラフを使います。(**図3**)

(4) 変化の様子をみるので，折れ線グラフを使います。(**図4**)

(図1)棒グラフ
Z市の町別人口

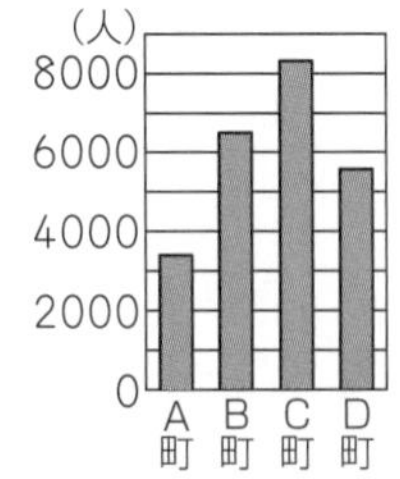

(人)
8000
6000
4000
2000
0
A町
B町
C町
D町

(図2)柱状グラフ
X市の年れい別の人数のちらばり

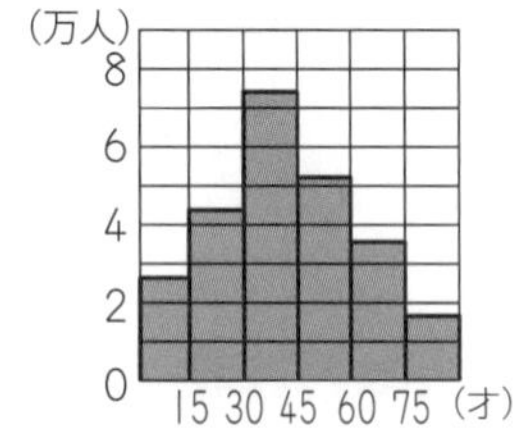

(万人)
8
6
4
2
0
15 30 45 60 75 (才)

(図3)円グラフ／帯グラフ
Z市の土地利用の割合

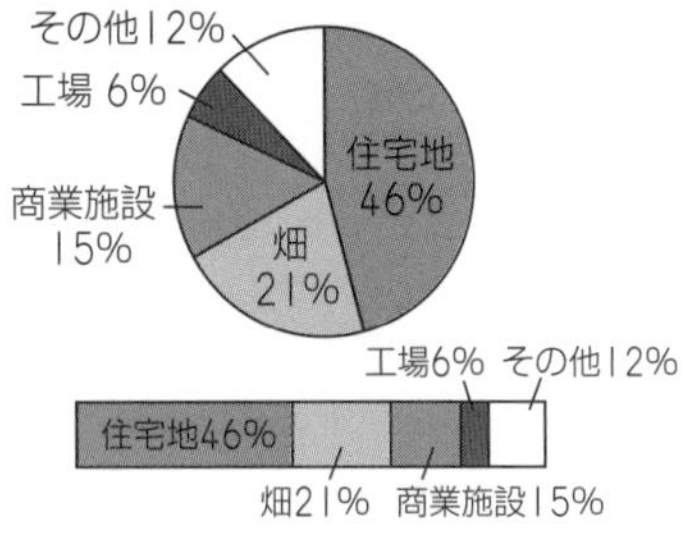

その他12%
工場 6%
商業施設 15%
住宅地 46%
畑 21%
工場6% その他12%
住宅地46%
畑21% 商業施設15%

(図4)折れ線グラフ
Z市の月別平均気温の変化

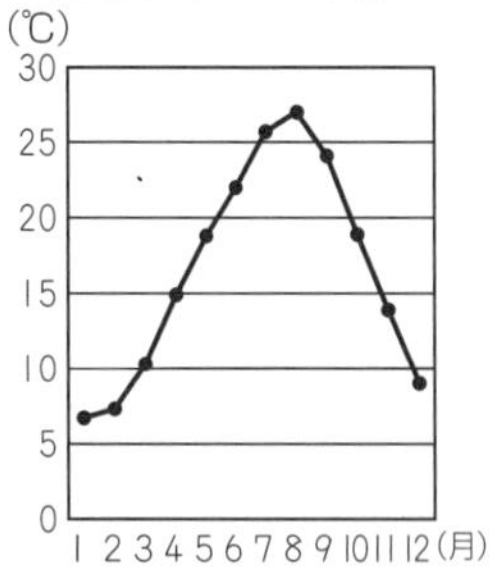

(℃)
30
25
20
15
10
5
0
1 2 3 4 5 6 7 8 9 10 11 12 (月)

❷ 2010年，2015年，2020年のうち，くだものの生産量が最も多い年は2010年です。

その他のくだものの生産量の割合は10年間でだんだん増えていることがわかります。

また，ぶどう，もも，かきの中で，2010年から2020年の間で生産量が増えているのは，かきです。

❸ 平均値＝合計÷個数

より，6人の得点の平均値は，

$(83+90+88+78+92+85) \div 6$
$= 516 \div 6 = 86$ (点)

です。

❹ (1) それぞれの長方形の縦《たて》の長さが人数を表すので，クラスの人数は，

$3+6+7+8+6+5=35$ (人)

(2) グラフより，いちばん人数が多いのは9秒以上9.5秒未満の階級です。

(3) グラフより，8.5秒以上9秒未満の人数は7人です。

8.5秒以上9秒未満の人数（7人）は，
全体の人数（35人）の？%

と考えます。

割合＝比べられる量÷もとにする量

より，8.5秒以上9秒未満の人数の割合を百分率で表すと，

$7 \div 35 \times 100 = 20$ (%)

(4) 8.6秒は，8.5秒以上9秒未満の階級に入ります。下の図のように，記録の速いほうから順に番号をつけていきます。8.6秒は，10番目から16番目の間に入ることがわかります。

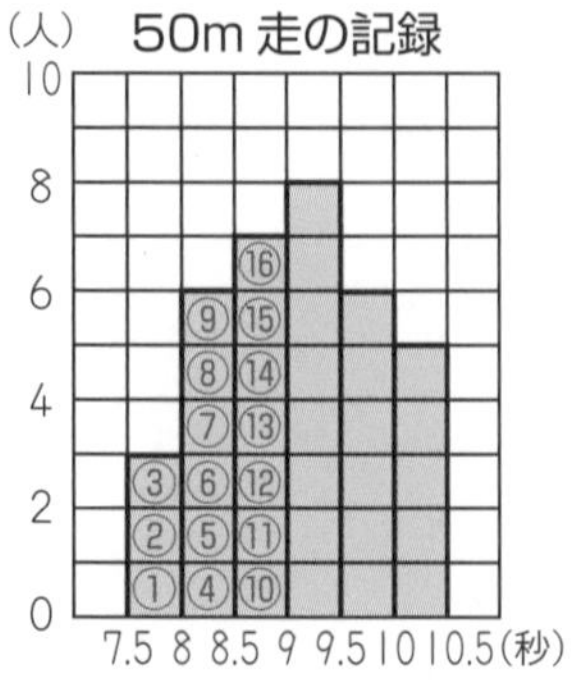

(人) 50m走の記録
10
8
6
4
2
0
①②③④⑤⑥⑦⑧⑨⑩⑪⑫⑬⑭⑮⑯
7.5 8 8.5 9 9.5 10 10.5 (秒)

グラフの左側のほうが速い記録だね。

算数 第9回 場合の数

答え

❶ (1) 15通り　(2) 15通り
❷ 30本
❸ 8通り
❹ (1) 9通り　(2) 18通り　(3) 10通り

考え方

❶ (1) 選ぶ2本に○をつけると，下の表のようになります。

赤	○	○	○	○	○										
黒	○					○	○	○	○						
青		○				○				○	○	○			
緑			○				○			○			○	○	
茶				○				○			○		○		○
黄					○				○			○		○	○

だから，2本の選び方は，全部で15通りあります。

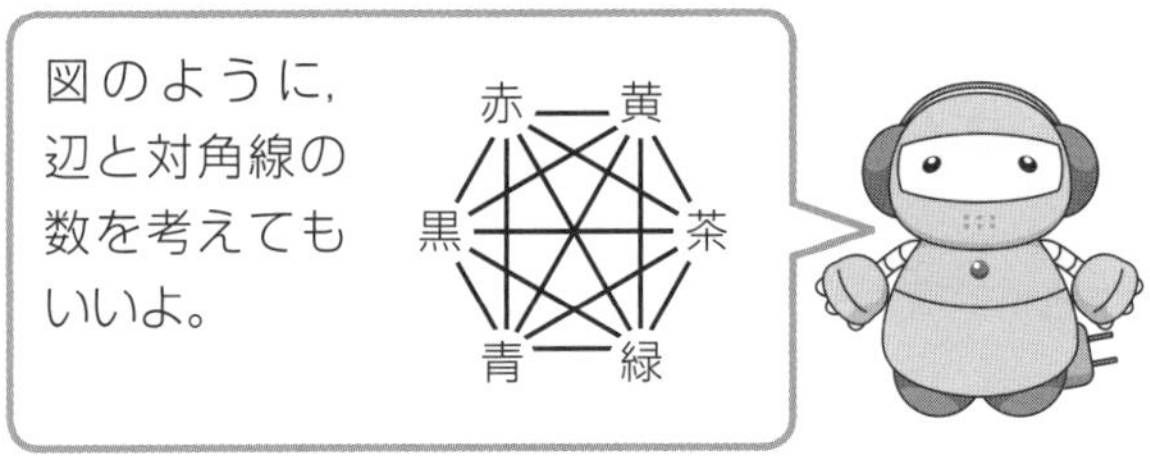
図のように，
辺と対角線の
数を考えても
いいよ。
赤
黄
黒
茶
青
緑

(2)「6本の中から，選ばない2本を決める」と考えます。選ばない2本に○をつける表は，(1) と同じになるから，全部で15通りです。

❷ まず，5つの班のすべての組み合わせの数を求めます。5つの班の中からいっしょに作業をする2つの班の組み合わせを考えると，右上の表のようになります。

＼	1	2	3	4	5
1	＼	○	○	○	○
2	×	＼	○	○	○
3	×	×	＼	○	○
4	×	×	×	＼	○
5	×	×	×	×	＼

よって，すべての作業回数は，10回です。

1回の作業で3本の木のなえを植えるから，必要な木のなえの本数は

$3 \times 10 = 30$（本）

❸ 図書館から公園へ北街道を通っていくとき，公園から駅への行き方を樹《じゅ》形《けい》図《ず》にかくと，右の図のようになり，

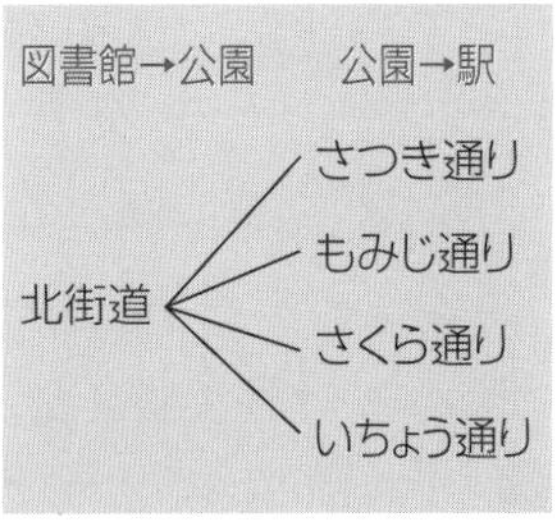
図書館→公園
公園→駅
北街道
さつき通り
もみじ通り
さくら通り
いちょう通り

行き方は4通りあります。同じように，南街道を通っていくときも駅への行き方は4通りあるので，全部で，

$4 \times 2 = 8$（通り）

❹ (1) 十の位に0がこないことに注意して2けたの整数の樹形図をかくと，下の図のようになります。

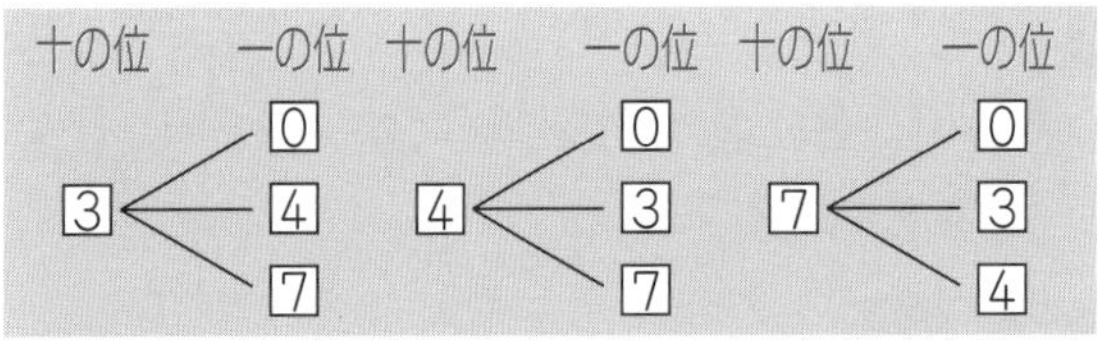
十の位
一の位
十の位
一の位
十の位
一の位
3
0
4
7
4
0
3
7
7
0
3
4

したがって，2けたの整数は，全部で，

$3 \times 3 = 9$（通り）

(2)，(3)

(1) と同じように，百の位に0がこないことに注意して3けたの整数の樹形図をかくと，下の図のようになります。

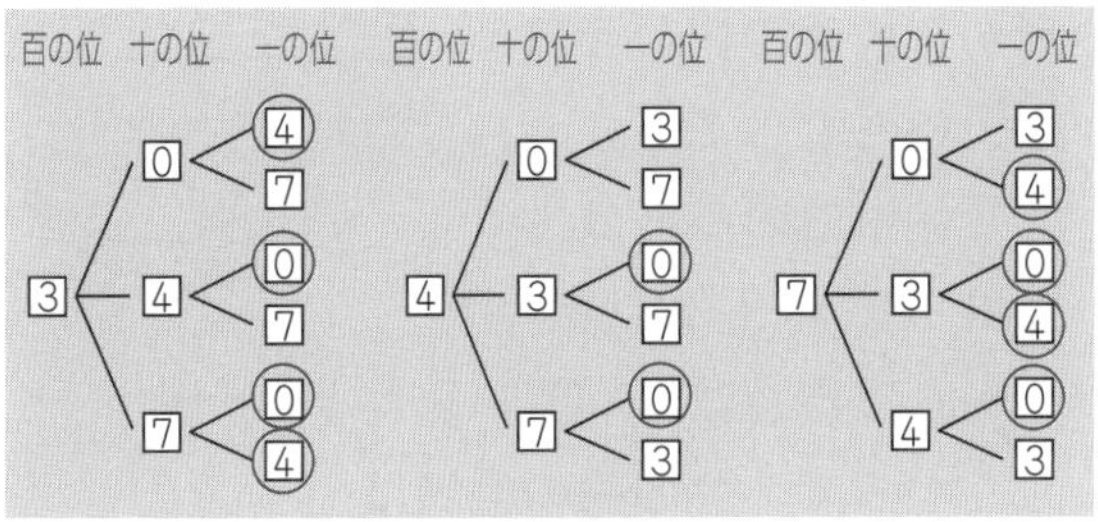
百の位
十の位
一の位
百の位
十の位
一の位
百の位
十の位
一の位

したがって，3けたの整数は，全部で，

$6 \times 3 = 18$（通り）

また，3けたの整数のうち，偶数は，一の位が0か4なので，樹形図の○の数を数えます。

算数 第8回 円の面積

答え

❶ (1) [式] $6 \times 6 \times 3.14 \div 4 = 28.26$

[答え] 28.26 cm^2

(2) [式] $(2 + 8) \div 2 = 5$

$5 \times 5 \times 3.14 = 78.5$

$8 \div 2 = 4$　$4 \times 4 \times 3.14 = 50.24$

$78.5 - 50.24 = 28.26$

[答え] 28.26 cm^2

❷ [式]　$4 \times 2 = 8$　　$4 \times 8 = 32$

$4 \div 2 = 2$　$2 \times 2 \times 3.14 \times 2 = 25.12$

$32 - 25.12 = 6.88$

[答え] 6.88cm^2

❸ (1) [式] $37.68 = x \times 2 \times 3.14$

$x = 6$

[答え] 6cm

(2) [式] $6 \times 6 \times 3.14 = 113.04$

[答え] 113.04 cm^2

❹ [式] $8 \div 2 = 4$　　$4 \times 4 \times 3.14 = 50.24$

$8 \times 8 \div 2 = 32$　$50.24 - 32 = 18.24$

[答え] 18.24cm^2

考え方

❶ (1) 色のついた部分はおうぎ形です。このおうぎ形を4つ集めると半径6cmの円になるので，面積は，

$6 \times 6 \times 3.14 \div 4 = 28.26$(cm^2)

(2) 色のついた部分の面積は，外側の円の面積から内側の円の面積を引いたものです。

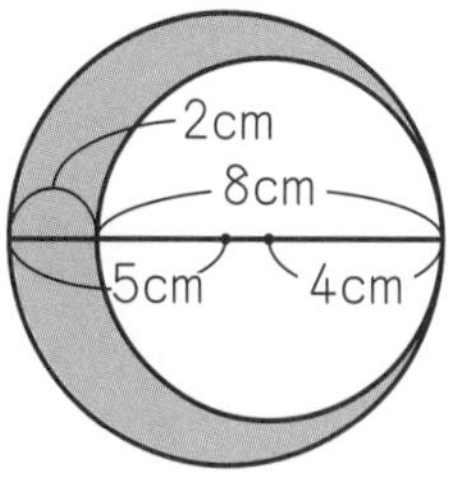

外側の円の直径は，

$2 + 8 = 10$ (cm)

だから，半径は，$10 \div 2 = 5$ (cm)

したがって外側の円の面積は，

$5 \times 5 \times 3.14 = 78.5$(cm^2)

内側の円の半径は，$8 \div 2 = 4$ (cm) だから，

面積は，$4 \times 4 \times 3.14 = 50.24$(cm^2)

色のついた部分の面積は，

$78.5 - 50.24 = 28.26$(cm^2)

❷ 色のついた部分の面積は，長方形の面積から円2つ分の面積をひいたものです。

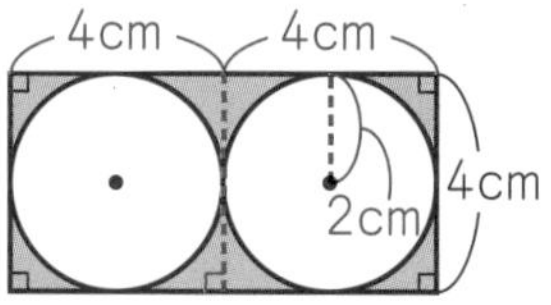

長方形は，縦《たて》の長さが4cm，横の長さが円の直径2つ分の長さなので，$4 \times 2 = 8$(cm)です。したがって長方形の面積は，

$4 \times 8 = 32$(cm^2)

円の半径は，$4 \div 2 = 2$(cm)だから，円2つ分の面積は，

$2 \times 2 \times 3.14 \times 2 = 25.12$(cm^2)

色のついた部分の面積は，

$32 - 25.12 = 6.88$(cm^2)

❸ (1) 円周の長さ＝半径×2 × 3.14
（半径×2＝直径）

だから，この円の半径を$x$cmとすると，

$37.68 = x \times 2 \times 3.14$

xの値を求めると

$37.68 \div 3.14 = x \times 2$

$12 = x \times 2$

$12 \div 2 = x$

$x = 6$

(2) 円の面積＝半径×半径×円周率

半径は6cmなので面積は，

$6 \times 6 \times 3.14 = 113.04$ (cm^2)

❹ 色のついた部分を2つに分けて，下の図のように組み合わせます。

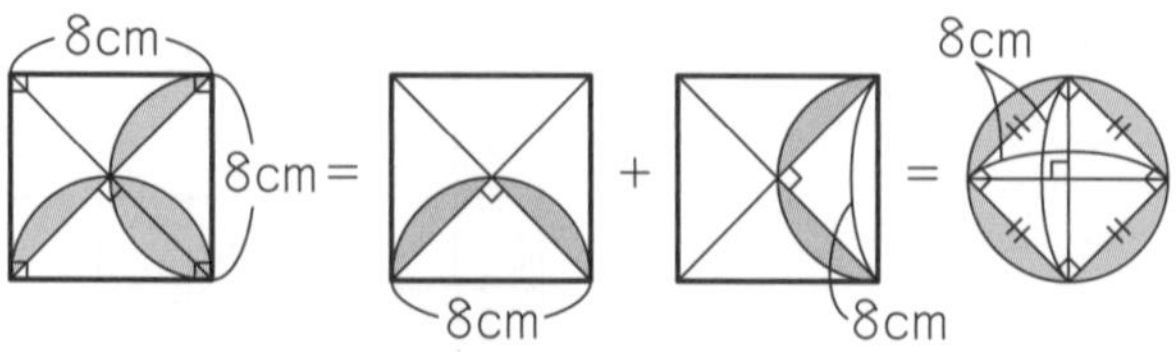

円の半径は，$8 \div 2 = 4$(cm)

円の面積は，$4 \times 4 \times 3.14 = 50.24$(cm^2)

正方形の面積は，$8 \times 8 \div 2 = 32$(cm^2)

よって，色のついた部分の面積は，円の面積から正方形の面積をひいたものなので，

$50.24 - 32 = 18.24$(cm^2)

算数　第7回　対称な図形

答え

❶ (1) 右の図
(2) 辺ＥＤ
(3) 角Ｈ

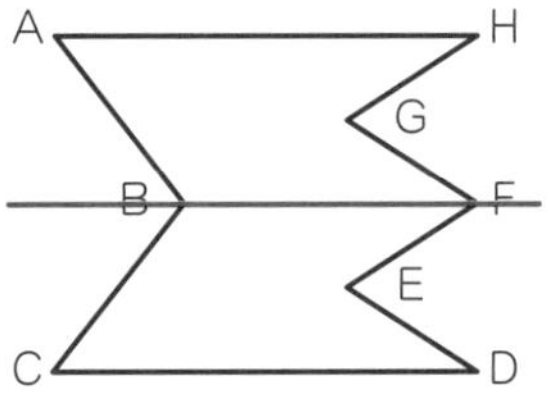

A
H
G
B
F
E
C
D

❷ (1) 右の図の点Ｏ
(2) 右の図の点Ｎ

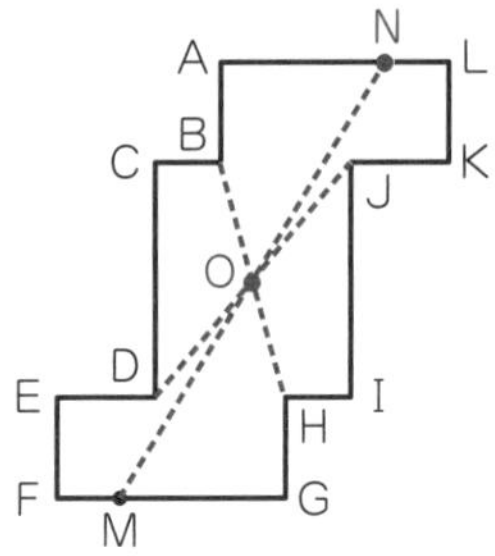

A
N
L
B
K
C
J
O
D
E
I
H
F
M
G

❸ (1) **ア**，**エ**
(2) **エ**

❹ **イ**，**エ**

考え方

❶ (1) 図形を２つに折るとぴったり重なるように対称の軸を引きます。

(2) 点Ｇに対応するのは点Ｅ，点Ｈに対応するのは点Ｄなので，辺ＧＨに対応するのは辺ＥＤです。

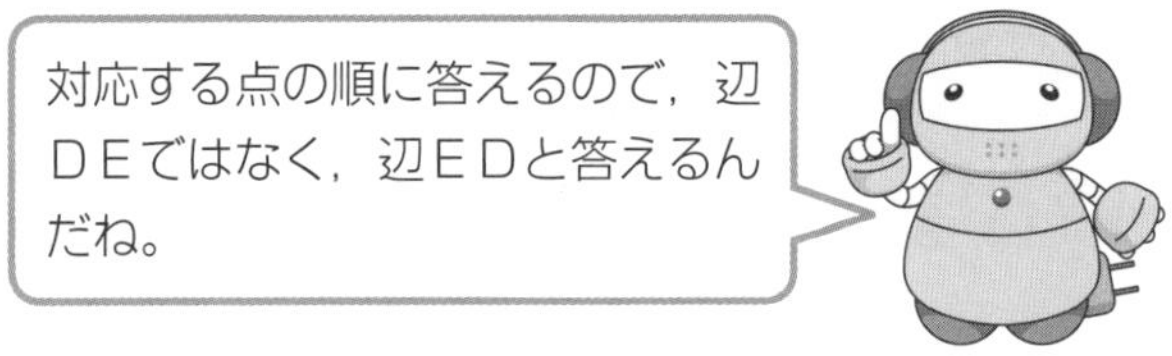

対応する点の順に答えるので，辺ＤＥではなく，辺ＥＤと答えるんだね。

❷ (1) 対応する点を結んだ直線が交わるところが対称の中心Ｏになります。

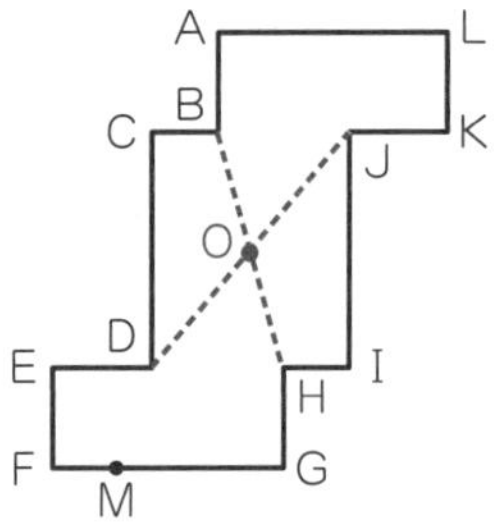

A
L
C
B
K
J
O
E
D
I
H
F
M
G

(2) 点Ｍから点Ｏに引いた直線をのばすと辺ＡＬと交わります。これが点Ｎです。

❸ (1) 右の図で，対称の軸が①のとき，**カ**と線対称な位置にある三角形は**ア**。対称の軸が②のとき，**カ**と線対称な位置にある三角形は**エ**。

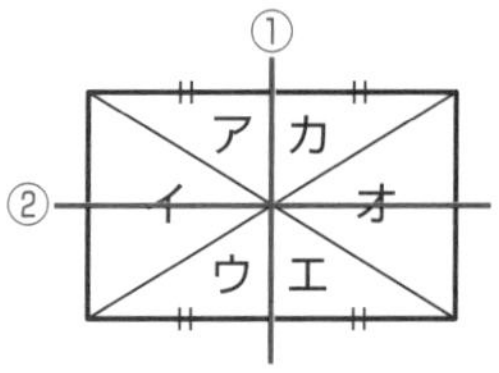

①
②
ア
カ
イ
オ
ウ
エ

(2) 右の図で，対称の中心はＯだから，**ア**と点対称な位置にある三角形は**エ**です。

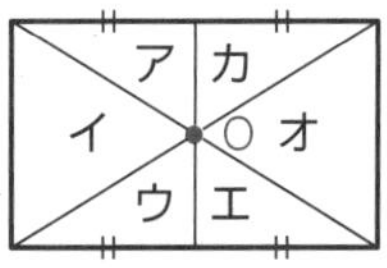

ア
カ
イ
O
オ
ウ
エ

❹ 正方形と長方形は，２本の対角線の長さが等しいため，作ることができません。
平行四辺形とひし形は，２本の対角線の長さがちがうので作ることができます。

ひし形

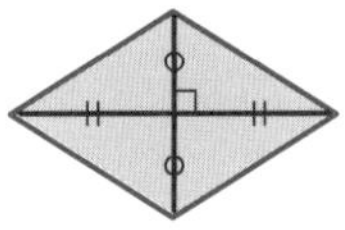

平行四辺形

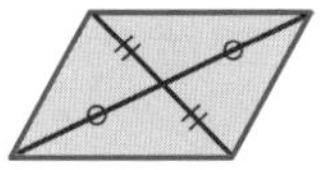

平行四辺形とひし形の２本の対角線は長さがちがい，それぞれの真ん中の点で交わるんだよ。

さらに，ひし形の２本の対角線は垂直に交わっているんだね。

算数　第6回　比例と反比例

答え

❶ (1) $y = 60 \div x$　(2) 6 cm

❷ (1) $y = 0.6 \times x$

(2) ㋐60　㋑240　㋒700

❸ (1) ㋐ $y = \frac{3}{2} \times x$　㋑ $y = \frac{3}{4} \times x$

(2) ㋐のほうが45gだけ重い。

❹ (1) 8回転　(2) 14回転

考え方

❶ (1) 表より，$x \times y$ の値がいつもきまった数になるので，y は x に反比例します。

$x = 1$ のとき，$y = 60$ だから，

$x \times y$ の値は，$1 \times 60 = 60$

したがって，きまった数は60になるので，y を x を使った式で表すと，

$y = 60 \div x$

(2) $y = 60 \div x$ に $x = 10$ をあてはめて y の値を求めると，

$y = 60 \div 10$　$y = 6$

❷(1) この紙1枚の重さは $6 \div 10 = 0.6$(g)

紙 x 枚の重さ（g）

＝紙1枚の重さ（g）×紙の枚数 x（枚）

だから，y を x を使った式で表すと，

$y = 0.6 \times x$

(2) $y = 0.6 \times x$ に $x = 100$，$x = 400$ をそれぞれあてはめて y の値を求めると，

㋐ $y = 0.6 \times 100$　$y = 60$

㋑ $y = 0.6 \times 400$　$y = 240$

$y = 0.6 \times x$ に $y = 420$ をあてはめて x の値を求めると，

㋒ $420 = 0.6 \times x$

$x = 420 \div 0.6$

$x = 700$

❸ (1) ㋐のグラフより，$x = 20$ のとき，$y = 30$ となるので，きまった数は，

$y \div x = 30 \div 20 = \frac{3}{2}$

㋑のグラフより，$x = 40$ のとき，$y = 30$ となるので，きまった数は，

$y \div x = 30 \div 40 = \frac{3}{4}$

したがって，㋐，㋑それぞれについて，y を x を使った式で表すと，

㋐ $y = \frac{3}{2} \times x$　㋑ $y = \frac{3}{4} \times x$

(2) ㋐の $60cm^3$ の重さは，$y = \frac{3}{2} \times x$ に，

$x = 60$ をあてはめて，

$y = \frac{3}{2} \times 60$　$y = 90$

なので90gです。

㋑の $60cm^3$ の重さは，$y = \frac{3}{4} \times x$ に，

$x = 60$ をあてはめて，

$y = \frac{3}{4} \times 60$　$y = 45$

なので45gです。

したがって，㋐のほうが，

$90 - 45 = 45$ (g)

だけ重いことがわかります。

❹ (1) 歯車Aが2回転したときの歯車Bの回転数を b 回転とすると，動く歯の数は同じなので，

$80 \times 2 = 20 \times b$　$160 = 20 \times b$

$b = 160 \div 20$　$b = 8$

(2) 歯車A，B，Cで，動く歯の数はどれも同じなので，歯車AとCで考えます。歯車Aが7回転したとき，歯車Cの回転数を c 回転とすると，動く歯の数は同じなので，

$80 \times 7 = 40 \times c$　$560 = 40 \times c$

$c = 560 \div 40$　$c = 14$

歯車Bの回転数を求めなくても歯車Cの回転数を求めることができるんだね。

算数 第5回 拡大図と縮図

答え

❶ (1) 辺ＤＦ

(2) 辺ＥＦ…12cm,　辺ＡＣ…2cm

❷ 縮図…下の図

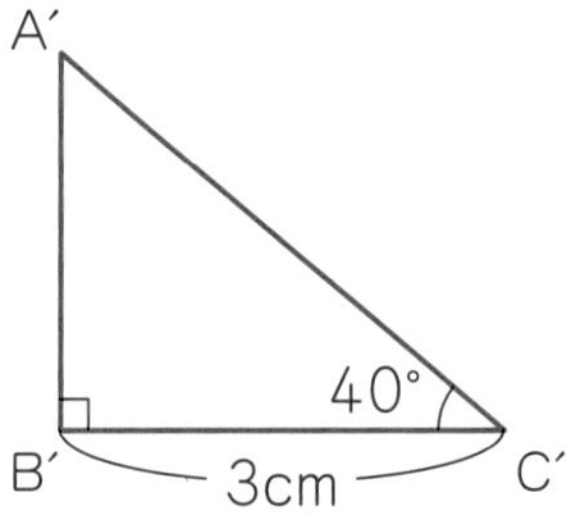

［答え］10m

❸ ［式］$2+4+5.8=11.8$

$59 \div 11.8=5$　　$2 \times 5=10$

$4 \times 5=20$　　$5.8 \times 5=29$

［答え］10 cm・20 cm・29 cm

❹ ［式］1km = 1000m = 100000 cm

$20 \div 100000=\frac{1}{5000}$

$25000\mathrm{m}^2=250000000\mathrm{cm}^2$

$250000000 \times \frac{1}{5000} \times \frac{1}{5000}=10$

［答え］10 cm^2

考え方

❶ (1) 辺ＡＣは，直角三角形㋐の最も短い辺なので，辺ＡＣに対応する辺は直角三角形㋑の最も短い辺ＤＦです。

(2) ㋑は㋐の４倍の拡大図なので，辺ＥＦは辺ＢＣの４倍の長さになります。辺ＥＦの長さは，

$3 \times 4=12$ (cm)

辺ＡＣの長さは辺ＤＦの $\frac{1}{4}$ 倍の長さになるので，

$8 \times \frac{1}{4}=2$ (cm)

❷ 12m = 1200cm

だから，辺ＢＣの縮図上の長さは

$1200 \times \frac{1}{400}=3$ (cm)

よって，三角形ＡＢＣの縮図を三角形Ａ′Ｂ′Ｃ′とすると，辺Ｂ′Ｃ′を3cm，角Ｂ′，角Ｃ′の大きさをそれぞれ90°，40°になるようにします。建物の高さにあたる辺Ａ′Ｂ′をものさしではかると2.5cmだから，建物の実際の高さは，

$2.5 \times 400=1000$ (cm)

1000cm = 10m

です。

❸ もとの三角形のまわりの長さは，

$2+4+5.8=11.8$ (cm)

で，拡大図のまわりの長さは59 cmだから，

$59 \div 11.8=5$ (倍)

の拡大図をかくことになります。したがって，もとの三角形の辺の長さもそれぞれ５倍の長さになります。

$2 \times 5=10$ (cm)

$4 \times 5=20$ (cm)

$5.8 \times 5=29$ (cm)

❹ 1km = 1000m = 100000 cm

この縮図では100000cmを20cmに縮小しており，縮尺は，

$20 \div 100000=\frac{20}{100000}=\frac{1}{5000}$

ですから，縮図での長方形の長さは縦も横も実際の長さの $\frac{1}{5000}$ になります。したがって，$25000\mathrm{m}^2=250000000\mathrm{cm}^2$ の公園の面積は縮図上では，

$250000000 \times \frac{1}{5000} \times \frac{1}{5000}$

$=10$ (cm^2)

算数 第4回 比

答え

❶ (1) 3：5　(2) 2：1　(3) 9：2

❷ (1) 1　(2) 45

❸ **イ**, **ウ**

❹ [式] 1.6kg = 1600g

$1600\times\frac{3}{8}=600$

$1600-600=1000$

[答え] 砂糖；600g, 水；1000g

❺ (1) 9：8

(2) [式] $174\times\frac{9}{29}=54$　$174\times\frac{12}{29}=72$

$174\times\frac{8}{29}=48$

[答え] A；54個, B；72個, C；48個

考え方

❶ (1) 15:25=(15÷5):(25÷5)=3:5

(2) 3分40秒=220秒, 1分50秒=110秒 だから, 求める比は,

220:110=(220÷110):(110÷110)=2:1

(3) $\frac{1}{10}$kg = 100g だから, 求める比は,

450:100=(450÷50):(100÷50)=9:2

❷ (1) $\frac{1}{2}:27=x:54$ （×2）　(2) $0.4:3=6:x$ （×15）

$x=\frac{1}{2}\times2$　　$x=3\times15$

$x=1$　　$x=45$

❸ 7：2 の比の値は $\frac{7}{2}$ で**ア**～**エ**の比の値は,

ア $350\div80=\frac{35}{8}$　**イ** $\frac{1}{2}\div\frac{1}{7}=\frac{7}{2}$

ウ $4.9\div1.4=\frac{7}{2}$　**エ** $23\div6=\frac{23}{6}$

よって, 比の値が $\frac{7}{2}$ になるのは**イ**と**ウ**です。

❹ できあがった砂糖水は 1.6kg = 1600g で, この砂糖水の重さの割合《わりあい》を 1 とすると, 砂糖の重さの割合は $\frac{3}{8}$, 水の重さの割合は $\frac{5}{8}$ だから, 砂糖の重さは,

$1600\times\frac{3}{8}=\frac{\overset{200}{\cancel{1600}}\times3}{\underset{1}{\cancel{8}}}=600(g)$

水の重さは,

$1600-600=1000(g)$

です。

❺ (1) A, B, C のびんに入っているビーズの数をそれぞれ a 個, b 個, c 個とします。$a:b$ と $b:c$ では b が共通なので, b を 4 と 3 の最小公倍数にそろえて考えます。

$a:b=3:4=(3\times3):(4\times3)=9:12$

$b:c=3:2=(3\times4):(2\times4)=12:8$

したがって,

$a:b:c=9:12:8$

だから,

$a:c=9:8$

(2) $a:b:c=9:12:8$ だから, 全部のビーズの個数の割合を 1 とすると A には $\frac{9}{29}$, B には $\frac{12}{29}$, C には $\frac{8}{29}$ の割合でビーズが入っています。

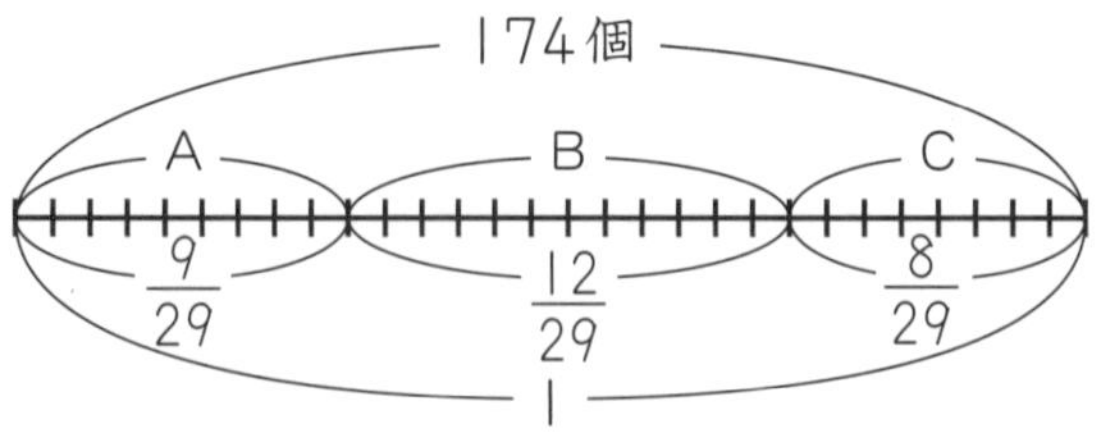

したがって, A, B, C それぞれのびんに入っているビーズの数は,

A…$174\times\frac{9}{29}=54$（個）

B…$174\times\frac{12}{29}=72$（個）

C…$174\times\frac{8}{29}=48$（個）

算数　第3回　分数のかけ算とわり算

答え

❶ (1) $\frac{1}{6}$　(2) $\frac{25}{7}$ $\left(3\frac{4}{7}\right)$　(3) 2

(4) $\frac{10}{7}$ $\left(1\frac{3}{7}\right)$

❷ [式] $3\frac{1}{3} \div \frac{2}{9} = 15$　[答え] 15個

❸ [式] $\frac{14}{17} \times \frac{6}{7} \div 2 = \frac{6}{17}$

[答え] $\frac{6}{17}$ m^2

❹ [式] $9\frac{1}{3} \times 15 \times \frac{1}{4} = 35$

[答え] 35L

❺ [式] $1100 \times \left(1 + \frac{1}{5}\right) = 1320$

$1320 \times \left(1 - \frac{1}{11}\right) = 1200$

[答え] 1200円

考え方

❶ (1) $\frac{3}{4} \times \frac{2}{9} = \frac{\cancel{3}^{1} \times \cancel{2}^{1}}{\cancel{4}_{2} \times \cancel{9}_{3}} = \frac{1}{6}$

(2) $2\frac{1}{7} \div \frac{3}{5} = \frac{15}{7} \times \frac{5}{3} = \frac{\cancel{15}^{5} \times 5}{7 \times \cancel{3}_{1}} = \frac{25}{7}$

(3) $\frac{1}{4} \div \frac{1}{3} \div \frac{3}{8} = \frac{1}{4} \times \frac{3}{1} \times \frac{8}{3}$

$= \frac{1 \times \cancel{3}^{1} \times \cancel{8}^{2}}{\cancel{4}_{1} \times 1 \times \cancel{3}_{1}} = 2$

(4) $2\frac{1}{2} \times 0.7 \div 1\frac{9}{40} = \frac{5}{2} \times \frac{7}{10} \div \frac{49}{40}$

$= \frac{5}{2} \times \frac{7}{10} \times \frac{40}{49}$

$= \frac{5 \times \cancel{7}^{1} \times \cancel{40}^{\cancel{4}\,2}}{\cancel{2}_{1} \times \cancel{10}_{1} \times \cancel{49}_{7}}$

$= \frac{10}{7}$

❷ 必要なビーカーの数は，

全部の水の量（L）

÷ 1個のビーカーに入れる水の量（L）

で求められます。

❸ 三角形の面積＝底辺×高さ÷2

です。

❹ たがやした花だんにまく肥料の量

＝1m^2あたりにまく肥料の量

×たがやした花だんの面積

1m^2あたりにまく肥料の量は，$9\frac{1}{3}$ L

たがやした花だんの面積は，$15 \times \frac{1}{4}$ (m^2)

したがって，たがやした花だんにまく肥料の量は，

$9\frac{1}{3} \times 15 \times \frac{1}{4} = \frac{28}{3} \times \frac{15}{1} \times \frac{1}{4}$

$= \frac{\cancel{28}^{7} \times \cancel{15}^{5} \times 1}{\cancel{3}_{1} \times 1 \times \cancel{4}_{1}} = 35$ (L)

❺ 仕入れ値を1とすると，利益の割合《わりあい》は $\frac{1}{5}$ だから，定価は，

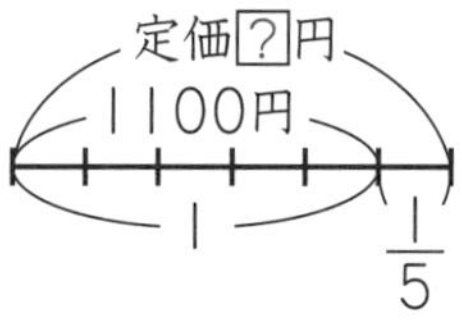

$1100 \times \left(1 + \frac{1}{5}\right) = 1100 \times \frac{6}{5} = \frac{\cancel{1100}^{220} \times 6}{\cancel{5}_{1}}$

$= 1320$ (円)

次に定価を1とすると，値引きの割合が $\frac{1}{11}$ だから，

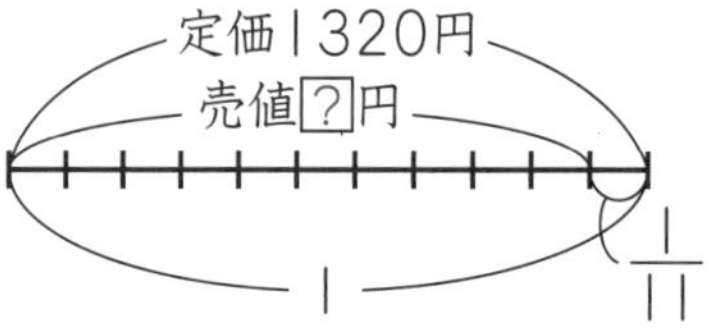

売り値は，

$1320 \times \left(1 - \frac{1}{11}\right) = 1320 \times \frac{10}{11}$

$= \frac{\cancel{1320}^{120} \times 10}{\cancel{11}_{1}}$

$= 1200$ (円)

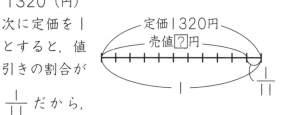

算数 第2回 分数と整数のかけ算とわり算

答え

❶ (1) $\frac{10}{3}\left(3\frac{1}{3}\right)$　(2) 6　(3) $\frac{3}{7}$

(4) $\frac{3}{22}$

❷ [式] $\frac{4}{3}\div 6=\frac{2}{9}$　[答え] $\frac{2}{9}$ m

❸ [式] $\frac{3}{14}\times 4=\frac{6}{7}$　[答え] $\frac{6}{7}$ kg

❹ [式] $\frac{2}{7}\div 4=\frac{1}{14}$　$\frac{1}{14}\times 7=\frac{1}{2}$

[答え] $\frac{1}{2}$ L

❺ [式] $\frac{15}{8}\div 5=\frac{3}{8}$　$\frac{3}{8}\div 5=\frac{3}{40}$

[答え] $\frac{3}{40}$

考え方

❶ (1) $\frac{5}{12}\times 8=\frac{5\times\overset{2}{\cancel{8}}}{\underset{3}{\cancel{12}}}=\frac{10}{3}$

(2) $\frac{3}{5}\times 10=\frac{3\times\overset{2}{\cancel{10}}}{\underset{1}{\cancel{5}}}=6$

(3) $\frac{12}{7}\div 4=\frac{\overset{3}{\cancel{12}}}{7\times\underset{1}{\cancel{4}}}=\frac{3}{7}$

(4) $\frac{18}{11}\div 12=\frac{\overset{3}{\cancel{18}}}{11\times\underset{2}{\cancel{12}}}=\frac{3}{22}$

❷ 1本のリボンの長さは，リボンの長さ÷本数で求められるので，

$\frac{4}{3}\div 6=\frac{\overset{2}{\cancel{4}}}{3\times\underset{3}{\cancel{6}}}=\frac{2}{9}$ (m)

❸ 全体の重さは，1mあたりの重さ×長さで求められるので，

$\frac{3}{14}\times 4=\frac{3\times\overset{2}{\cancel{4}}}{\underset{7}{\cancel{14}}}=\frac{6}{7}$ (kg)

❹ まずは1枚作るのに使う牛乳の量を求めます。4枚で $\frac{2}{7}$ L なので1枚だと，

$\frac{2}{7}\div 4=\frac{\overset{1}{\cancel{2}}}{7\times\underset{2}{\cancel{4}}}=\frac{1}{14}$ (L)

したがって，7枚作るために必要な牛乳の量は，

$\frac{1}{14}\times 7=\frac{1\times\overset{1}{\cancel{7}}}{\underset{2}{\cancel{14}}}=\frac{1}{2}$ (L)

❺ ある分数に5をかけると $\frac{15}{8}$ になったので，$\frac{15}{8}$ を5でわるともとの分数になります。したがって，もとの分数は，

$\frac{15}{8}\div 5=\frac{\overset{3}{\cancel{15}}}{8\times\underset{1}{\cancel{5}}}=\frac{3}{8}$

正しい答えは，$\frac{3}{8}\div 5=\frac{3}{8\times 5}=\frac{3}{40}$

算数 第1回 文字と式

答え

❶ (1) 4　(2) 9

❷ (1) $x \times 23 = y$
(2) $(x + 80) \times 7 = y$
(3) $(3 + x) \times y \div 2 = 18$

❸ (1) $15 \times x \div 2 = y$
(2) [式] $15 \times x \div 2 = 180$
[答え] 24cm

❹ (1) $420 \times x + 550 = y$
(2) [式] $420 \times 4 + 550 = y$
[答え] 2230g
(3) [式] 2.65kg = 2650g
$420 \times x + 550 = 2650$
[答え] 5本

考え方

❶ (1) $x \times 13 = 52$
$x = 52 \div 13$
$x = 4$

(2) $84 + x$ をひとまとまりと考えます。
$(84 + x) \div 3 = 31$
$84 + x = 31 \times 3$
$84 + x = 93$
$x = 93 - 84$
$x = 9$

❷ (1) 1人に配る色紙の枚数（枚）×子どもの人数（人）＝必要な色紙の枚数（枚）
だから，　$x \times 23 = y$

(2)（箱の重さ＋あめの重さ）(g)×製品の数（個）＝合計の重さ（g）
だから，　$(x + 80) \times 7 = y$

(3)（上底＋下底）×高さ÷2＝台形の面積
だから，　$(3 + x) \times y \div 2 = 18$

❸ (1) 対角線×対角線÷2＝ひし形の面積
だから，　$15 \times x \div 2 = y$

(2) $y = 180$　だから，
$15 \times x \div 2 = 180$
$15 \times x$ をひとまとまりと考えます。
$15 \times x = 180 \times 2$
$15 \times x = 360$
$x = 360 \div 15$
$x = 24$
だから，対角線は15cmと24cmです。

❹ (1) ペットボトルx本のジュースの重さ(g)＋器の重さ（g）＝全体の重さ（g）
だから，
$420 \times x + 550 = y$

(2) (1)の式のxに4をあてはめると，
$420 \times 4 + 550 = y$
$1680 + 550 = y$
$y = 2230$
だから，求める重さは2230gです。

(3) 2.65kg = 2650gだから，(1)の式のyに2650をあてはめると，
$420 \times x + 550 = 2650$
$420 \times x$ をひとまとまりと考えます。
$420 \times x = 2650 - 550$
$420 \times x = 2100$
$x = 2100 \div 420$
$x = 5$
だから，求める本数は5本です。

答えと考え方

★ 自分の答えと『答えと考え方』をくらべて，どのようなまちがいをしたのかや，正しい考え方を確認《かくにん》しましょう。

★ 正解した問題も，考え方が合っているか，ほかの考え方があるかなどを確かめるために，「考え方」を読みましょう。

★ 答え合わせが終わったら，「得点」を記入しましょう。

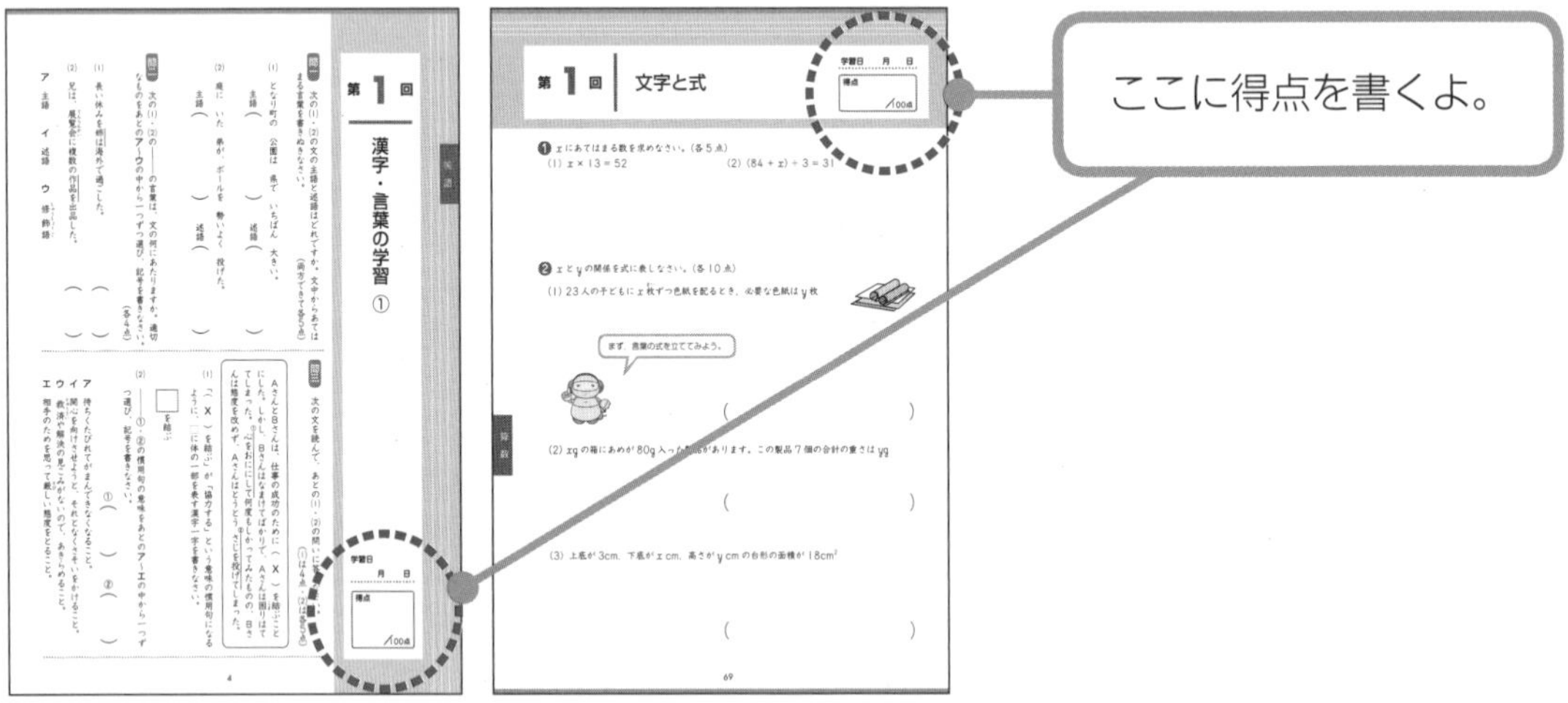

第1回 漢字・言葉の学習①
第1回 文字と式
ここに得点を書くよ。

目次

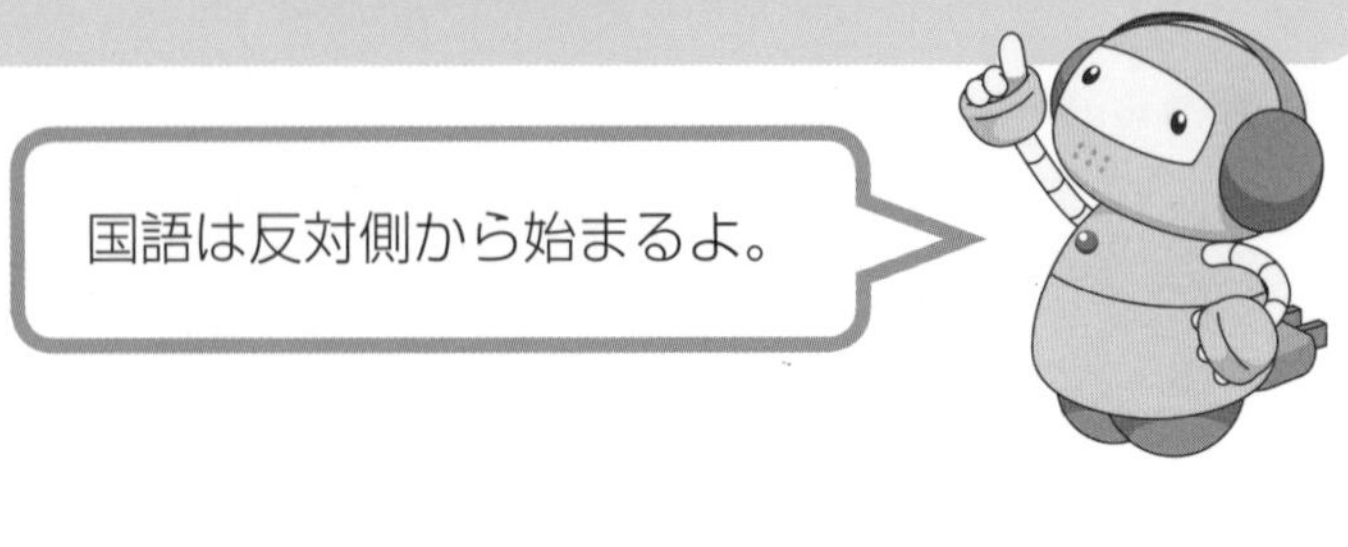

国語は反対側から始まるよ。

Z-KAI

算数・理科・社会の「答えと考え方」はこちらから始《はじ》まります。